北京电影学院美术学院跨媒体艺术专业教材

# 商业短片广告创作

刘笑微◎著

CFP 中国电影出版社
2023 · 北京

图书在版编目（CIP）数据

商业短片广告创作 / 刘笑微著. —北京：中国电影出版社，2023.3（2023.8重印）
ISBN 978-7-106-04227-1

Ⅰ.①商… Ⅱ.①刘… Ⅲ.①影视广告—广告设计—教材②影视广告—制作—教材 Ⅳ.①F713.851

中国版本图书馆CIP数据核字（2022）第166479号

责任编辑：程　楠　曹　菁
装帧设计：李佳雯
责任校对：林　娜
责任印制：赵匡京

出版发行　中国电影出版社（北京北三环东路22号）　邮编：100013
电话：64296664（总编室）　64216278（发行部）
64296742（读者服务部）　E-mail：cfpbjb@126.com
印　　刷　中国电影出版社印刷厂
版　　次　2023年3月第1版　2023年8月北京第2次印刷
开　　本　787mm×1092mm　1/16
印　　张　18.5
字　　数　350千字
定　　价　130.00元

# — 前言 —

北京电影学院美术学院跨媒体艺术专业前身为(电视)广告导演专业。该专业成立于1994年，在影视广告制作实践教学方面，经过20多年的教学研究已经探索出行之有效的方法和经验，培养出一大批高素质的影视广告人才。“商业广告短片创作”课程是跨媒体艺术专业大二学生的必修教材，并对本专业的理论教学起到支撑作用，对实践教学起到指导作用。

跨媒体艺术专业由影视广告专业转型而成，正处于教学改革的实施阶段。目前国内外几乎没有“商业广告短片创作”的教材，大多数为短片创作教材，有的更侧重于讨论商业广告营销及传播方式，却鲜有教材着眼于商业广告短片的创作。

跨媒体艺术专业作为转型专业，急需补充适合课程讲授的专业教材。而跨媒体艺术影像制作（商业短片广告创作）课程是本专业的专业主干课，因此该教材从目前跨媒体传播中对商业短片广告的需求入手着重研究、探讨短片如何在市场的作用下与商业结合。本书具体分析了商业短片广告的创作方法，结合大量商业短片广告案例，探讨商业短片广告传播渠道、营销模式对商业短片广告视听语言的影响，从而总结商业短片广告制作中视听语言的规律、变化等。本书在研究商业短片广告的同时，也思考了商业短片广告艺术结构的综合性，探讨可能的商业元素诉求方式与艺术创作的融合，以及如何最终进行精准简练的视听表达。

目前影视广告创作随着数字时代的市场变化而变化，短片与广告的融合已经成为数字时代的必然产物。本专业是一个与市场密不可分的实践创作型专业，因此在本专业实践教学中加入商业短片广告创作刻不容缓。因此该教材着力于通过对国内外大量的商业短片案例的研究，启发学生如何完善思维，养成较深厚的人文素养和职业素养及国际化的视野，从而满足并引领市场需求。

希望该教材能够为其他大专院校同类课程提供参考，为日益增多的商业短片广告创作者提供有益的借鉴。

# 目录

# 第一章

# 短片创作与商业诉求的结合

- 短片这一影视作品的形式，由于其自身的篇幅短、体量小的特点，在长期以来的创作发展中形成了自己的独特基因。在此之下，短片与商业诉求的结合，突破了传统影视广告的局限性，让广告不再仅仅是对商业诉求的传达，更成了满足观众影视内容需求的一种方式，使观众更加易于接受。而对于品牌和产品而言，这样的方式也能够更好地对其进行包装与传达，能够更有效地提升层次和受众认知，更高效地在目标受众心里留下深刻的印象，形成独特的认同感。

- 长期以来，在欧美与日韩市场，商业短片广告的发展已经相当成熟。诸如宝马、可口可乐、苹果、杜蕾斯等一系列知名品牌都长期将商业短片广告作为自身品牌营销战略的一部分，推出了一系列在内容创作与商业诉求上均具备较高素质的商业短片广告； 而像索尼、迪士尼等品牌，更是以自身旗下的全球一线影视制作力量投入商业短片广告的制作之中，在传达商业诉求的同时给观众带来了犹如大片般的视听享受。

- 一方面，各大品牌在通过大量的广告渠道对商业短片广告进行投放的同时，新型的网络社交渠道、视频平台也在助推着优质内容的传播； 另一方面，紧跟时代并且深受目标受众喜爱的商业短片广告，也在传播过程中逐渐形成了自己的内容体系，成为流行文化的一部分。自21世纪10年代伊始，国内影视广告市场之中，商业短片广告得到了极大发展。各大广告公司、影视公司积极探索、突破，在涌现出了一批艺术与商业高度融合的作品的同时，也让众多品牌商家越来越多地注意到了这种具有较高性价比、更大传播范围与深度、更容易为年轻大众所接受的影视广告形式。从新华社、人民日报这样的“国家队”，到中国银联、中国人保、京东、支付宝、美团这样的新兴巨头，都纷纷投入商业短片广告营销中。尤其是近年来优酷、腾讯、爱奇艺等视频平台与抖音、B站等短视频平台的发展与火爆，更是极大地助推了商业短片广告的传播度、影响力与营销效果，优秀作品网络播放以亿计不再是罕见个例。对于广告行业而言，商业短片广告可能只是一个可大可小的项目； 但对于品牌而言，优秀的商业短片广告作品不但能极大降低渠道投放成本与传播成本，更有可能成为品牌发展历程中的关键节点。

# 第一节 短片的概念

与传统影视作品相比，短片“短小精悍”的篇幅与叙事效果是其最大的特点。作为影视创作的形式之一，短片是从传统影视创作中发展而来的——虽然在时长、体量与总成本等方面与传统影视作品难以同日而语，但对于故事讲述、观赏价值的追求依然是不变的。虽然从历史上来看，电影创作起步于短片；但是今天的短片却绝不仅仅只是当代长片的“缩短版”，而是在创作方面形成了自己独特的内容体系与视听语言。

直观而言，短片的“短”是相较于长片定义的，仅表示作品篇幅的短小——短片依然在电影学的范畴之内，但并不属于特定的风格或种类，其最大的特点在于影片叙事的浓缩化。在短小的篇幅之中，创作者无法以更多镜头、更多画面在视听叙事上进行铺垫与构建，而是必须以最短的篇幅切入主题、最高的效率完成叙事。从内容上而言，短片所讲述的内容往往只是生活的一个横断面；但这并不意味着叙事的单薄与狭隘，而是追求“以小见大”、用这一个精准的横断面折射出更广阔的世界，呈现出短小精悍而又跌宕起伏的艺术效果。

2006年，短片《超市夜未眠》获奥斯卡最佳真人短片奖提名。这是一部以人类对时间的反思为主题的短片。短片通过17分钟的片长，以精良的制作与叙事征服了观众，并将其内含的哲学反思融入其中。在引发关注之后，导演在原有故事基础之上又将其拍摄成为一部长片电影作品。

图 1-1 《超市夜未眠》海报

图 1-2 《在夜晚》海报

与《超市夜未眠》类似，在2008年荣获奥斯卡最佳真人短片奖提名的短片《在夜晚》，同样是在引发关注之后，将原本39分钟时长的短片经过重新创作，扩展为96分钟的长片电影。这些短片与长片之间的转化与延展，说明很多短片虽然篇幅短小，却依然具备完整的故事结构、引人入胜的情节设计与发人深省的主题内涵。

我们以剧情短片为例进行分析。由于篇幅所限，短片中的角色设计一般不多，人物关系也较为简单，少有群像叙事的设计；从故事结构来看，缩小时间跨度，简化场景转换，控制转折点数量。总而言之，剧情短片往往要求创作者能够在尽可能短的时间内完成尽可能清楚、精彩的叙事。好的故事内容未必需要百转千回，但必须要有充足的创意和与众不同的独特性。从这样的创作要求来看，短片创作的关键是通过有限人物的生动刻画来表现主题，是着力于创意与叙事的结合，而非简单地理解为“短的长片”，或将长片故事生硬地压缩在短片体量里。

在叙事与主题内涵等方面，短片并不因篇幅而逊色。相反，较小的体量与较低的总成本为短片带来更低的风险，因此使短片相对长片可以在一定程度上允许创作者更加灵活的发挥，更加多样的实验风格与形式，更加充分地表达自己的艺术思想与追求。

20世纪以来，传统电影在大众文化、消费文化、流行文化中均占据了极其重要的地位，也成为社会休闲娱乐体系中至关重要的组成部分。在相当长的时期内，由于篇幅的短小，短片难以适应传统电影的大众化放映渠道，因而没有与长片一样成为主流休闲娱乐方式。但是，在互联网高速发展，网络社交平台、流媒体平台、短视频平台不断扩张的今天，制作精良的短片迎合了人们快节奏的生活方式，满足了观众碎片化的休闲娱乐需求，因而受到观众广泛的关注与二次传播。结合短片成本低、风险小、题材更加多样、发挥更加自由的特点，无论是资金不足但又希望呈现优质内容的新人导演，还是已经有相当成就与资源支持的成熟导演，都在近年来投入短片的创作当中。在互联网高速发展的今天，个人电脑、平板电脑、手机等新型终端不断涌现。技术与渠道的交织发展为短片的创作与传播创造了全新的优质环境，但越来越多的观众及作品，也对短片内容的创作提出了全新的挑战。

# 第二节 互联网时代下的短片

正如前文所言，当下随着互联网流媒体平台、短视频平台的发展以及观看终端的不断丰富，短片也逐渐形成了完善的制片体系及创作思路。如今，以叙事为主的短片作品，在内容方面已经涵盖了与社会话题、流行文化相关的诸多主题及元素，从幽默喜剧、时尚情感到严肃的社会议题、家国情怀，与逐渐碎片化的观看习惯一起充分填充了观众生活中的各种休闲娱乐时刻。

目前观众对于影视内容需求的碎片化已经成为受到行业普遍关注的现状之一。除了当下短视频平台及内容的蓬勃发展，传统的影视作品创作也在趋向这一方向进行适应与转变。例如近年来的一些综艺及网剧，除了直接缩短片长、增加分集之外，也逐渐衍生出了“下饭剧”“泡面番”这样的针对碎片化观看模式中更细分观看场景的作品。

在这样的产业生态之下，短片已经渐渐分为了3分钟以下、3 ~ 10分钟、和10分钟以上几种篇幅类型。一方面是以短小篇幅适应当今互联网环境下观众的碎片化观看需要，另一方面也是以不同的篇幅类型对应不同的具体内容类型适应目标观众生活中具体的观看场景。我们以一个在一二线城市工作的年轻群体观众为例：在上班通勤的过程中，公交车站、地铁站等车的场景，适合观看3分钟以下篇幅类型的短片，能够使其在几分钟的等待时间里获得较为完整的内容体验；在上车之后的路程中，虽然可以有更长的稳定时间，但其所在的环境较为嘈杂、可能存在换乘等变动，且观看情绪也容易变化，因而在观看体验上依然适合相对较短的篇幅，以获得更直观、更高频率的视听内容；而在进行了一上午的工作，到了午休用餐时间，此时其拥有了较好的观看环境、相对完整的时间段，心理状态也较为平静，此时10分钟以上的短片内容体量便更容易被接受，短片内容中相对稍多的细节铺垫与气氛渲染也便更容易被其感知。

除此之外，当下短片观看的主流终端除了个人电脑之外，移动端以手机和平板电脑为主。其尺寸相对较小，手机端为5 ~ 8英寸、平板端为8.5 ~ 13英寸。与传统电影银幕相比，其在叙事思路及视听效果方面都有非常多的不同。加上当下快节奏的生活方式与碎片化的观看习惯，短片这种观看模式对于移动互联网时代的观众而言是极为高效的休闲娱乐模式，可谓“量身定做”。

由WeAreSocial和Hootsuite合作出版的新的Digital2021报告，表明在2021年，虽然全世界都受到COVID-19疫情影响，但互联网已成为人们生活中更为重要的组成部分。数据显而易见的不断增长，不可否认是社交媒体、电子商务、流媒体内容和视频游戏在其中发挥了重要作用。中国拥有不低的互联网用户数量。

报告显示，中国并不是在线用户数量最多的国家，这也意味着互联网在中国还有巨大的市场潜力。全世界有如此庞大的互联网用户数量，而互联网媒体平台又给予了短片更高效、更宽广的传播渠道，因此短片的市场前景显而易见。短片在互联网平台上拥有庞大的受众群，可以形成规模宏大的产业，拥有巨大的发展潜力，可以说短片与互联网媒体的结合是珠联璧合、水到渠成。

由此可见，短片这种影视类型在当下的火爆，一方面是由于互联网技术，尤其是移动互联网技术的发展推动使其成为互联网社会大众休闲娱乐的必然需求；另一方面，我们也可以将之看作是影视创作结合了当下全新技术、流行文化、传播渠道、观看终端等诸多方面的变化而衍生出的一种全新类型。除此之外，相对于传统影视作品高昂的成本投入与相对单一的收益方式，短片则在以自身的特点与其形成了鲜明互补的同时，更因为其与互联网时代大众生活深入的结合程度，而形成了更丰富、更灵活的商业化模式。

# 第三节 与商业化结合的短片

在20世纪50年代的法国电影新浪潮运动对电影时长的探讨中，希区柯克曾经提出“要看观众的那泡尿能憋多长时间”；而到了今天，观影已经不仅仅是在一个固定时间段内的休闲娱乐活动，而是向着碎片化、多场景化发展。因此，这种对于电影时长的探讨放在今天来看，我们可以夸张地说是“看观众那泡尿能撒多长时间——我们都要有对应时长、体量与特点的作品类型”。

但我们也要考虑到，基于当下移动互联网的发展，作为一种全新的影视形态的短片，虽然从内容上涉及的范畴已经覆盖甚至有所超越了传统影视作品；但考虑到受众全新的观看场景与移动互联网终端的观看特点，作为创作者不能简单地将传统影视创作的内容与形式单纯简化、平移至短片创作；而是要考虑到在适应当下移动互联网环境的前提下，如何以成熟的影视创作方式方法，来发展相对应的视听语言体系与创作思路——快节奏的生活让今天的受众更难有整段时间走入电影院或守在电视机前，而是更倾向于通过移动互联网终端去填补碎片化休憩时间中的娱乐需求。而从近年来成功的短片案例我们可以看到，短片在题材内容方面，无论是关注细微的个人情感，还是更高层面的社会现象，抑或放大格局的家国情怀，其所反映的主题与内容都与当下主流社会思潮的方向、主流大众所关注的热点紧密相关。一方面，这与短片快节奏制作、投放、传播以及其短小精悍且内容丰富的特点，能够充分满足这类消费群体的需求相关；另一方面，结合这些特点我们也可以认为，短片自身结合传播渠道发展到如今，更多的能够即时体现一种时代的舆论、文化方向，已经成为今天大众文化的重要组成部分。

与此同时，与传统影视作品项目的运作相比，短片在当下发展出了全新的项目运作模式。相对于传统电影的付费观看模式，短片目前则是以免费播放为主流，这也是短片在近年来得到迅猛发展的原因之一。而在项目收益方面，短片除了简单的广告植入之外，更可以针对与品牌、产品的商业诉求进行深度定制，将短片契合当下传播、观看习惯的特点与消费文化、流行文化进行结合，能够创造出更多兼具艺术价值、观赏价值与商业价值的作品。

当商业诉求与短片这一类型的影视作品相结合，其短小的叙事、与流行文化和社会热点密切相关的主题、免费的传播观看渠道，使得观众不会排斥其中所包含的商业内容，弥补了传统影视广告模式中的一大缺陷。因此，许多品牌方出于对这一优势的考虑，将优质内容与强化目标受众体验的定制化商业短片广告作为其重要的营销策略之一。而商业诉求与短片的这种结合也突破了传统影视作品商业植入所存在的问题，通过互联网渠道进行深度传播，在潜移默化中完成对受众的影响力传达，从而实现品牌在经济利益上的诉求。

由此可见，短片与商业诉求地结合在当下是一种发展路径上的必然，也是一种对品牌、对影视创作、对受众都有益的多赢之路。传统商业影视广告依托理性诉求进行传播，效果不佳，难以使受众在观念与潜意识上形成认同。虽然传统商业影视广告中也涌现出了相当一部分起到良好传播效果与受众口碑的优秀作品，但是在当今这个信息爆炸的时代，传统影视广告投放渠道高密度、强制性且较为生硬的投放模式，容易让观众先入为主地产生抵触与反感。在这样的现状之下，短片中所蕴含的叙事性、艺术性便发挥出了其自身的优势，消除了观众的抵触感；与此同时，以自身与流行文化、大众文化、舆论热点、社会思潮高度结合的特点，更能够刺激观众形成主动观看、主动传播的意愿。

因此，越来越多的品牌愿意将自己在影视广告方面的商业诉求定制成为商业短片广告，以贴近受众生活或思想观念的主题打造能够打动受众的故事，通过强烈的共鸣感来传播品牌理念、提升品牌形象、深化品牌认同。例如，2021年的五四青年节，互联网知识社交平台品牌知乎联合共青团中央推出了短片《重逢》，以加勒万河谷冲突中的一位烈士牺牲后的家庭故事为主题，在以动人的叙事引人泪下的同时，引出“有人举手发问，‘这一代年轻人，还有不计生死的血性吗？’——他们代表无数年轻人，做了回答！”这一主题，进而引出知乎“吾辈问答——这代人的问题，会找到这代人的答案！”这一口号，完成了在短片传达之中叙事效果、主旋律公益诉求与商业诉求之间的完美融合。

图 1-3　公益短片广告《重逢》海报

结合这一案例的成功，从另一个角度我们也可以看到：短片的创作与传播模式天然与广告策略相吻合。高级的广告传播绝非依靠叫卖来吸引消费者，而是依靠品牌价值观、理念、文化等元素来追求与受众形成一种情感上的共鸣与认同。而短片的特点恰恰可以完美达成这样的效果，以自身的叙事联结目标受众的情感需要与商业诉求，不但能够达到商业诉求的深度传达，更有可能推动目标受众出于这种认同感而自发地进行二次传播，在微博、微信、抖音、B站、知乎等互联网社交平台中自发形成话题与热点，形成“自来水”效应。再辅以互联网营销策略的推波助澜，商业诉求升华为社会热点、社会议题，产生前所未有传播力度的案例也并不罕见。

除了在内容与创作上的特点之外，与游戏、电影、网络小说等其他内容载体之间的互文、互动也成为商业短片广告发展的一大方向。一方面，商业短片广告拥有短片模式在题材与创作方面更加自由、更少限制的特点；另一方面，商业短片广告在体量与传播上的优势，也能够让其更简便、更高效地与游戏、电影、网络小说等已经成型且具有影响力的成熟IP相结合，在联动之中形成“破圈”效应，以基于互联网传播的多维度方式更加深入地影响受众，在影视广告创新的同时也成为一种全新的品牌广告营销战略。

著名演员吴京在成功导演并主演了电影《战狼》后，腾讯游戏“和平精英”邀请吴京出演其真人宣传短片，在上线一周后微博上“吴京新片抢先看”话题就收割阅读量3.3亿、讨论量更是达到3.2万；“吴京新片”的话题发布，也得到了1.1亿阅读量、2.2万讨论量。过往游戏广告一般都采用CG制作，并且追求奇幻的场景、震撼的视听效果、虚拟真实的人物角色、毫无破绽的特效，但吴京主演的这条商业短片广告却完全颠覆了受众以往对游戏广告的传统概念，让游戏广告不再仅仅是好看，让游戏的价值超越了“游戏”本身。在“和平精英”这条商业短片广告中，受众感受到了热血与勇气，奋斗与胜利，这些都来自“战友”的陪伴、帮扶、引领、体谅，让每一名“战士”都学会了独当一面，也更懂得团队的力量，懂得战斗的意义。片中吴京有一句台词：“因为我们，成就精英”，也为这条商业短片广告的传播带来了新一波的关注热潮，许多受众感叹在和平精英留下的岁月，也想起在这个战场上一起战斗过的朋友，最终让很多新老玩家“安排”上了游戏日程。

图 1-4　商业短片广告《和平精英》海报

随着5G网络的推广，商业短片广告观众的增长也呈现出逐渐上升的趋势。而互联网中商业短片广告的盈利模式主要来自广告费用和用户收看短片的付费。并且，随着传统视频网站播放方式的转变及广告主对网络广告资金的加大投入，商业短片广告的收益也必将会提高。

近年来随着商业短片广告的高速发展，我们可以发现一个属于短片的独特现象，便是短片与商业的结合并没有像曾经的传统电影一样经历过广泛而深入的商业与艺术之争，而是更多地在不知不觉之间便自然完成了结合与共存。这一方面是由于短片自身创作上低成本的特点，使得短片对于资金支持、商业运作方面的依赖相较于传统影视作品更低；另一方面也是由于品牌在依托短片传达的商业诉求方面与短片自身的内容创作冲突性较小，且短片在传播特点方面又天然地与商业诉求相契合，因而出现了商业短片广告这一艺术与商业自发形成的结合产物。商业诉求带来资金与制作支持的推动助力了商业短片广告发展，而其作为短片自身的艺术体系、创作模式的不断完善又在日益提高着其作为影视作品的艺术表现，这种艺术表现的提升再进而反作用于其作为商业诉求载体的传播效果。结合当下的移动互联网时代，可以说商业短片广告的发展正处于天时、地利、人和的黄金快车道。

# 第四节 广受青睐的商业短片广告

在如今商业短片广告的快速发展阶段，商业短片广告以其多样化的项目类型、日趋产业化与规范化的制作流程吸引了大量影视行业专业从业人员。影视与广告行业诸多精英创作者的深度交汇，也让商业短片广告在这条黄金快车道上的发展越发顺利。所谓天时、地利、人和绝非一句虚言，而是有其中所蕴含的深刻原理。

## 一、碎片化的传播模式

作为当今互联网社会飞速发展所带来的产物之一，商业短片广告的传播根植于网络平台，以影视的艺术表现手法结合互联网媒体的传播机制，对应身处其中的受众所形成的观看习惯，进而迅速形成了自身强大的影响力。

商业短片广告以其依托于移动互联网技术的发展而形成的广泛传播能力，使得任何观众都可以极为方便地通过智能手机、平板电脑等移动设备在各种场景下满足自身的观看需要。这种观看模式打破了传统影视作品依靠院线大银幕或家庭电视所形成的固定场景观看形态，能够更加深入大众生活；除此之外，在投放方面，商业短片广告可以便捷地上传网络，避免了电视广告渠道或院线贴片广告渠道成百万上千万的广告渠道成本，因而更加吸引诸多品牌的关注。而对于影视创作者而言，除了商业短片广告制作的小体量、低成本之外，这样的播出方式也可以大量减少院线发行谈判、版权运营谈判、宣发工作等一众环节，在降低项目运作难度的同时，也以更加即时与更加广泛的覆盖，更加精准地传播等优势满足了受众的内容需求。

## 二、对受众需求的快速反应与精准投放

从受众需求本身来说，商业短片广告所契合的是在当下快节奏、高压力的社会环境里，人们的闲暇时间日益碎片化的现状。因此，在今天的社会生活中，人们更加难以有一整段的时间去完整地欣赏一部电影或是电视剧，更多的人由传统屏幕转向移动屏幕，更加倾向于在工作生活中片刻的休憩时间里去欣赏一部有着高质量的完整内容而又并不耗费大量时间的短片，尤其是年轻群体在移动互联网休闲娱乐方面花费的时间已经远远超过了在影院或电视上所花费的时间。

对于观众而言，欣赏商业短片广告能够在相当程度上满足自身的休闲娱乐需求；而对于企业与品牌而言，能否满足、能够在多大程度上满足观众这样的需求，便成为商业短片广告成败的关键之一。商业短片广告作为广告整合营销传播链条中的关键载体之一，其在受到互联网传播助推、让观众能够更加便利地进行观看的同时，也要结合其自身特点，更加关注于如何与受众当下的思想、态度、理念与所接触的热点相吻合。换言之，当下商业短片广告之所以能够在飞速发展的同时广受青睐，是因为其能够充分且高效地迎合互联网环境下受众多变的喜好，能够对时下人们关注的热点、观念、潮流以影视创作的方式做出迅速的反应。

除此之外，商业短片广告在传播上也改变了传统影视作品传播模式中单向传达、缺乏交互性的问题。随着互联网传播平台的观看形式、用户功能的不断创新，一方面，个人的喜好、点赞、收藏在通过大数据算法与更多人产生交互影响，使每个人都成为无形的自媒体；另一方面，互联网视频平台体系中的评论、转发、弹幕等功能，也让观众的观看过程与交流分享过程得以同步。这使得商业短片广告的观看过程不仅仅是单纯的视听享受过程，也在评论、观点的即时交流与碰撞之中满足了人们一定程度上的交流需求与群体认同需求。

对于传统影视广告而言，相比于精准的目标受众定位，传统投放渠道的粗放始终是难以避免的问题。而对于商业短片广告，利用网络大数据算法不但可以实现从区域、年龄、受教育程度、消费能力等方面的定位，同时可以实现题材喜好、风格偏

爱、消费习惯、观念取向等方面的分析，在投放上形成精准抓取。

这样的优势在使得商业短片广告的投放能够更精准地垂直于目标受众群体的同时，也能够让品牌、产品的宣传与推广更具有针对性，使广告营销的有效传播范围更广，速度更快，形成与传统渠道方式无法比拟的效率。

### 思考题

短片与商业短片广告的异同点是什么?

### 推荐书目

杨名皓. 奥格威谈广告：数字时代的广告奥秘[M].庄淑芬，高岚，译. 北京：中信出版社，2019.

# 第二章

# 商业短片广告的创作趋势

- 目前互联网流媒体平台、短视频平台蓬勃发展，商业短片广告早已进入跨媒介传播时代。多种类的移动终端、电脑、电视等组成了现在繁多的跨屏媒介。由于科学进步和技术发展，媒介传播的形态日新月异，在新媒介和新叙事的合力之下，商业短片广告成为最受到广告主青睐的广告类型之一。跨媒介传播时代的到来也对商业短片广告从创作层面产生了新的需求。

- 针对各类移动终端屏幕尺寸、受众观影条件及习惯，当下的商业短片广告的创作在视听设计、表现思路、叙事结构等已有别于传统影视作品创作。在生活节奏加快的碎片化信息时代，商业短片广告不仅要适应传统的电视媒介、PC端和手机等移动媒介，还需要适应商业LED大屏等传播条件更为复杂的终端媒介。因此，商业短片广告如若以吸引观众、达到良好的传播效果为目的，就应以观众的审美需求为根基，从剧作、视听语言、传播策略等多维度出发，结合新媒介的传播特点进行创作。所以在跨媒介环境下，商业短片广告不断地探索新的叙事策略和视听手段来适应当下多元媒介形态，形成了自身独有的创作风格和呈现特征。

# 第一节 商业短片广告艺术创作的特色

商业短片广告可以说是短片与影视广告的融合，其在短小的篇幅中满足了受众的审美需求和商业需求。商业短片广告内容上短小精悍，在有限的篇幅内完成戏剧冲突的表达，在视觉上重视观众体验，多以有视觉冲击力的镜头设计和剪辑节奏来吸引受众的注意力。依托网络短视频平台与社交平台的发展，商业短片广告的制作投放渠道和目标受众也愈发精准，基于不同媒介终端自身的媒介特性和受众的观看习惯而创作的商业短片广告可以更为精准地进行创作从而达到有效传播的效果。因此，基于跨媒介传播的商业短片广告在互联网语境下，短片与影视广告两相融合，逐渐形成了独具魅力的商业创作形式。

## 一、商业短片广告的篇幅

新媒介渠道下商业短片广告传播方式的研究，是研究商业短片广告表达方式的基础。从传播渠道和播放终端来看，互联网和基于移动互联网诞生的手机、平板等个人化设备是主要的传播渠道和终端。而商业短片广告精练、高效、风格化的特点适应了当下观众碎片化的观看习惯，满足即时性的娱乐需求和便于分享的传播需求，达到极佳的传播效果，有时甚至可以形成一种流行文化现象。

从实际的传播场景来看，基于移动互联网产生的手机等设备使用程度之高、时间之长，使得碎片化的观看方式已是常态。商业短片广告碎片化的观看方式使得商业短片广告受众处于一种随机且不稳定的观看环境中。这一类观众缺乏欣赏严肃冗长的影视作品的耐心，在移动屏幕上观看篇幅较长的内容，也极易出现收视疲劳。而精练的商业短片广告正好填补了这些碎片时间，丰富了这些年轻群体“消磨时间”的娱乐需求。

## 二、传播渠道的巨大变化影响商业短片广告的故事题材

在美国传播学家麦克卢汉看来，不同的媒介受到传输技术、方式影响，都会拥有各自不同的媒介特性，也会进一步影响到内容与形式。所以在创作商业短片广告之初，就应充分了解传播媒介的特性，而后创作符合受众收视环境和观影习惯的内容。

相对于院线电影传播的“公众性”、电视媒介传播的“家用性”，商业短片广告的主要播放渠道——互联网移动终端则具有较强的“私人性”。也就是说目前商业短片广告的主要播放载体具有小巧易携等特点，这让其在传播策略上实现了自主性，也突破了时间和空间的限制，拓宽了受众范围。这种独特的传播方式同时为商业短片广告带来了更自由的创作尺度，可以更加自由地开展题材和类型的探索。

由于手机的传播媒介与内容时长的特殊性，使商业短片广告的故事情节往往更加简洁明了，并且也为了取得更理想的效果会对一些过于惊险复杂的镜头进行取舍。多数商业短片广告采取了更贴近生活的平民视角，更精准的社会洞察，通过相对来说较为简单的故事情节和生动的表现形式，细腻且富有张力的画面使观众不由自主地被带入其中并产生强烈共鸣。而现在互联网数量众多的青少年受众又恰恰是商业短片广告的主力人群，他们更喜欢新奇有趣、出其不意的故事题材。

比如自然堂2020年联合了B站UP主进行内容共创推出的品牌商业短片广告《冲吧，小朋友》就是较好的受众主动参与的一次商业尝试。短片中描写了作为职场小白的女主角第一天上班，在高端的写字楼里遭到同事们蔑视。女主作为萌新，既兴奋憧憬又胆怯小心，经历打击，在敏感脆弱后，又重新鼓起勇气，努力奋斗做最美的自己。短片开篇直入主题，引发新入职场年轻人的共鸣；抓住“小朋友”这一Z世代年轻人的痛点，用夸张搞笑的方式表现初入职场的各类情况，贴合当代年轻人的对话语境，表达出品牌对他们的关注和理解，与用户产生情感共鸣。同时又把“职场人”脸谱化，人物造型大胆夸张，让观众更加直观地了解到了人物特性，玉皇大帝、咸鱼、花瓶、老油条、背锅侠、摸鱼、专家…… 相信每个人都能在里面找到熟悉的存在。

图 2-1 商业短片广告自然堂《冲吧，小朋友》

这部商业短片广告正是准确定位了目前互联网中年轻人聚集最多的B站，联合B站UP主推出此片，将“小朋友”和“职场人”具象化，并通过场景化的创意来展现魔幻职场，因此无论是新人还是前辈，都能与之产生强烈共鸣。

## 三、商业短片广告创作形式的高互动性

互联网技术为商业短片广告提供双向性、交互性的传播特征。这种基于大数据分析产生的准确传播模式，颠覆了传统信息传播的局限性，使受众的参与性得到了充分满足。除了现在较为前沿的VR（虚拟现实技术）、AR（增强现实技术）、H5交互式广告，在一些互动类商业短片广告中，其目标受众还可以通过交互方式选择商业短片广告的剧情发展，犹如参与了商业短片广告剧情的设置，这种沉浸式的体验不知不觉中提升了受众对品牌的认知度。

甚至5G通信技术足以支撑商业短片广告的用户可以参与到商业短片广告制作过程中，制作方可以根据用户的喜好定制符合受众群体个性的商业短片广告，使定制的商业短片广告精准投放并得到目标受众的认可。另外，企业客户也可以预先在互联网各大平台投放主题需求，吸引观众自主按照设定的主题进行命题创作，并对这些创作收集归纳反馈数据，并在其基础上二次创作最终形成优秀的商业短片广告系列。

比如中国招商银行APP推出了互动竖屏短片广告《来！坐！》，以一个年轻人的主观视角展现了去亲戚家吃饭，所经历的七嘴八舌的故事。

图2-2　招商银行APP H5互动商业短片广告《来！坐！》

在这个互动作品中，主观视点可以互动选择进入视频作品，轻点屏幕上显示的第一关①，于是出现了“我”去亲戚家，各位亲戚的众生相；轻点屏幕上显示的第二关②点击任意座位入座，则引出了不同话题，比如坐表妹身边，会讨论“创业”；坐堂哥旁边，会讨论“婚后AA制”；坐姑父旁边，大家会讨论“买房子”等；每段讨论视频结束后，用户都可以在“溜了溜了”或“换个座位”两个互动选项中任选其一；最后一关“我”表情迷茫之时出现了财经名家对于感情、经济、创业的建议；标板是招商银行APP的标识。这则H5竖屏互动短片广告上线当天，互动体验人数就突破20万，正是这条互动短片广告颠覆了大众印象中刻板的财经专家形象，以“鲜活+有趣+有用”的互动方式与年轻人对话。

从招商银行这条H5互动商业短片广告中不难发现，在受众参与互动的同时商业短片广告的形式也随之改变。上线推广后，受众对参与互动的商业短片广告自行转发、评论、点赞，甚至影响到此商业短片广告是否会根据后续的营销数据拍摄系列作品。大数据时代，根据互联网对受众口味的数据抓取，也会出现某条商业短片广告会选取受众期望的演员出演。当受众不再受缚于传统的观影方式，主动地参与到商业短片广告的互动中，他们更看重的是怎么参与，以及参与什么。

图 2-3　影视广告导演专业 14 级本科生江佳宸的毕业作业商业短片广告《拒绝霸凌》

就拿图2–3这个案例来说，其是北京电影学院广告导演专业本科学生的作业。这支短片采用了竖屏交互的制作方式，自然贴合了其使用手机观看的这个传播介质，使观众在拿着他们的手机观看这支影片时，自然而然就参与代入到情节之中。其用交互方式与平行蒙太奇相结合的剪辑手法，讲述了校园霸凌这个社会问题，当人们面对这个话题时，往往逃不开情节中的三个角度与视角，加害人、被害者和旁观者，旁观者看似与事件无关不是当事人，而在校园暴力中，往往就是旁观者的冷眼旁观不作为甚至是恶语相向，才助长了不正之风甚至酿成大祸。而这支短片则是利用有意为之的视角安排，使观众被动地处于旁观者人称，让大家以作为第一人称的旁观者互动参与其中，而恰恰只有加上观众的情感反馈这支短片的情感构成闭环，这也使观众无意中便参与到影片“创作”当中，他们感兴趣于自己能够成为“主创”，这样在受众的参与过程中既达到了有效的传播，也获得了受众认可，以创造出更大的传播价值。

## 四、商业短片广告叙事要求构思新颖

商业短片广告的传播需要新颖的构思在每日纷杂的广告信息中脱颖而出。在信息爆炸的互联网时代，要想达到有效的传播，在短暂的时间内抓住观众眼球，要在规定时间内完成讲好故事。那么就应该在创意和叙事方式上更加独树一帜，短小精悍且极具创新性的商业短片广告才会对受众更加有吸引力。

“新新人类”的审美需要一个新颖的故事。商业短片广告创作者们如果希望用短短几分钟的商业短片广告俘获年轻受众的心，那么就要在确保叙事完整的前提下，研究什么题材、类型的故事能够打动他们，以及什么样的叙事结构能够符合目标受众群体的观影习惯。

有限的观看环境需要新颖的构思达成有效传播。众所周知，在现如今的超高速生活节奏下，大众每一块割裂的小小碎片时光都是寸秒寸金的，所以与其给大众一部难以消化、不易接受的恢宏史诗大片，还不如“投其所好”“对症下药”精准巧妙地为目标受众提供可以让他们即使在移动的观看环境下依旧能眼前一亮的短而有力的商业短片广告。现如今的商业短片广告需要在零碎的时间内高效地传播内容，这便对商业短片广告内容本身的立意与构思提出了高标准、严要求，这与之前广告公司对影视广告创意的严苛有所不同，这种要求甚至是反向的——更多地是来自观众对内容的需求。

如今，传统的电影方式无疑正面临着前所未有的冲击，这种冲击或昭示着新的迭代即将出现，属于商业短片广告的时代真的还会很远吗？被誉为“新德国电影”四杰之一的德国电影大师斯隆多夫对这个问题很早便有了明确的态度和认识，虽然他并不是一味热衷创作“主流商业片”的导演，但其对于商业短片广告的发展前景给予了肯定，并预言传统电影风格与传播方式会因极具潜力的商业短片广告不断涌现而被突破甚至颠覆。现在大量的电影采用跨媒体叙事的方式宣传，就是斯隆多夫导演预言的佐证。

商业短片广告在某种程度上是资本取得胜利的金钥匙，促进销售是大多数广告主商业行为的最终目的，而在此之前利用优秀的商业短片广告激发消费者的强烈共情与情感反馈，这可以极大力度地固牢消费者群体奠基，进而不断地扩大产品认知度，使产品潜移默化地与消费者构筑某种精神情感联系。

图 2-4 商业短片广告《啥是佩奇》

2019年卡通影片《小猪佩奇过大年》将在春节档上映，一部作为其营销计划一部分的先导片《啥是佩奇》火爆互联网。从内容上看，《啥是佩奇》描写了一位生活在农村的爷爷为了自己孙子所喜欢的“佩奇”而“研究探索”的故事，其在形式上与卡通品牌“小猪佩奇”并无多少关联。但是，“佩奇”这一概念却始终贯穿在故事之中，加上老人的探索制造了众多笑点，以幽默的形式讲述了一个温情的故事。在收获了全网海量的关注、二次传播与话题讨论之余，也向目标受众灌输了影片亲情、温情、合家欢的消费认知，为贺岁片《小猪佩奇过大年》的上映奠定了热度基础——这也使之成为当年最具影响力的一次商业短片广告营销。

## 五、商业短片广告受到其他影视风格的影响

在商业短片广告复杂的传播环境里，故事叙述过程中是否能留足悬念，视听语言是否足够新颖，这些都直接影响观众的好奇心与对这支商业短片广告的喜爱程度。有关注度高的故事，独特的、时尚的影像风格，快节奏的拼贴式蒙太奇等在电影、MV里常用的表现形式在商业短片广告中也越来越常见。

2021开年大片海尔三翼鸟的商业短片广告《懒人时代》即是一种对时尚转场风格的有益尝试。“懒”是年轻人的常态、懒得做饭、懒得出门，甚至睡觉前关灯都得拖延半小时……“懒人”各有各的懒法儿，所以智慧科技也有了各自应对的方式。三翼鸟作为首个场景品牌，玩转懒人经济。短片以一个从娘胎就开始犯懒的姑娘为主角，讲述了她凭借独门“懒学”，一路躺着吃饭，躺着玩乐，躺着照顾宝宝，躺着走向人生巅峰，然后继续躺着开会，并且带着全家一起懒，一起躺的故事。用一个“懒人的故事”讲述了这个时代“人的状态”，用极具共鸣感的生活场景让观众既新鲜又有代入感。《懒人时代》运用了极具设计感的无缝转场剪接方法，轻快的节奏、丰富的蒙太奇语言，为观众呈现了一组当下新生代主力消费人群的真实生活，引领了新一轮的“智能+懒人”的生活方式。其生动趣味的故事内容和表现方式也受到许多年轻人的喜爱。我们不难发现，商业短片广告与多种影视类型之间产生的互文关系，也直接影响了商业短片广告的影像风格，给年轻人带来新的视觉体验，为商家创造出更大的商业价值。

图 2-5 海尔三翼鸟商业短片广告《懒人时代》

## 六、商业短片广告创作受到越来越多元的播出媒介的影响

商业短片广告的使命与任务是在短时间内尽可能多地传递有效信息，这要求商业短片广告必须直观地向目标受众群体输出，才能适应其所在的快节奏、信息量巨大的新媒体时代。基于此原则，商业短片广告更需要注重画面内信息元素的精练，以便于在短时间内保证精准有效的信息传达。

虽然商业短片播出终端尺寸较小，但如果我们牢牢地把握住受众观看心理，为其提供高品质的画面质量、扣人心弦的视听节奏以及明快夺目的色彩调性，便不会因尺寸小而束缚，反而可以利用播出终端的特性创造出更具多样性的商业短片广告。为了受众在这短短的两三分钟之内，从小小的屏幕当中尽可能完整和精准地吸收商业短片广告想要传达的重要信息元素，往往创作者会利用浅景深、大色块、减弱背景等手段来突出画面内容主体以及细节，并且减少冗杂的转场手段，使观众的注意力更多地转移到内容本身之上。

我们通过不同体量、各种类别和形式的视听艺术作品中对于景别的处理，从其中的运用规律与呈现效果可以发现，观看银幕的尺寸大小可以直接影响最终观赏感受。对比可以发现一些具有奇观性的宏大场景往往更容易出现在传统的商业大片之上，这是为了展现影片气氛。而对于主要播放途径为网络或者移动设备的商业短片广告来说，我们为了更加有效地突出关键性信息，会更多地选用中景、近景、特写甚至大特写来生动地讲述故事，也有助于将产品功能与品牌信息展现于商业短片广告当中。

舍弃大场景的另一方面考虑则是在商业短片广告特有的“小屏幕”传播介质中，大场景很难发挥其在商业大片中相同的作用，反而会得不偿失地丢失一些细节内容。

# 第二节 商业短片广告中的跨媒体叙事

在现在数字媒体高速发展的今天，在广告内容高度饱和的媒体环境中，媒体专业人士和广告商已经意识到，广告形式正在从推动形式的传统广告转变为拉动形式的数字化广告。这种从“推”到“拉”的转变导致广告客户将工作重心转变为努力吸引观众的注意力、鼓励观众积极参与。广告客户于是纷纷采用跨媒体叙事的方式，以便在这个过度饱和的市场中更多地赢得观众的注意力。

跨媒体叙事的概念于2003年由麻省理工学院教授首次提出，是一种先进的内容创意理念，其不同于传统的叙事学，而是一种基于协同创作、集体智慧的文化活动。主张在娱乐内容项目的企划过程中，充分考虑受众在不同媒介平台的内容体验需求，围绕一个统一的世界观，在不同的媒介平台上展开相互独立，但逻辑上高度关联的故事主线，使得角色更加丰满、立体。

跨媒体叙事的风潮源于好莱坞大片的生产，从历史上看，也是好莱坞主导全球电影业的开始。大片（Blockbuster）一词是指一部具有大制作高投入的电影，这个短语最早出现在20世纪50年代，在各种不同的新闻媒体上流行起来，用来描述当时收入高于平均水平的电影，使其区别于其他电影。而故事片的跨媒体广告方式最早由卢·沃瑟曼（Lew Wasserman）提出，他在当时所有主要的公共媒体形式上执行大量、重复和大规模的广告策略，而这些为大片制作的多平台广告之间又存在着连贯的叙事。这后来被誉为将一部电影转变为一部大片的标准操作公式。大片是目前好莱坞在全球占据主导地位的主流电影形式，通过高票房在财务方面占据垄断地位。自那以后，大片策略已成为电影营销中的一种常用策略。与常规的电影营销策略相比，这是一种截然不同的广告形式，它涉及更高的投资回报和激烈的营销形态。

## 一、走入跨媒体叙事

随着技术的进步，媒体环境发生了翻天覆地的变化，每个人都会接触到来源不同的广告。因此，广告营销公司也积极地开发新的有效方式，让消费者更易于接受广告。过去传统广告讲究广告创意、叙事结构和讲故事的技巧，这也是跨国公司追求的品牌战略，目的是提高品牌知名度，并将自己与市场上其他异质产品区分开。但随着移动终端的出现，越来越多的人不再观看传统媒体，而是成为移动互联网的忠实用户，成为“低头族”，通过各种形式的屏幕消费内容，这为跨不同媒介的广告铺平了道路。没有了传统广告对时长30秒、15秒、5秒的硬性规定，跨媒体叙事的商业短片广告在借鉴了前几代广告的叙事结构之后，将叙事转变为更适合网络的“网生”内容，以适应当今的数字时代。这似乎让商业短片广告有点近似于传统连续剧式广告的形式，但实际上在跨媒体的情况下，每个平台的内容都相辅相成，受众在每个平台获取的都是故事的其中一部分，通过多平台的联动才能完全领略故事的全貌。

但还有一个误区：跨媒体讲故事通常被误解为跨媒介，但跨媒体讲故事在内容处理方式和跨平台传播方式上是有所不同的。跨媒介制作，通俗地说是利用不同的媒体平台来播放相同的商业短片广告，所以跨媒介传播数字内容也被称为跨多平台方法。这种方法是一种合作，每种媒体都经过精心选择安排，以尽可能使商业短片广告的传播率能够达到最大数量的受众。

我们可以思考，跨平台策略中的每一种媒体是不是都会反过来增强所有其他媒体提供的内容，利用不同的平台特性是内容本身的必然选择。所以在跨媒体叙事结构中多媒体平台之间的联动，讲述统一的故事，但每个平台的信息又各有侧重，多平台形成跨媒体叙事的整体概念，是让效果最大化的最佳方案，从而利用多个平台，构建跨媒体的故事世界。

## 二、跨媒体讲故事

如前所述，跨媒体讲故事即是将故事的核心部分分散在多个媒体渠道中，每个渠道都对观众的整体体验做出独特的贡献。当然，当品牌选择跨媒体叙事策略，那么这个正在被讲述的“故事”本身需要具有复杂性，从而保证围绕故事能启动“多平台宇宙”。在讨论跨媒体叙事的运作时，还有一点是与营销传播密不可分的，因为各平台呈现不同的内容，所以营销方需要联动安排各平台的播出顺序，使每种媒体都尽可能完成其擅长的事情，这是定义跨媒体叙事的基石。

连续性且非顺序的播出过程强化了跨媒体试图通过多元化的平台培养叙事元素（如情节和人物）来实现的复杂叙事功能。这种连续性对于一个跨媒体的故事来说是非常有意思的，因为它保持了一个一致的框架和叙事，在每个媒体平台之间，让观众更有参与感，更有连续感，更有互动感。跨媒体讲故事，让叙事既不是直线的，也不是按时间顺序呈现的；事件和叙事得以随机呈现，每一种媒体内容的叙事衔接对事件顺序没有影响。观众通过一系列的碎片，自行脑补成一部完整的故事，当然跨媒体故事讲述的复杂程度依旧是以故事为中心的。

2021年跨媒体讲故事的经典案例好莱坞电影《黑客帝国》系列再次回归。从1999年—2003年《黑客帝国》系列电影前三部曲通过电影、九支商业短片广告、两部漫画、游戏以及系列衍生品玩具以跨媒体叙事的方式向受众讲述了一个庞大的科幻故事，而这些不同平台的故事讲述既相互独立又彼此关联。观众们首先被《黑客帝国》的先导商业短片广告所震撼，而后又惊喜地发现在电影中建立的故事世界还有众多的线索等着他们去探究，因此观众在同名游戏、漫画中又对故事概念有了新的理解。2021年《黑客帝国4：矩阵重启》重磅回归，12月22日在北美上映前夕，一系列的宣传已经铺天盖地，观众们的期待值拉满，这时Epic Games扔出一条足以以假乱真的纯UE引擎制作的商业短片广告——《黑客帝国觉醒：虚幻引擎5体验》。这条商业短片广告是超越电影《黑客帝国》之外，用UE5引擎凭空创建的一个虚拟的“真实世界”。无论是翘首以盼的观众还是资深粉丝和游戏玩家，在看到这条短片时，人们都惊呼“矩阵”已经“觉醒”。Epic Games与华纳兄弟影业给《黑客帝国觉醒：虚幻引擎5体验》定位是：由两位电影主角亲自演绎的商业短片广告 + 开放世界互动体验。该短片发生在一个面积约为16 平方公里的未来、繁华、可探索的开放型世界大城市，体验者可以以游戏沙盒的形式探索这个世界。这部短片的发布也重新定义了游戏世界的画面质量，在这个具有真实质感、电影级画面的虚拟世界中，道路的大小、建筑物的高度、高仿真数字人及其动作、汽车及其运动、角色服装、车祸现场、爆炸产生的碎片数等，这些由数百万个多边形组成的700万个实例化资产，都让人叹为观止。这让无论是观众还是玩家都在电影情节与游戏体验中无缝切换，享受视觉震撼和游戏的沉浸式顺滑操控感。

图 2-6　电影《黑客帝国 4：矩阵重启》海报

图 2-7　商业短片广告《黑客帝国觉醒：虚幻引擎 5 体验》海报

图 2-8　商业短片广告《黑客帝国觉醒：虚幻引擎 5 体验》的分镜头截图

而后Facebook宣布更名Meta，于是乎这场可以载入史册的跨媒体案例，大家一时间分不清到底《黑客帝国4：矩阵重启》是《黑客帝国觉醒：虚幻引擎5体验》的商业大型广告电影，还是电影与游戏都是Facebook“草船借箭”式的跨媒体营销策略中的一员。无论今天我们讨论《黑客帝国4：矩阵重启》的故事如何不尽如人意，这段难辨“电影”与“游戏”的次世代交互体验，足以成为“影游联动”史上的一次佳话，也不可否认这次前所未有的跨媒体叙事让我们看到了“交互式叙事与娱乐”未来的样子。可以想见，未来跨媒体讲故事的形势，不再拘泥于线上线下，在数字世界里，边界被打破，让未来一代受众沉浸其中去享受终极的互动娱乐体验，这正是《黑客帝国》重新定义的跨媒体叙事概念。

## 三、跨媒体与观众

新数字时代商业短片广告的跨媒体叙事无法避开技术、产业、文化和社会去研究，随着每一个个体通过社交网络互动实现融合，讲故事的核心概念也衍变为专为粉丝和用户设计。在这种情况下，单个个体并不拥有所有现有信息，信息被分割，而整个群体因为社交互动最终了解全部信息，把其他人获得的不同认知最终构成了主要的故事情节，这个时候我们会惊讶地发现，这是一个被分割成多角度叙事的跨多平台的连续式商业短片广告。在跨媒体框架内，观众以群体社交的形式了解故事进而产生话题发酵，在整个跨媒体叙事中起着重要作用。这一概念与跨媒体理论背后的典型理念密切相关——具有自主意义的不同元素在结合时也能提供更大的意义。这种群体智慧的想法源于参与式文化的概念，参与式文化是一种由受众参与生产的共同创造形式。在人人都是自媒体的今天，观众积极参与媒体内容的创作和消费，有时会自愿形成营销宣传的星星之火，最后以燎原之势将故事推广开来。

创造跨媒体故事与品牌价值紧密结合，进而通过加强消费者的关注黏性来产生品牌忠诚度。因此跨媒体作为一个概念和策略，必须整体考虑受众在观看跨媒体故事时有没有积极地参与、讲述和传播能力，这也是跨媒体品牌的定义特征之一。

图 2-9 Old Spice 商业短片广告

为了更深入地了解跨媒体叙事如何与观众产生化学反应，值得一提的是男士美容品牌Old Spice成功的跨媒体品牌战略。2010 年，宝洁公司旗下的品牌Old Spice发起了一场无与伦比的媒体宣传活动，其目标是使品牌振兴焕然一新。因为Old Spice 的市场份额正在被其他洗护品牌（如 Dove 和 Nivea）所取代，并逐渐被视为“老年人”的品牌。通过调查，Old Spice 发现不仅沐浴露被视为“没有男子气概”，而且实际上购买沐浴露的大部分是女性。所以Old Spice 不得不考虑如何向年轻的男性和女性受众（18 ~ 35岁）进行营销，并以某种方式使该品牌沐浴露的商业概念具有娱乐性、相关性和“男子气概”。于是Old Spice对他们的品牌从包装到广告进行了彻底的改革。他们聘请了著名的Wieden+Kennedy(W+K)广告公司，该广告公司提出了一个名为“闻起来像男人”的概念，将品牌推向了新的高度。同时他们邀请年轻而有男子气概的代言人——前NFL球员穆斯塔法（Isaiah Mustafa）。帅气、自信和幽默的穆斯塔法在这支商业短片广告中赤裸上身向女性受众们提出了“女士们，当你的男人闻起来像Old Spice的香味时，一切皆有可能”的广告文案。凭借其出色的视觉效果、诙谐幽默和近乎荒谬的叙事方式，第一支商业短片广告（“The Man Your Man Can Smell Like”）在电视和社交媒体上发布几天内就风靡一时，并成功重振了一个正走向夕阳的品牌。

图 2-10　Old Spice 平面广告

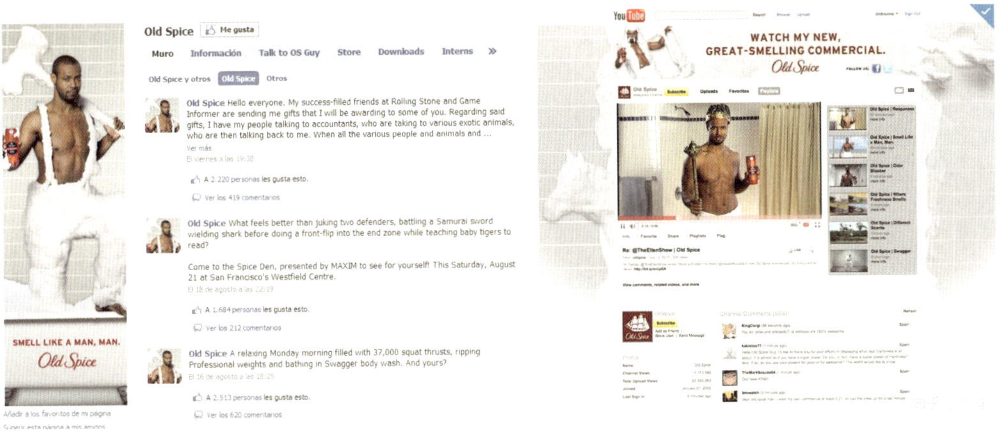


图 2-11 Old Spice 社交媒体互动

为了将Old Spice品牌深深烙印在受众的脑海中，营销人员使用跨媒体讲故事的策略来为观众安排更持续的体验。因为人们都非常渴望参与讲故事，所以Old Spice 又继续创建了“响应运动”。此次活动的挑战在于提升品牌形象，使其与更可持续、更现代的受众群体相关，从而吸引18 ~ 35岁年龄段的受众。该活动让目标受众能够与穆斯塔法的角色进行实际互动，将他的角色发展和消费者参与度提升到一个全新的水平，这都是这次成功的跨媒体讲故事的关键理念。大量的互联网受众对该条商业短片广告发表了大量评论，于是Old Spice设立奖励基金来鼓励大众对品牌的讨论和关注。而且通过让观众直接影响正在制作的内容，他们加深了活动的个性化并大大增加了观众的兴趣。“响应运动”甚至吸引了名人参与的宣传，例如 Ellen Degeneres、Alyssa Milano、Rose McGowan、Huffington Post 等。通过选择性地制作“响应视频”增加更大的吸引力，Old Spice 巧妙操纵了观众的讨论，产生了大量的免费自媒体转发浪潮。活动有选择地跨越多个平台，并针对各个平台制作新内容，涵盖电视、社交媒体、YouTube、传统印刷媒体，以持续地吸引目标受众。

Old Spice 品牌也改造了自己的社交媒体页面（Facebook、Twitter）和网站，以匹配活动中发布的新内容。原本品牌打算在 2010 年超级碗期间播放一支商业短片广告，但最后选择在第二天播放，并巧妙地使用标签和搜索引擎来颠覆超级碗的商业流量，使大家误以为已经在超级碗上播放，制造了以小博大的局面，并使这段视频在网上疯传。在随后的几周和几个月内，又陆续发布了 6 支商业短片广告与相应的平面广告供所有人观看和分享。每个视频都以与第一个商业短片广告相似的风格拍摄，遵循相同的主题，包括荒谬的道具和场景、幽默的台词。随着每条新广告的发布，Old Spice 的在线追随者呈指数级增长。Old Spice 将它们的短片传播到不同战略组合形式的平台上，以鼓励和保持目标人群的积极关注，从而使自身的品牌重新跻身于男士沐浴露销量的前列。

## 四、 跨媒体叙事的要素

詹金斯（Jenkins）在其《跨媒体讲故事的原则》中提到，故事是否具有跨媒体性质的首要原则之一就是可传播性，可传播性是指内容可共享的能力或程度。随着社交网络的蓬勃发展，可传播性取决于受众是否觉得内容足够有吸引力，可以分享。在进行跨媒体讲故事之前，我们可以假设影响传播力的因素是受众的参与度，所以需要找寻一种让受众想要传播的方式与他们产生共鸣。内容的可传播性取决于营销策略、技术细节、受众参与、动机以及内容的可移植性、相关性和重复性。这样才能在跨媒体传播过程中追踪受众如何使用内容来消费、生成和重新发布新内容。例如不同的平台为用户提供不同的内容，每一个平台都会根据广告内容的类型及其促进的参与度带来不同的收入，受众不仅被认为是消费者，也是针对不同平台的在线内容的共同创造者。

其次，跨媒体项目需要建构一个完整的“世界观”。跨媒体的故事需要能够在多种媒体上维持多种角色及其各自的叙事概念。这也让受众参与时可以尽可能多地感受叙事结构中的元素，并主动在脑海中拼接它们，从而带来一种独特的观众参与形式。跨媒体叙事中的“世界观”构建不仅控制着情节和角色弧光在不同平台上的表现，还控制着视听元素的表现。当面对跨平台的多元化时，故事内容的核心必须保持一致。“世界观”需要足够强大，以使其能够在持续的派生、传播过程中，依旧保留核心意义不被舆论左右。通过这种方式，跨媒体叙事的“世界观”构建的主要目标不是在叙事中推进情节或故事，而是更深入地理解整体“世界观”及其细微差别。

再次，詹金斯提出了连续性与多样性对跨媒体叙事的重要性。连续性指的是事件的连续存在，而且每一次叙事线的添加都赋予了故事更广的维度，这也要求在跨媒体叙事策划之初就要考虑叙事结构的合理性。与连续性相关的是跨媒体叙事的多样性，因为在跨媒体叙事策划之初虽然经历了严谨的设计，但在社交媒体如此发达的今天，所有的故事走向也不一定能按当初设计的轨迹发展，同一故事的不同版本的形式于是增加了多元的可能性。所以跨媒体叙事中的角色和故事核心应保持不变，以避免偏离初衷。角色和故事的多样性可以允许多种故事版本相互交织，并在不同平台中迭代呈现。

最后，跨媒体叙事应使受众参与叙事与表演，由他们制作属于自己的内容，为整个叙事做出贡献，这是跨媒体叙事形成的关键部分。在跨媒体叙事中，提供给受众的关键词、影片元素都是可供受众参与创作的内容，也可以是促使受众参与内容创作的想法。当受众在创作虚构作品、制作视频、参与角色扮演时，我们就会惊喜地发现受众已经在不知不觉中围绕跨媒体叙事“世界观”的故事弧为叙事贡献了诸多努力，从而达到了品牌或产品营销的目的。

跨媒体讲故事的概念是通过以前的常见广告形式诞生的，企业会使用这些形式来加强与消费者的关系。所以跨媒体叙事不可能存在于讲故事的真空中，而是迅速地被受众用于各种不同维度的解析。由于跨媒体故事情节的使用，其整体性、叙事的多维性和实质性引起了商业短片广告在故事创作方式上的改变。

图 2-12　公益短片广告《一个人的球队》

《一个人的球队》是2019年上线的公益短片广告，讲述的是一个深爱篮球的年轻人叶沙，在突发疾病去世之后，将器官捐献给七个不同的受捐者，其中五人为了感激叶沙这一善举，并且鼓励更多人对器官捐献这一公益活动进行关注，他们组建了一支球队，参与了一场真正的篮球比赛。这支公益短片上线之后，引发了众多关注，通过H5获得了超过7万人的签名支持，央视主动报道并为此助力。该片虽然叙述的是一个真实故事，但其跨媒体叙事的元素依旧强大，且发挥了不可想象的后续效应。随后的媒体报道也是这支短片产生的蝴蝶效应，据统计有15万人主动进行了器官捐献登记，签名活动让这支公益短片广告从媒体文本成了媒体事件，产生了强大的影响力。

### 思考题

当下商业短片广告的特点?

### 推荐书目

弗莱彻. 广告[M]. 张罗，陆赟，译. 南京：译林出版社，2014.

# 第二章

# 运用传统影视广告概念进行商业短片广告创意

- 商业短片广告所具备的叙事属性作为一种效果与效率俱佳的传播方式在当下复杂的传播环境下广受好评。而商业短片广告的主题是决定影片成功与否的主要因素。商业短片广告的核心主题可以从商品或品牌的诉求点出发，从生活中汲取灵感，通过现实的感悟确定主题，最终以影像的形式呈现出来。

- 商业短片广告的故事结构与电影的叙事基本一致。故事结构对于传达故事的中心思想至关重要，故事的结构创造了悬念，推动情节发展，并使其达到令人满意的结局。在传统的讲故事中，这被称为具有开头、中间和结尾的三幕式结构。尽管商业短片广告的篇幅有限，但运用三幕式结构依旧是有效的方法。精心制作的商业短片广告，无论是叙事驱动还是信息化传达的方案，终将是引领观众对商业信息和品牌认知的旅程。因此商业短片广告始终需要通过引人入胜的叙述来吸引观众的注意力，三幕式无疑是可供选择的经典剧作结构。但商业短片广告因其肩负商业的信息传播的重任，所以其剧作创意仍有一定的特殊性。

# 第一节 商业短片广告的主题

在美国广告鼎盛时期的20世纪60年代，广告圈里“Concept”一词非常流行。“Concept”原为哲学用语“概念”，在广告中广泛作为“创意”的指代。如果某个广告构思奇特，打破常规，就可以评价这个广告很有“Concept”。商业短片广告的主题同样离不开“创意”，这是商业短片广告的必备要素。商业短片广告的主题如同戏剧里的“形象种子”般的存在，色彩、影调、声音、场景、演员等诸多视听元素都围绕主题而存在。一个具有传播力的商业短片广告需要一个有深度的主题，让观众对品牌和产品留下更深远、更持久的印象。根据最终的营销策略来确认商业短片广告的主题，其选取的核心思想和传播目的，即决定了诉求方式和创意取向。而后商业短片广告制作的核心也将围绕主题服务。

## 一、商业短片广告的主题是影片格调与价值的基础

商业短片广告的“主题”是基于严谨的营销策略而制定的。首先理解广告目的，深入了解产品性能和特性，其次深入观察和分析市场和消费者需求，最终落实到影像叙事上的精练和准确的表达。对于消费者来说，商业短片广告的主题应该是简明直接的，既符合广告的最终目的，又直接有效地传达品牌或产品的信息，达成让消费者理解认知的效果。

在激烈的商业竞争中，市场上竞品众多，销售卖点重合度较高。通过商业短片广告中的主题来提升影片乃至品牌的格调与价值可以实现在市场竞争中的突围。商业短片广告的形成离不开目标受众分析以及社会洞察。商业短片广告的制作是基于对目标受众群体的深入分析，对群体观看习惯和关注话题的理解。

商品往往不止一个可以进行宣传和营销的卖点。但是，如果一味地堆砌卖点，就无法形成记忆点，让消费者留下印象。因此，最好强调单一的广告主题。现在是信息爆炸的“注意力经济”时代，人们的观看习惯和消费观念也与以往大相径庭。如果产品仍然停留在堆砌信息点的阶段而没有其他附加价值的话，就很有可能如过眼云烟淹没在海量信息之中。因此，许多企业在商业短片广告中非常重视品牌特定的形象概念确立，而不止停留在传统电视广告的产品实用功能的介绍，希望观众在观看商业短片广告时不仅可以建立对品牌或产品的认知，也可以认同企业的理念。

在明确诉求点，确定主题后，商业短片广告以设定的主题为基础，以影像叙事的方式进行营销活动。商业短片广告不仅可以传递信息，还可以为企业和产品形象搭建企业和消费者之间的桥梁，带来持续而广泛的品牌效应。

## 二、商业短片广告的主题与内容

作为一种有效的营销模式，商业短片广告将广告信息与叙事内容巧妙融合，更好地诠释了产品或品牌的价值，给观众留下了深刻的印象。商业短片广告的内在价值也反映在品牌或产品对于叙事的推动力层面。在某些方面，商业短片广告是为了宣传产品，但在影片的内容中，产品或品牌与故事本身发生了微妙的链接，巧妙地推动了剧情，而主题又恰好是品牌理念的灵魂阐述，最终观众在对故事的无限回味之中达到品牌营销的目的。

但纵观市场，也有部分商业短片广告只注重艺术性，形式大于内容，过分追求视听效果，忽视了商业短片广告的商业属性，主题和品牌理念并没有很好地融合，达成预期传播目的的可能性也大大降低。

商业短片广告主题不能脱离产品或品牌而存在，故事情节、角色个性、影片风格等都应围绕产品或品牌展开。主题只有提炼出明确的品牌理念并转化为精准而凝练的视听故事方案，才能有效地传播。如中国银联推出的商业短片广告《大唐漠北的最后一次转账》，在2019年下半年的海量商业短片广告作品中收获了观众巨大的认同与关注。

图 3-1 中国银联商业短片广告《大唐漠北的最后一次转账》

这部商业短片广告以唐代中晚期“西域孤军”的历史原型为背景，讲述了一老一少两位唐军士兵为困守西域多年的军团送达军饷的故事。其内容在表面上看起来与中国银联的品牌历史、产品、服务并无关联，但其中所表现出来的关于使命、信仰、承诺与家国情怀的坚守，却与中国银联想要向目标受众传达的品牌理念、品牌形象深度契合，“中国人，从未改变对使命的信仰；中国银联相信，每一分钱都是一份使命”的Slogan（口号）深深地打动了观众，赢得了目标受众的认同，树立了品牌形象。

## 三、商业短片广告主题的审美功能、娱乐功能

商业短片广告的主题选定后，接下来该讲述一个什么样的故事呢?

可以肯定的是，在商业短片广告创作的初期，想要得到目标受众认可，目标受众的需求是必须要考虑的重要因素。商业短片广告主题的选取，应该源于深刻的社会洞察和产品功能或者品牌理念的精准把握。当受众接受影片所提出的贴近生活、具有社会现实意义的内容，并满足他们的娱乐与审美需求，进一步可以达到受众自发传播的二次传播的效果。这使得商业短片广告不止停留在娱乐营销的层面，更以提升受众的审美情趣、引领受众思考某些社会现实的意义为目的。

艺术的审美功能和娱乐功能，主要指在艺术鉴赏过程中，艺术作品要满足人们的审美需求，获得精神洗礼和审美培养。审美娱乐不仅体现在外部感官的刺激，更重要的在于内心以及生活情趣的满足。人们观看商业短片广告，首先要从其中感受到乐趣和享受，而后要唤起内心的对于更深层次情感或精神的追求，从产品及品牌的核心特质中获得对自己生活的联系和体悟。

在由宁浩导演的宝马2020年春节定制商业短片广告《巴依尔的春节》中，全片以浓重的笔墨描绘了一个20世纪90年代的小城春节，以一辆那个年代的巴依尔（宝马）轿车为切入点、一个单亲家庭中父子之间的亲情与矛盾为中心，讲述了父子之间、夫妻之间的理解、原谅与团圆。以温暖的感动、亲切的生活和爱的表达为主题，在20分钟的时间里让观众感受到家庭的温暖与亲情的美好，并在潜意识中建立对于品牌的认同。

目前市场上还有一部分商业短片广告过度强化娱乐性，而不在乎主流的审美取向，虽然短时间内获得了大量的流量与关注，但不一定收获正面的评价，相反拉低了品牌价值，没有形成传播的长线效应。无论市场如何发展、传播渠道如何变化，传统的大众传播理论依旧适用——符合主流观点的娱乐与审美才能提高影片的传播率，而且最终也会反作用于商业短片广告主题的确认。

图 3-2　宝马 2020 年春节定制商业短片广告《巴依尔的春节》

# 第二节 商业短片广告的感性诉求

当商业短片广告的主题确定后，产品“卖点”，也就是销售优势决定了商业短片广告的诉求点。商业短片广告诉求点的精准度会影响产品对消费者的吸引力、消费欲望和购买行为。在消费过程中激发消费者的购买欲望，间接影响消费者对产品和服务的看法并最终达成购买行为。因为商业短片广告与生俱来的叙事基因，所以在明确商业短片广告的定位、诉求对象之后，采用感性诉求的方式将诉求信息以有吸引力的故事巧妙地传递给受众，是商业短片广告不可或缺的优势。

## 一、商业短片广告的定位

以产品定位为原点，重点整合商业短片广告的诉求重点，从而确定商业短片广告的定位。从效用的角度来看，分为功效定位、高级群体定位、生活方式定位、比附定位、消费群体定位五种。明确商业短片广告的定位，可以从剧本创意的基础上提升传播的有效性，达到精准营销的效果。

1. 功效定位

从使用价值出发，消费者希望购买的产品可以达到商业短片广告中人物角色一样的使用效果。

2. 高级群体定位

高级群体定位指的是从受众情绪出发，企业通过各种刻意而为的营销手段限额购买并在商业短片广告中传递这种尊贵定位，让能拥有广告产品或被广告产品服务的消费者获得认同感和优越感。

3. 生活方式定位

生活方式定位指的是从情绪价值出发，让观众期待在使用广告产品时，能够享受到商业短片广告中所描绘的舒适生活氛围、生活方式、生活质感，从而得到精神满足感。

4. 比附定位

比附定位就是通过营销策略将产品或品牌定位在社会的某一阶层，而受众在观看商业短片广告时，会认同如果使用此产品，自我的形象也将会处于相同的阶层。比如在某新上市化妆品广告中出现劳斯莱斯汽车，那么受众会觉得劳斯莱斯衬托了化妆品的品牌形象，会主动认知化妆品为高端品牌，从而认为当自己购买此化妆品时，也得到了某种社会认同。

5. 消费群体定位

消费群体定位是指对产品潜在的消费群体进行定位，可以根据年龄、性别、消费层、职业、消费心理、爱好等将受众进行归类化分析。根据对该群体消费心理的洞察来进行定位。

## 二、商业短片广告的诉求

商业短片广告在创作之前就需要确定诉求对象，把握诉求重点，并运用正确的诉求方法，创作成功的营销内容，才能得到理想的传播效果。

1. 诉求对象

产品定位和其消费者群体决定了诉求对象。诉求对象的定位应基于产品定位策略、目标市场策略，根据目标消费群体和产品定位进行科学界定。产品的最终购买者决定了商业短片广告到底拍给谁看，不同的消费者在购买不同的产品时起到了不同的作用。比如家庭购买中，电子类、科技类商品的购买决策者多数是丈夫，而中小型支出如日常消费品、服装、耐用消费品等的决策者通常是妻子。所以一般商业短片广告都会在创意之初，科学分析目标消费者的特点，对目标消费者进行有效的群体定位和准确的信息传达。这些目标消费者就是商业短片广告的诉求对象。

2. 诉求重点

商业短片广告的诉求重点指的是向目标受众传达的主要的产品或品牌信息。诉求重点是由商业短片广告的传播目的决定的。传播目的包括认知产品和强化品牌理念。根据传播目的确定诉求重点，商业短片广告的创意内容和影像呈现都需要围绕诉求重点展开。同时商业短片广告的诉求重点还应满足诉求对象的需求，商业短片广告需要将可以引起诉求对象关注的商业信息内容以影像的方式准确地呈现出来。

3. 诉求方法

以诉求类型分类，传统广告可分为感性诉求和理性诉求两种。感性诉求是指通过唤起消费者情感体验来进行宣传营销。理性诉求是指用合理的说服来传达广告内容，通过可靠的论证材料来展示产品的特点，并获得消费者的支持和认同。在向消费者传递商品的特定知识和提高消费者对商品的判断能力的同时，引起消费者对产品的关注，提高消费者对该产品的认可度。

商业短片广告相对于传统广告固定的30秒时长来说，有了更多的篇幅可以讲述一个相对细腻的故事。所以感性诉求与商业短片广告的叙事性天然契合，让消费者在通过欣赏一个短故事深受感动的同时，对片中提出的理念或生活方式产生强烈的认同感。消费者通过故事感受到了产品所带来的感性体验，在剧情的缓缓推进中，产品或品牌的形象不知不觉在受众脑海里建立起来，让目标受众对产品信息或品牌理念的认知度、认可度得到进一步提升。总的来说，感性诉求是想通过移情作用使目标受众认知产品或品牌。

例如，宝马公司在2021年情人节推出的商业短片广告《婚礼》，通过三个段落讲述了两个人和宝马汽车的爱情故事，并将BMW重新解读为“Be My Wife”。从牛仔到婚纱，从钻石糖果到钻石戒指，BMW讲述了一段清新脱俗的超越时间的爱情。亲手

图 3-3　宝马情人节商业短片广告《婚礼》

拍摄的DV、两代人走过的路、深深的座右铭“Be My Wife”、两颗萌动的心、三场动人心弦的婚礼……这些就是宝马品牌对爱情最好的见证。短片通过男女主人公的三次相遇，描绘了在城市中两代人的片羽吉光。三个故事起承转合，暗中呼应。品牌与故事巧妙融合，短片温暖而又不煽情，进而使观众对剧情中一直贯穿始终的宝马汽车产生移情作用。

通过商业短片广告感性的诉求方式宣传品牌理念，最大限度地吸引观众，提升品牌认知度和影响力，成为越来越多品牌商的选择。

# 第三节 商业短片广告创意剧作

传统影视广告创意繁多，但有一类叫卖式广告给观众留下的固有印象是：没有创意，总是直接不断地重复产品名称、卖点。这类广告经常招致大众批评，增加逆反情绪，虽然广告信息也得到了传播，但却是负面效果。而商业短片广告是通过其独创的故事揭示产品特性，同时运用影像的视听元素来表现产品，褪去产品实用主义的外衣让观众产生认知，巧妙的传播产品信息或品牌理念，指引人们审视生活美学，在悄无声息中达成营销目的。

电影界常说“剧本是电影的基础”，创意剧本在商业短片广告中也起到了核心作用。商业短片广告以影像的形式出现，而商业短片广告内容的创作流程和方法与电影的剧本创作异曲同工。但仍需注意，剧本的创意性则是商业短片广告达成传播效果的核心。剧本中是否巧妙准确地阐明产品，而不是生硬的推销，这关系到观众是否能对影片中的产品不反感，而能产生自然的好感度、接受度和认同度。剧本中的创意点是否别出心裁，是否能推动剧情，是商业短片广告成功的关键。那么，创意从何而来呢？如何看待创意？如何获得灵感？有什么方法吗？

## 一、商业短片广告的剧本创意原则

商业短片广告剧本创作要遵循通过对社会洞察的敏锐捕捉，将产品信息和品牌理念在创作时融入商业短片广告剧本且“不留痕迹”，让品牌理念、产品信息“悄悄”被目标受众认知，进而触发大众兴趣。

### 1. 剧本创意点的生成方法

传统广告创意的英文是“idea&creative”。商业短片广告的剧本创意点产生过程和传统广告创意流程相同，也分为四个阶段。第一，调查和收集数据。除了收集原始资料，还要收集创意相关的其他信息。目的是以原来的信息和必要的资料为基础，激发新的灵感。第二，整理和分析收集到的原始信息和资料。第三，在资料收集汇总后，将所有的资料搭配重组，根据提炼的主要信息点进行头脑风暴。第四，使用视听元素来完成创意的影像表达。其中，产品本身的特性、功能、属性、各种相关信息等，以及所属企业的文化和历史等，也许与创意点本身并无必然关联，但是利用相关资料，不断进行有联系的创意尝试是创作时必不可少的重要部分。

第一阶段和第四阶段是形成商业短片广告创意的必经阶段。创意点的产生需要量的累积从而达到质的飞跃。只有通过无数创意点的累积和无数创意点的碰撞，才能产生最终适合的创意火花。作为创作者，要保持对一切新鲜事物的好奇心，不断拓宽视野、探索新知。最终商业短片广告的剧本创意点通过新颖的叙事和独特的影像呈现，根据设定的主题进行营销和传播，引起观众的关注，促成消费者的购买行为。

### 2. 剧本创意的独创性与实效性

对于目标受众来说，趣味性和独创性是剧本创意的关键，商业短片广告剧本在创作中要遵循独创性和实效性的原则。商业短片广告的叙事性是其被广告商、受众青睐的原因，因为如果影片故事平淡无创意，就会在每天无数的信息之海中被迅速淹没。所以商业短片广告其故事创意一定要有独创性，也就是鼓励其创意别出心裁，又合情合理。独创性的内容，在观众观看时有期待感、有吸引力，可以对影片产生持续性的兴趣，可以突破既有的对该类品牌、产品的心理期待，增强对该品牌、产品的认知，形成记忆点。还有一点务必注意，剧本创意不能为了有独创性而剑走偏锋，转而走向猎奇的方向，将影片低俗化、视听表现光怪陆离，这种吸引受众关注的方法只能产生负面效应。实效性原则，指的是通过商业短片广告传达的广告信息能否迅速被目标受众接收，也就是传播的有效性。因此，商业短片广告想要追求传播效果，就必须以具有革新性和创意性的剧本为媒介。

另外，要注意商业短片广告的主题和剧本创意的关系，尤其是重视故事和产品、品牌信息的关联度。商业短片广告要时刻记住品牌理念和产品信息的传达是最重要的课题，因此要努力达成商业短片广告的商业性和艺术性的平衡，做到“既叫好又叫座”。

获2020/2021戛纳国际创意节食品和饮料类铜狮奖的泰国商业短片广告《奇怪可乐人》，呈现了一个非常无厘头的创意效果。影片中以一个孩子拷问妈妈自己是否“亲生”的特殊戏剧情境开场，但情节走向并未遵循观众的固有思维，而是转向了非常猎奇的设定，孩子把衣服脱下，露出后背上长着的四个玻璃杯，而妈妈更是惊悚地将头摘下，露出了产品可乐瓶。当可乐缓缓地倒入玻璃杯中，孩子和妈妈在一片惊奇又感动的气氛中互相确认，达成和解。但该系列广告的剧情走向过于出人意料。

图 3-4　商业短片广告《奇怪可乐人》

接受美学中提出“期待视野”，指的是在艺术鉴赏过程中，观众根据自身的生活经验和审美经验构建的心理结构。如果艺术作品呈现的主题或观感过于保守，会使观众提不起兴趣，反之艺术作品呈现过于超前，会让观众难以接受。在该片中，如果说孩子和母亲对于血缘关系的讨论，引发观众观赏兴趣，希望得知真相。但故事情节突转，呈现出无厘头的效果，令一些观众摸不着头脑。

该广告创意机构负责人在采访中表示，这则广告的受众为“Z世代”（网生代），他们活在当下，做事不需要原因，所以才会通过另类和无厘头来引起他们的共鸣，因此这则广告的主题就是“随便”。广告以其猎奇的风格博得了大量点击，但有一些观众对于无厘头情节的走向，以及片中人物的身体异变产生不适，也可能反而制造了负面效果。所以在遵循创意独特新颖的原则下，还需考虑地域文化的因素，预判受众对故事的接受度。

3. 商业短片广告的创意要简洁

成功的商业短片广告是要通过影像的呈现来传达相关的商业信息进而给消费者留下深刻的印象。但这并不意味着商业短片广告影像的魅力仅仅停留于视听的表现。影像是一种创造性的表现方式，真正震撼的故事是吸引观众的关键。

因为创意故事所赋予的理念内涵能引起目标受众的共鸣，进而思考商业短片广告的主题，深化品牌理念。想要精准地直击观众内心，在创意层面就要注意简明性。有句话叫“大道至简”，商业短片广告最有效的表达方式是根据创意内容和产品的主要特性，舍弃无关的要素和信息。因此，如何删繁就简的精准表达是商业短片广告在创作故事时必须考虑的问题。

图3-5是日本Theo资本委托制作的商业短片广告，片名为《在这个忙碌的国家》，短片采用了非常简洁有力的创意——“天下武功唯快不破”。

图 3-5 商业短片广告《在这个忙碌的国家》

这部短片展示了一个超高速的世界，视频中的人物来自各行各业，做着简单的重复动作，重复数千次，就像卖油翁一样，呈现出熟能生巧的专业。这使得该片创意点非常简单，全片通过重复蒙太奇不断地强化。他们的共同点是将工作完成到极致，动作非常有艺术感。超快的节奏和视觉效果看起来非常令人愉悦。角色的节奏和动作默契而紧密地配合在一起，观感非常顺畅。从而表达出，Theo作为智能理财机器人，在这个忙碌的世界，每天为人们提供理财新选择。

## 二、商业短片广告故事中的人物塑造

在商业短片广告的剧本中，人物和故事情节这两个要素相互依托，有着不可分割的关系。商业短片广告因为时间限制，剧作体量不宜过大，所以人物线也不会过于复杂，一般主要人物也就4-5人以内，角色特性相对简单。全剧聚焦主要角色展开剧情，表现主角以何种方式如何解决冲突，引发有类似经历的目标受众的情感共鸣。比如《啥是佩奇》一经问世，人们对于留守老人的日常生活就产生了极大的关注和热议，这是为数不多的以老人的视角为出发点，去审视当下城乡差异性的生活，也让观众重新认识和思考了自我、家庭、亲情之间的关系，也就不难理解为什么这部片子一经播出会引起全网转发了。

在商业短片广告剧本创作的初期阶段，要在角色的职业、性别、兴趣、性格等特定条件下，根据观众的定位选择适合的人物定位。这些人物的定位又决定了情节和故事的方向，根据人物设定的情节最终完成了内容的表达。商业短片广告中每个角色的定位都明确而独特，特别是角色初次出现在场景时，需要突出人物的特质。商业短片广告中人物定位可以通过精准的人物造型手段来塑造，让观众在角色出场的一刻就联系起自身的社会经验和审美经验，来代入对人物前史的想象，完成限定时间内的有效叙事。传统广告中人物多带有符号色彩，通过人物造型等视听要素辅助表现人物特征，对商业短片广告制作也有参考价值。

综上所述，在商业短片广告中，每个人物都具有一定的典型性，而且这个典型人物要与人物所处的戏剧性情境紧密相关。戏剧性情境是冲突性情境的集中表现，且更具体、鲜明、强烈，更符合戏剧艺术的直观性与过程性相统一的要求。具有强烈的吸引观众的魅力，能迅速把观众拉入特定情境之中，比如网易有道词典笔出品的《假如婴儿拥有选择出生的权力》中焦急的青年陪产父亲和难产宝宝的产房对话，激活了观众对艺术形象的感知和理解等各种心理要素，从而更好地代入故事发展，最终结合夸张、反转等叙事手法，明确商业短片广告的主题表达或传统广告的传播营销思路。

对商业短片广告剧作的研究还可考察其与其他艺术形式的互文关系，比如小说、微型小说、小品等。如由爱奇艺出品的《一年一度戏剧大赛》，其中的每个小品都发生在强戏剧情境之下，故事本身充满戏剧张力，加上强转折性的"三翻四抖"，如漫才小品《父亲的葬礼》，情节使用排比的修辞手段，但每一次出现的独特人物都让情节的戏剧感陡然增强，呈现的效果非常像商业广告中的"病毒广告"，有一种出人意料又无厘头的观感，使人印象深刻。再看微型小说，虽然只有几十个字，但故事本身却充满紧张感，内容丰富，让读者回味无穷，故事不受次要情节和配角的干扰，人物更加立体、丰满，体现了主题。在微型小说中，故事一般以主人公为中心，故事多在高潮处情节反转，甚至多重反转。 这些人物塑造方法，都可以作为商业短片广告创作剧本时的参考。

## 三、商业短片广告的"短叙事"结构

商业短片广告的篇幅虽短，但不要将商业短片广告误认为是传统影视广告的延长版。由于在有限的时间内要讲述一个有创意且完整的故事，所以商业短片广告在形式、叙事方式，特别是叙事结构等方面都有很高的要求。为了推动故事的走向，会把故事整体的焦点放在关键事件或人物意料之外的情感体验上。

通常传统电影叙事基本会秉持"一人一事一线到底"的叙事策略，叙事通常会围绕人物的成长展开，衔接在不同的情节点上，在故事的开始、发展、高潮、结尾等阶段以非常戏剧化的方式设定人物生活的重要时刻，让观众能跟随人物更快地进入故事情境。

而商业短片广告受制于时长以及受众的碎片化观影习惯，在传统的线性叙事结构上做了一些调整，创作者有意压缩开头和发展，在故事的高潮段落通过反转结束。通过有效的时空压缩来"缩短叙事"，大篇幅地描写高潮部分，弱化次要情节，让受众通过已知的信息自行弥补潜在的情节和信息，如故事背景、剧情走向等。通常商业短片广告会尽快进入主题，迅速进入故事高潮，在关键情节之处揭露重要信息，让观众产生"恍然大悟"而有"意犹未尽"之感。

图 3-6 商业短片广告《你笑起来才好看》

在可口可乐商业短片广告《你笑起来才好看》中，开篇便呈现双人车内的吵架，接着引起其他环境中不同角色的战火。影片省略了前情和背景的铺陈，直接展现独特的戏剧情境，设置了具有悬念的紧张气氛，让观众紧随人物的表演进入故事。随着情节的发展，几个争吵场面交叉呈现，愈演愈烈，将节奏推入高潮，随着一对超级英雄的互殴，所有场景尽毁，路人甲站出来道出了影片的主旨，节奏戛然而止，观众也恍然大悟，引发对主题的深度思考。

## 四、商业短片广告悬念化叙事的方式

商业短片广告的目的是短时间内唤起观众的认同感和同理心，并使叙事兼顾“意料之外”和“情理之中”。但必须明确，悬念固然重要，内容也要具有合理性、逻辑性。有些商业短片广告试图表现得“意料之外”，却忽略了合理性，充满了缺乏前因后果的桥段，最后的内容呈现明显拼贴化痕迹。如何在受众观看商业短片广告时，既能保持对剧情的期待又能在情节反转时达到会心一击的效果。这就需要巧妙地设计悬念，让“情理之中”和“意料之外”两者有机结合，通过生动而巧妙的内容，让观众感到惊喜、产生共鸣。

悬念是商业短片广告剧作中重要的手段之一。悬念设计的巧妙与否，直接与观众的期望值相连。当故事的结局缓缓浮出水面时，悬念的设定使观众的娱乐需求和审美需求得到更大的满足。

张若昀出演的《全世界准备》作为《最美的表演》栏目的插播商业短片广告，由悬疑作为短片创意核心，由一出车内的抢劫开场，吊足了观众的胃口，非常有效率地将观众迅速代入情节中，使观众为人物的命运捏了一把汗。劫匪抢钱和主人公报警两个动作在狭窄的空间内展开，将矛盾推向高潮。但出人意料的是，影片高潮陡然反转，原来张若昀饰演的男主角在车内试戏，他因为上场前的恐惧，特意叫朋友来帮忙演练，随着他走出车外，进入被大灯照亮的片场，完成了由懦弱到勇敢的转变。虽然只饰演一个群演，但他对表演的热爱和战胜自己的勇气展露无遗，随着Slogan“所有的伟大，源于一个勇敢的开始”的露出，让观众完成从提心吊胆到恍然大悟再到会心一笑的转变。

图 3-7 商业短片广告《全世界准备》

## 五、商业短片广告剧作的营销化叙事特点

商业短片广告的根本目的是为了营销而叙事，这就决定了商业短片广告不只是影像化叙事，还需要与品牌或产品整合营销紧密结合。处理商业短片广告艺术性与商业性的关系是在剧作阶段就要考虑到的问题。商业短片广告剧作以营销目标指导叙事走

向，在充分表现影像魅力的同时，为品牌或产品留出足够的表现空间。

在商业短片广告中，品牌或产品信息常常作为线索、环境、道具等内在要素融入故事情节中。商业短片广告对于观众而言既是满足碎片化时间的消遣方式，同时也满足广告主希望在观众感动、娱乐的同时可以准确地接受相关的广告信息的需求。

创作者需要平衡好艺术性和观赏性，将品牌形象、品牌理念、广告信息及诉求自然、轻松地融入情节，不仅能使受众认知广告信息，还能使受众感受到影像的魅力，达到营销化叙事的效果。

商业短片广告之所以与广告和营销密切相关，是因为它是商业和网络的产物。因此，商业短片广告的制作需要整合广告和营销传播的概念，使故事情节有趣，达到营销效果。商业短片广告营销化叙事还可以结合社会洞察和当下的热点话题为品牌或产品量身定制内容。

图 3-8　百事可乐贺岁档商业短片广告《把乐带回家》

百事可乐每年年末都会拍摄一条贺岁档商业短片广告——《把乐带回家》系列，在恰逢猴年（2016年）时，百事可乐结合当下舆论时事热点，邀请“美猴王”——著名演员六小龄童，拍摄了《把爱带回家——猴王世家》。六小龄童先生曾经成功塑造了家喻户晓的孙悟空形象，他在《西游记》中灵活多变的个性，与《把爱带回家》中的启发和鼓励现在的年轻人把传统新年玩出属于自己的七十二变创意完美契合，诠释了百事可乐把快乐带回家人身边的品牌理念。以品牌相关的主题叙事和多渠道的营销方式，将原有的舆论热点和故事叙事延伸，唤起观众的集体记忆，增加观众对品牌的认可度，达到营销叙事化的效果,是商业短片广告将故事与整合营销结合的叙事特点。

商业短片广告叙事除了将创意内容与营销叙事相结合外，还具有精神价值功能，使观众对其传递的生活态度或精神理念产生期待，进而达到认知品牌和购买产品的意愿。

在为宝马5系拍摄的商业短片广告《我的回应，我们的回响》中导演通过多线叙事的蒙太奇技巧，将个体的拼搏精神与力量汇聚在一起，他们不断地努力奋进，以积极人生观回应这个时代；不懈的实现自我价值，在他们各自的舞台上产生属于他们的回响。这正是宝马5系汽车的品牌理念——“我的回应，我们的回响”。这类短片可以更有表现力地感染受众，使受众与品牌和产品建立起强烈、厚重、巧妙的情感联系。

图 3-9　宝马商业短片广告《我的回应，我们的回响》

商业短片广告的成功离不开一个好故事，好的故事可以调动观众的情感体验，在观众震惊、感动、放松、欢乐、期待的动情时刻，将品牌理念和产品信息完美地诠释。通过运用丰富的视听元素创作影像来表现产品，让产品暂时褪去实用功能的外衣，把枯燥无味的产品宣传变成一种对生活审美的引导，最终在不知不觉中达成营销目的。

## 思考题

如何确定商业短片广告的核心诉求，短片创意又是如何实现核心诉求的?

## 推荐书目

菲尔德. 电影剧本写作基础[M]. 钟大丰，鲍玉珩，译. 北京：北京联合出版公司，2016.

# 第四章

# 分镜头故事板与商业短片广告

- 在好莱坞分镜头脚本叫 Storyboard，也叫分镜头故事板，分镜头故事板的目的就是让工作人员能够很好地在开拍前预想到影片的完整样貌。当商业短片广告已经在整体营销策略的基础上完成了文字分镜头剧本，那么接下来需要做的就是将剧本文字尝试翻译成图像——制作分镜头故事板。分镜头故事板是帮助电影、电视或影视广告实现先期视觉化的方式之一，它在商业短片广告的制作流程中也是必不可少的环节。

- 俗话说：“一千个读者心中有一千个哈姆雷特”。文字剧本给了创作者诸多的不确定性，所以通过分镜头故事板将视听表达方案明确地体现出来，对于商业短片广告的前期制作阶段是必不可少的。一份优秀的分镜头故事板，应呈现商业短片广告未来的影像风格、导演构思、景别与摄影机运动、演员的表演等，这将为主创各部门提供制作参考。简单地说，分镜头故事板要在剧组实际拍摄之前实现部分视听预演的功能。

- 另外商业短片广告是一种商业行为，所以项目创意之初，分镜头故事板可以使客户对剧本有可视化的参照，以便直观地感受故事，并针对项目提出有效的修改意见；也可以帮助创作者想象各种场景，表现出故事的一系列关键画面；并有助于制片人根据影片风格调整并选择主创团队；当然也可以帮助导演提出具体实施的想法，了解客户的需求等。主创团队可以随时使用分镜头故事板，让自己真正站在客户的角度，了解他们的想法、感受和行为。分镜头故事板是一种演示工具，对于推销创意来说是必不可少的。分镜头故事板也是一种规划工具，对于预先可视化剧本至关重要。分镜头故事板是一种协作催化剂，可以让创作团队达成共识，让每个人的创作都发挥到极致。

- 分镜头故事板作为文字图像化的起点，用画面说故事的基础，在商业短片广告的制作链条中不同领域、岗位的创作者都应该学习分镜头故事板的概念。分镜头故事板不仅仅是商业短片广告剧本视听化的中间载体，也可以清晰地表达主创团队的创作观念，因此在开拍前不断迭代设计，组织出最佳的画面效果是分镜头故事板创作的必经之路。

# 第一节 商业短片广告分镜头故事板与剧本的关系

20世纪30年代韦布·史密斯作为迪士尼的早期动画师，发明了分镜头草图（故事板），因此业界普遍认为分镜头故事板的使用始于华特·迪士尼的第一部动画片。不过即使没有迪士尼动画片分镜头草图的出现，故事板的前身——漫画书，也风靡于20世纪30年代的美国。所以在那时，分镜头故事板这种可以用单一画面阐释未来影像观念的表现形式就已经成为电影工业流程中的重要一环。

但绘制分镜头故事板的艺术家不仅仅是简单地执行画稿任务，他们首先必须是一个讲故事的人，想出创造性的方法，在处理所有相关细节的同时，以令人信服的方式逐个镜头分解场景。分镜头故事板是一系列图画，可以直观地讲述剧本或剧本的故事。从详细的图纸到简笔画的风格再到现在3D的效果，不同种类的分镜头故事板呈现效果各不相同，但任何故事板的目的都是为制作团队执行故事提供了清晰的参考方向。“有些故事板非常粗糙”，好莱坞分镜头故事板艺术家 Kevin Mellon 说：“但只要是准确地传达了信息和情感，就没有关系”。

和电影、电视相比，商业短片广告的分镜头故事板则需要考虑更多的元素，当创意确定后，主创团队还应充分了解影片需要重点体现的产品卖点、故事要表达的核心诉求以及未来影片的播放媒介。产品的总体营销传播策略是剧本写作的前提条件，剧本首先要讲一个符合产品诉求的故事，而后才是构思如何将故事视觉化。所以在绘制分镜头故事板之前要吃透创意剧本的诉求核心，才能准确地分解出关键的镜头画面，并仔细地推敲设计，将剧本转化“翻译”成具体的视听方案。

## 一、商业短片广告的创意剧本是分镜头故事板创作的基础

分镜头剧本也称为导演本或者工作台本，是商业短片广告创作和拍摄的直接依据，通常是以创意剧本为基础，将创意剧本中的故事情节与内容按照镜头来划分、组接，并落实成分镜头脚本。分镜头剧本往往会详细地体现出每一个镜头的主要内容、景别、角度、声画形式、镜头关系等，是极具实用性的商业短片广告创作工作台本。分镜头剧本可以将导演构思的文学形象经过具体化把握与设计转换到视觉形象，更可以将镜号、景别、摄法、长度、内容（指一个镜头中的动作、台词、场面调度、环境造型）、音响、音乐等内容具象化展示，体现导演创作风格特点的同时更是商业短片广告的拍摄计划和蓝图。

作为文字脚本的视觉表示，分镜头故事板依据分镜头剧本开始了将故事翻译到屏幕的过程。它是剧本内容的预可视化过程的重要组成部分。分镜头故事板是一种指南，可以让导演向现场的工作人员解释他的想法，一个好的故事板可以使故事情节栩栩如生。

故事板制作是每一个成熟专业拍摄团队不可忽视的重点。在好莱坞，会为了制作出高质量的分镜头故事板而创建独立专门团队。从早期的默片时代到现如今的新媒体时代，分镜头故事板制作始终是前期制作中不可或缺的一环，高效的制作流程中可以将导演的构思以分镜头故事板的形式表现出来，并依据分镜头故事板将画面的构图运镜时间等因素一一确定，开始拍摄时导演几乎可以按照分镜头故事板依次拍摄镜头。希区柯克便是高效运用分镜头故事板最典型的导演，美术师出身的他，甚至可以将自己想要拍摄的最终成片在开拍前就以分镜头故事板的形式表达出来，这也是他与其他创作者最便捷的最直观的手段，他的创作意图以可视化的形态展现给每一位合作者，他的经典分镜图《西北偏北》也成为现在众多创作者时常用来观摩学习的“必读手册”。

## 二、在绘制商业短片广告分镜头故事板之前需解析并标记剧本

在收集参考图像、绘制故事板、聘请分镜师或进行任何具体的绘图和预可视化工

图 4-1　希区柯克导演的电影《西北偏北》分镜头故事板与成片对比

作之前——甚至在问“故事板是什么样的”之前，我们首先需要知道的是在讲什么故事。这意味着要考虑每个场景的细节：物理空间、陈设、遮挡物、场景布置、动作等。这个阶段被认为是解析剧本（也称为“标记剧本”），通常由导演助理完成，导演助理可以在文字分镜头中标注出影响故事板的所有关键元素。因此，第一步便是阅读文字脚本并想象其可视化的方式。

传统的解析剧本的方式，是打印出分镜头脚本，然后用不同颜色的荧光笔在不同视听元素上标记备注。然后将每个场景的标记汇总在剧本分解表上，并分发给剧组各部门。当逐个场景解析，分析剧本时，也是确定每个场景的样式以及拍摄方式的过程，与此同时脚本分解也会更加明确需要创建哪些关键镜头。当然需要标记的内容因分镜头脚本和编剧的写作习惯而不同。有些编剧写得非常详细。他们将每一个道具、每一个场景、每一个角色的动作行为都描述得非常清晰，但也有的编剧只会写“他们扭打到一起”。但两种写法都是有效的，分解剧本的工作就是在填补空白。

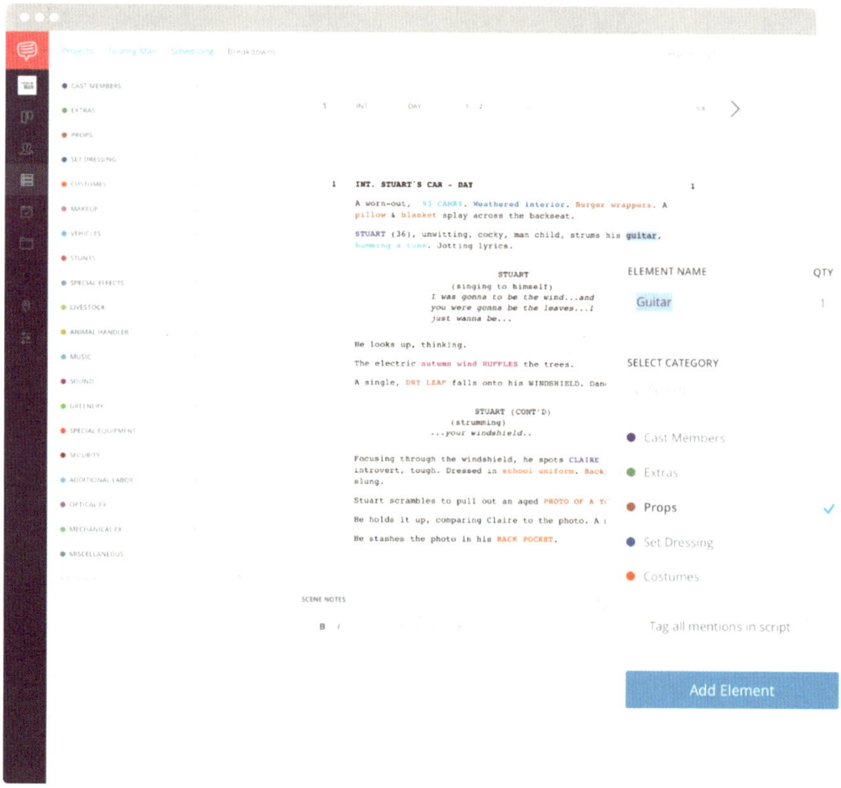


图 4-2　软件 StudioBinder 标记脚本示例

现在也有专门的脚本分解软件，比如StudioBinder，在数字化操作下将脚本导入StudioBinder，会自动排列所有场景，可以按类别识别并管理关键元素。比如：地点有哪些？服装？道具？多少套？角色有哪些？每个元素有多重要，它看起来如何？这些信息都可以实时云分享给项目的参与者，供团队协作使用。所有这些被标注的关键元素还会影响故事板中的表现内容，这也是确定项目预算的基础。所以在绘制商业短片广告分镜头故事板之前解析并标记剧本是必不可少的环节。

以下是场景分解的示例。对于场景、陈设、道具、角色、服装、动作、摄影机调度等都用不同的颜色标注出来。

## 三、商业短片广告分镜头故事板将创意视听化

商业短片广告分镜头故事板在每格画稿中都要清晰地表现出未来影片的叙事结构、影像风格、场景风格、构图方式、人物的造型、人物的动作、摄影机的运动、剪辑节奏等。这一切都需要分镜师在绘制之前就具有剧作知识、视听思维、特效概念，并与导演及主创各部门一起沟通规划文字分镜头脚本如何视听化，仔细地设计规划镜头的拍摄方式、组接方式，并将最终的视听方案逐一展现于分镜头故事板中。

“说到故事板，你不仅仅是在讲故事”，Archer艺术总监Neal Holman解释道。当拿到剧本时，导演就开始设想在不同的时刻可以使用哪些类型的镜头来建立基调和风格。导演得以预先将他的视听构思表现出来，并且可以像后期剪辑一样，通过非线性的调整来完善思路，这就是分镜头故事板的优势。故事板画师将在画稿中呈现出使用不同的摄像机角度和镜头类型为场景添加动作、戏剧和情绪。导演以分镜头故事板中建立的视听概念为基础开始创建他们的镜头列表。比如固定镜头可以用来展现场景，特写镜头可以增加情感焦点，不同角色的表现镜头可以帮助强调他们的关系，这些都是分镜头故事板的视听表达。

分镜头故事板将创意视听化后可作为与整体剧组制作成员沟通视听方案的最佳工具。现在多种分镜头故事板不再拘泥于手绘固定画面的形式，也打破了故事板不能表现人物运动、摄影机运动、景深和焦点、叠化、淡入淡出等效果的限制。无论动态故事板、3D故事板、预演故事板等，故事板都能丰富地显示每个镜头中所需的所有信息，以清楚地传达视听化方案。当然分镜头故事板不仅仅是排列组合镜头顺序和运动方式，还需要对镜头进行声音设计，无论是声画对位还是声画不对位产生的空间概

念，都应该在分镜头故事板制作阶段就开始着手规划，相当于在故事板阶段就已经提前完成了影片预粗剪的工作。

基于此，创作团队可以集思广益，讨论如何调整视听方案以及制作中需要哪些资源。随着实际拍摄的复杂程度不断增加，分镜头故事板的沟通价值也会不断彰显，并且不局限于动作场面和高成本的制作，即使是小规模的、戏剧性的影片也能受益于分镜头故事板展现的视听化表达方案。

# 第二节 如何创建商业短片广告的分镜头故事板

分镜头故事板最终需要呈现一系列视频关键帧，而如何将分镜头画面有机地组合在一起，以及添加多少细节取决于创作者——分镜头故事板制作人员可以用手绘的形式、电脑绘制的形式或使用专门的分镜头故事板制作软件来完成。但不论运用何种方式创建分镜头故事板，都需要详解创意；带着蒙太奇思维的方式去设计关键镜头，并准确地绘制出来，且注意不要绘制一些不相关的东西扰乱主体，因为分镜头故事板不是插画，不是漫画，它是以视听语言为工作基础的一种载体。另外分镜头故事板也要考虑可执行性，而不要天马行空地进行视听设计，因为它也不是动画片的思维模式。分镜头故事板绘制完成后，将在开拍前的PPM（Pre-Product Meeting，简称PPM，是商业短片广告制作前的沟通会）上作为直观的视听方案，供客户、制作团队、宣传方等一起讨论。假设在开拍前没有制作分镜头故事板，往往会出现主题走偏、整体影片没有表达重点；无法强调产品诉求点；镜头设计错位，剪辑方式卡顿等问题，因此使用故事板作为试金石，以确定故事是否真正被可视化，显得尤为重要。

## 一、商业短片广告分镜头故事板的基本概念

商业短片广告分镜头故事板是以画稿的形式逐个展现镜头的一种创意形式。它由许多单元格组成，每个镜头用一张图像表示，并附有

关于场景中发生的内容以及该镜头脚本中运用的技巧与声音的注释。可以简单地认为分镜头故事板是剧本的“漫画书”版本。但不可否认，在众多影视从业者的经验里，分镜头故事板是创作者拍摄时的“规划书”。通过规划影片的未来呈现，可以通过分镜头故事板知道需要创建哪些镜头以及如何拍摄制作。就像剧本一样，分镜头故事板在整个前期筹备制作过程中能直观地指导创作团队，让客户、主创团队、合作者们以分镜头故事板为蓝本尽早地提供意见反馈及制作规划，以便能迅速反应，对故事板进行简单的调整，而不是在拍摄时进行重大更改。

镜头故事板作为视觉辅助工具使团队成员之间可以轻松地分享和讨论对未来制作的看法。让导演摆脱了繁杂无效的对接沟通环节，主创团队不再互相猜测对方的视听需求，分镜头故事板以先期视觉化的方式将创作构思呈现在所有人眼前，沟通变得简单而易行。

下图表格是分镜头故事板的通用格式，但分镜头故事板没有一定之规，也有很多其他的模式，其目的就是清晰表达导演意图，交代完整故事。

图 4-3　分镜头故事板模板

图4–3所展示的便是我们最普遍使用的分镜头故事板的一般标准格式。首先，我们看到左侧一列方格，这往往是用于标注场景号镜头号等信息的位置，其作用是为

了更好标注每一个镜头的“身份信息”，而并不是一个镜头号就固定只能占用一个格子，我们还需要依据具体情况具体分析，有时一些运动镜头或者涉及场面调度的镜头为了表达得更加生动准确甚至可能会突破界限占用几个格子；在这列方格的旁边便是我们分镜头故事板的“主角”，我们要将想要表现的内容呈现在这个格子里，往往会通过手绘、电脑绘制或3D演示制作来实现；右侧的横线便是将画面无法表达的例如摄影机运动方式、角色台词、表情动作等关于内容和拍摄手法的具体细节以文字的形式呈现在这个位置；最后，相关的预估时长以及声音设计也应标注在相应的位置。

## 二、商业短片广告分镜头故事板的种类

分镜头故事板从20世纪30年代发展到现在，根据不同的影片需求也产生了不同种类的分镜头故事板，比如：手绘分镜头故事板、数字绘画故事板、动态分镜头故事板、特效预演分镜头故事板等。无论何种形式的分镜头故事板，都应该准确传达剧情、场景、角色、道具以及屏幕上将出现的文本（如果有的话），也需要在分镜头故事板旁备注包括有关摄像机角度和移动、镜头之间的过渡以及任何其他制作或后期制作细节的重要说明。

### 1. 手绘风格故事板

传统的手绘故事板是一系列铅笔或彩色绘图，有助于在拍摄开始前将视频可视化，手绘是将想法落地最快、最准确的方法。分镜师用纸笔勾勒出每个镜头样子的雏形，有可能是简笔画、速写等样式，其主要目标是传达镜头中发生的主要动作，因此每一帧都不需要非常详细。一个速写的故事板可以降低成本，但它不一定是最有效的选择，因为传统的手绘故事板很耗时。例如，对于一个三分钟的视频，至少需要绘制 60 个画面，而60张通过纸笔绘制的画稿，绘制后如果需要修改，只能选择重新绘制。并且以现在的工作方式，最终还需要将手绘稿扫描制作成电子文件。

传统手绘故事板在当今的影视制作中显然已经无法满足快捷、精准的工作流程，手工绘制更接近于速写风格，甚至没有背景描绘，这是其局限性，因此数字绘画故事板应运而生，这种类型的故事板最大的优势是其很容易被编辑修改，也可以用数控手绘板绘制出各种画风的手绘风格故事板。

那么分镜头故事板的制作流程是什么，以及如何去操作，到底有什么样的标准？

接下来我们可以了解一下手绘风格故事板的制作步骤：

（1）首先确定影片的画幅比

在绘制故事板之前首先应该确定未来的影片画幅比是多少，这和商业广告短片要播出的媒介渠道息息相关。最常见的画幅比有16∶9（电视和在线视频的画幅比）；1.85∶1（常规电影的画幅比）；2.39∶1（超宽屏，适合史诗电影的画幅比）；1∶1（方形视频，适合抖音、快手、Instagram 或 Facebook等短视频平台的画幅比）；3∶2（35mm 数码单反画幅比）；4∶3（标清电视画幅比）。画幅比对不同的项目有不同的作用。在电影叙事中，比如《星球大战》《肖申克的救赎》《低俗小说》——这些经典电影的画幅比真正定义了他们的世界。而 IMAX大屏则可能更适合《阿凡达》《盗梦空间》《少年派的奇幻漂流》这样的电影叙事。现在大量的商业短片广告播放渠道是移动终端，所以画幅比多为16∶9或者1∶1；甚至有时还会选取竖屏格式，如下图所示商业短片广告《胃药摩罗丹–拳击篇》，这支广告便为了适应最终的播放终端，以创意剧本为核心选取更加适合的竖屏构图方式与镜头运动方式，最终呈现出适合在手机上播放且效果同样有效的商业短片广告，而最终优秀的呈现效果则离不开前期分镜头故事板阶段就已经对画幅比与构图方式有一个明确的设计与选择，只有在分镜头故事板阶段打好“地基”，最终呈现的广告片才会高度贴合播放媒介，达到“如虎添翼”的效果。所以在绘制分镜头故事板之初就需要考虑选择哪种画幅比。

图 4–4　影视广告导演专业 18 级本科生侯岚天绘制的商业短片广告《胃药摩罗丹 – 拳击篇》分镜头故事板

（2）将故事内容转换成可视化

归纳故事中的场景、时间、人物，形成片段画面后开始绘制。在绘制故事板的过程中，分镜师会首先与导演充分沟通导演台本，然后确定每一个镜头的图像呈现方式，甚至在沟通的现场就会勾画草图，从中捕捉“关键镜头”，创造出有效的能与观众产生共鸣的视听方案与内容。另外，还需要建立一个时间表，确定故事发生的时间、地点等参数，如果故事不是完全线性的（例如，有倒叙、向前闪现、转换视角、交叉蒙太奇、多个时间线、时光穿越等），仍然可以创建叙事时间线，并把故事事件顺序排列，然后开始将其变为连续性关键帧（画稿）。

（3）绘制故事的关键场景

分镜头故事板应该根据导演工作台本准确的体现出能够表现情节的场景，勾勒出每个场景在视觉上的外观。分镜头故事板还应描绘出场景的转换，比如故事从一个城市开始并转移到另一个城市，分镜头故事板中应该清晰地表达场景的变化，以及变化的方式。如果剧本中涉及多个场景，也可以采用每个场景制作一个单独的故事板，这样可以为每个场景创建非常详细的视听方案，并且在未来影片拍摄过程中帮助各部门井井有条的工作。

（4）为运动添加标注

分镜头故事板应该能明确地显示任务的运动方向、摄影机的运动方式等。因此分镜头故事板经常会出现各种形态的箭头，以表示屏幕上的运动。箭头可以展示角色在镜头内的去向，比如是否正朝着摄影机移动，还是远离摄影机？朝哪个方向行走？向左旋转多少度？运动可以说是影片的精髓，箭头的标注则帮助分镜头故事板简约的表达可能需要几百帧才能显示的运动内容。

（5）分镜头故事板应达到的详细程度

故事板可以非常详细的描绘每一个镜头。如前文所述，分镜故事板制作前需逐个镜头分解，并创建镜头列表，以考虑镜头的构图和其他涉及实际拍摄的细节，比如场景的风格、陈设及道具的样式及摆放、演员的造型及动作、屏幕中会出现的文字及其大小、颜色、位置等。任何一个剧组成员在使用分镜头故事板时都能快速领会其意图，导演、摄影指导、美术指导，甚至道具师都能以故事板作为实际拍摄的参考。

（6）在分镜头故事板旁添加脚本内容说明

分镜头故事板常常会配合画稿在一旁以文字形式对画面的叙事内容以及镜头运动进行阐述，应包括诸如景别、演员动作、演员调度、摄影机运动轨迹、摄影机位置、角度、画外音、声音、音效、对白、镜头持续时间、后期特效的处理方式等详细信息，将为制作团队的沟通节省大量时间。将摄影机移动添加到情节提要中，可以预先可视化的描述摄影机移动的方式、时间和位置，在画稿中依旧用箭头来显示摄影机的移动方式，同时在画稿下方用文字描述是推、拉还是平移等。摄影机的取景景别是近景还是广角？镜头是静态的吗？摄影机是匀速运动追踪，还是快速运动？视线水平如何？焦点是否变换？任何诸如此类的关键细节也都应在每一格画稿下方注明。甚至还应该标注镜头的尺寸、镜头类型和镜头细节。值得一提的是摄影机的移动方式也影响了人物动作的设计。分镜头故事板脚本说明还应运用真实、简单与充满情感的叙述描绘每一个镜头，让分镜头故事板的使用者能通俗易懂的迅速了解画面所要传递的信息。这些内容描述将与所绘制的情节画面相辅相成。例如，故事板中需要绘制一个单元格来描述两个主角之间的对话，那么这张图片需要传达什么？角色是在战斗、微笑还是朝着目的地移动？在每幅图中都应详细的描绘出来并辅以详细的文字说明。

图 4-5　“平移”的标示

图 4-6　“拉出”的标示

图 4-7　“推进”的标示

（7）添加镜头编号

当分镜头故事板每格画面的排列顺序都确定了，就可以为画面标记数字编号了，如果同一组镜头有多张画面，则可以将这同组的多张画面标记为“1A”“1B”和“1C”。这样更有利于合作者按镜头顺序有效的理解镜头的意思。

图 4-8　为分镜头故事板添加镜头编号

（8）实时记录分镜头故事板使用者的反馈

观察使用者看到分镜头故事板后的想法，并详细记录，作为修正故事板的工作指南。分镜师还可以记录摄影师与导演关于摄影机角度、移动、镜头之间的过渡以及在制作和后期制作期间会使用的手段等其他细节，为内容做出更细微的调整，使视听表现方案更符合剧情的表述。

分镜头故事板的制作原则就是在开拍前让剧组的相关工作人员能够预知这个影片的风格样式、镜头设计，无论是制片部门还是摄影部门、美术摄影部门，包括特效部门等，他们都能根据分镜头故事板更好地去做前期的筹备和准备，甚至在现场知道如何去操作，这样才能够大大地提高拍摄现场的工作效率。当然手绘风格分镜头故事板也有其局限性，比如当镜头空间运动设计颇为复杂时，可能无法详尽地绘制出来，所以不同种类的故事板也随着科技的进步不断涌现，这也是为了弥补传统故事板无法呈现的动态视觉效果。

2. 动态故事板

有的人会觉得动态故事板像简易的二维动画。商业短片广告创作中，根据对分镜头脚本进行剧本解析后，使用数字手绘关键镜头的同时会将每张画稿分层处理，然后使用剪辑软件或者合成软件让画面中的人物、场景尽可能地按需求运动起来，镜头也制作出简单的推拉摇移，并且辅以声音、音效、对白、旁白等，这样形成一部符合预期故事结构、视听风格、节奏简单的二维动态故事板，这个动态故事板基本与成片时间长度相当。这也是对即将要拍摄的内容以一种更加详细的先期视觉化的描述方式进行呈现，用于说明镜头序列如何组接运动。这是手绘分镜头故事板的升级版，不再是静态的画稿，可以传达详细的视听信息，更接近最后成片的效果，切实提升了项目在初期与客户、剧组主创沟通关于剧本、影像风格等方面的效率，更便于在他们脑中形成视听的概念。

如图4–9中的动态分镜头故事板画面，故事板将男主慌忙打火到车突然启动再到男主驾车逃跑警车在后追击这一长动作分切为多景别多角度的一组镜头的同时，又非常连贯地串联在一起，相对手绘故事脚本不再显得那么死板，极大地提高了创作者对影片的理解与把控，也能够帮助客户领会未来成片中体现的视听方案、影片情绪、风格甚至是影片气质。

图 4-9　动态故事板示例

3. 样片故事板

商业短片广告因为时长比影视广告略长，所要绘制的分镜头故事板的量也相应增加，而且如果制作动态故事板和手绘分镜头故事板都不能准确地表达高速运动或者快节奏的影片风格，则会选用另一种工作模式就是制作样片故事板。顾名思义，样片故事板就是选取同类型影片中类似的场景、镜头调度、摄影机运动速率、人物表演等，将接近的镜头截取下来，重新剪辑包装、调色、特效化处理、配音加音效、音乐，制作完成一个相对完整、风格统一的影片。这种样片故事板可以更好地表达创意故事，更具象、更接近未来影片剪辑风格、形态、节奏。

但是也要着重指出的是，样片故事板因为截取了大量成熟影片的镜头，这些镜头一般制作精良、影像风格考究，场景细致而有魅力。所以当创作团队在与客户沟通的过程中，通过样片故事板沟通，不是影视专业出身的客户会有先入为主的观念，认为未来商业短片广告的呈现会接近于样片故事板。然而样片故事板中的场景有可能花费了大量的制片费用、服装也有可能价值不菲，这些有可能会出现不对等的信息沟通误差。因此在和客户沟通样片故事板的时候，首先应该向客户提示样片故事板与未来成片之间的差异性。

4. 3D故事板

当然，在不同的制作成本前提下，不是所有商业短片广告分镜头故事板都能制作的非常精细，小制作的时候可能只能是制作一部简单的能够表达剧本意图的分镜头故事板，所以随着技术的发展，现在很多团队开始采用3D故事板，3D故事板相当于数字演员的一次预演。费用和效率问题都不用担心，现在有些三维故事板软件提供免费版本，且操作简单，只要把场景和人物搭建完成，剩下的只需要在画面中将人物进行动作摆位。再将这些素材经过编辑剪辑，配上对白和声音，便呈现出一支较为完整的3D版样片，它相当于一部动画片，或者说一部商业短片广告的动画版。

3D故事板还有一种复杂且费用高昂的制作模式，主要针对有大量特效合成或者复杂镜头设置的商业短片广告。一般在三维软件中设置好场景人物，再由真人演员穿戴专门的动作捕捉服装，在特定的“动捕棚”中把表演动作采集到三维软件中，并赋予数字演员，使数字演员的动作与真人演员一致。而后用虚拟摄影机在数字环境中真实拍摄未来成片中的镜头，再进入后期剪辑，形成一部三维预演故事板。这种虚拟制作的方法可以直观地看到场景的搭建效果、摄影机与演员调度之间的关系、整体的视听节奏，并且可以根据主创们的修改意见不断迭代修改，直至形成完全确定的预演文件。这种预演3D故事板还有一个好处就是可以精确地设计特效镜头的操作方案、提前预览特效效果，找到制作方案，并准确预估制作费用，为实拍和后期制作扫除障碍。

## 三、目前几种流行的故事板软件

当大多数人听到“故事板”这个词时，都会觉得应该是聘请专业的分镜师快速勾勒出一套分镜头故事板。但现在随着技术的发展，并不一定要聘请专业的分镜画师，才能制作好的故事板。故事板只是工具，可以是任何形式，从漫画书般的粗略草图到简笔画，再到计算机生成的画稿，目的都是为了帮助影片从文字稿更好地转化成视听表达。借助专业的故事板制作软件，所有类型的用户（无论他们的行业、绘画经验或预算如何）都可以创建专业级的分镜头故事板。如果没有足够的手绘时间，或者预算有限，使用专门的故事板软件会是一个不错的选择。这些市场上各种各样的故事板软件具有强大的自定义和自动化功能，从带有预设字符的软件到需要绘图技巧的专业故事板软件，都可帮助创作者快速创建故事板。以下是目前比较流行的几种创建故事板软件的介绍：

### 1. StudioBinder

StudioBinder是一款付费软件（每月29美元），是一个直观的在线故事板软件解决方案。它适合大多数创意、剧本，稳定且操作简单易学。在StudioBinder中创建故事板，可以自定义布局、镜头列表详细信息和画幅比。还可以将故事板制作成全屏电子幻灯片的形式，同时匹配情节提要功能，使其能够很直观的演示。但其分镜头画稿需要提前绘制后，上传至StudioBinder页面，并且能像剪辑一样在线编辑故事板画面。

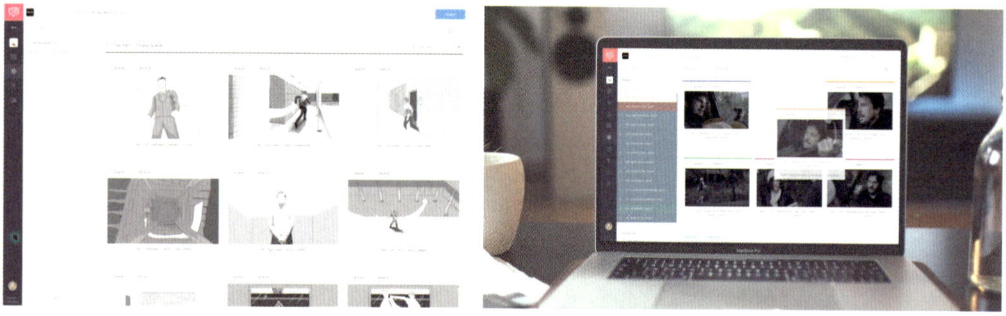

图 4-10　StudioBinder 故事板软件

### 2. Moviestorm

这是一款来自英国的付费故事板软件（225美元起），它的广告语是：“适合所有人的电影制作工具。”创作者可以使用该软件创建从故事板到完整的可视化的所有内容，并且可以使用该软件的附件按自己的要求设计场景、人物造型、摄影机角度、构图等。

图 4-11　Moviestorm 故事板软件

## 3. FrameForge

FrameForge故事板制作软件为用户提供各种素材库，每个素材库的复杂性和价格成正比。所有级别都包括与真实摄影机参数相同的虚拟摄影机设定，最高端的软件包允许用户为道具、场景定义精确的规格、精确的照明、计算太阳定位等。该款软件价格为 399 ~ 899 美元不等。

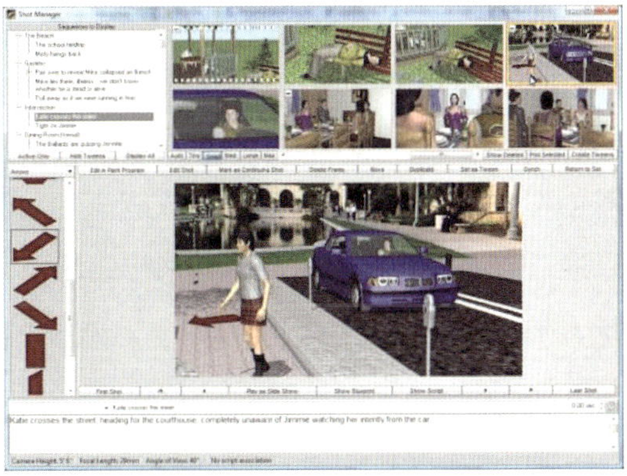

图 4-12 FrameForge 离线故事板工具

## 4. ShotPro

ShotPro是一款在 iPad 上使用的故事板软件，其最大的优势是添加了结构传感器，创作者可以扫描真实世界的对象、位置和人物，以将其作为 3D 对象导入故事板，这的确让创作者拥有了更为直观的故事板。这款软件售价为39美元。

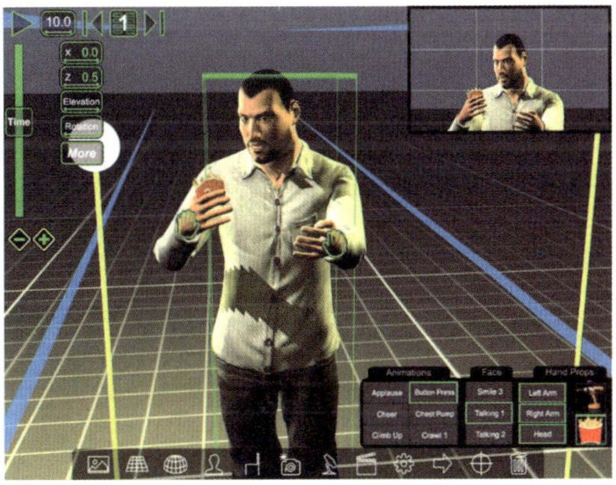


图 4-13 ShotPro 故事板软件

## 5. Power Production Software

Power Production 提供了一些故事板解决方案，每个解决方案都具有不同的复杂性。其为场景和道具提供可定制的参数和预设。他们提供脚本导入、角色动画和其他集成。Power Production 的 Storyboard Quick 软件起价为 190 美元，而功能更强大的StoryBoard Artist Studio 的售价为 900 美元以上。在行业内，众多使用者对这款软件的评价是："最好

图 4-14 Power Production Software 故事板软件

的电影故事板应用。”

## 6. Storyboard Pro

Storyboard Pro是一款免费的故事板创建软件，基于 Web 的解决方案，不需创作者具有任何绘图或素描技能。可以通过导入视频、照片和声音来构建场景，并在每个镜头上添加注释。

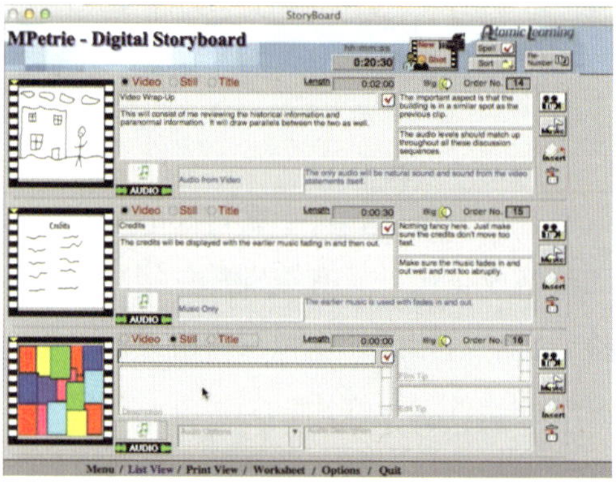


图 4-15　Storyboard Pro 故事板软件

## 7. Storyboard Fountain

Storyboard Fountain 是故事板软件中的新成员。该软件界面设计颇具现代感，可以通过鼠标或者数控笔绘制画稿。测试版应用程序是开源的并且免费提供。

图 4-16　Storyboard Fountain 故事板软件

## 8. Storyboard Composer

Storyboard Composer 故事板软件可以导入照片或视频，因此无需绘画技巧，可以轻松在导入的视频或照片中添加箭头和标注镜头的移动，甚至为镜头设置动画。该款软件价格为 15 美元。

图 4-17　iPhone 版 Storyboard Composer 故事板 App

## 9. Storyboard

Storyboard 这款软件不是专门为电影行业设计的，可以使用 Web 界面创建角色，相对比较初级，不需要手绘，但素材库比较单一，试用版可以免费使用。

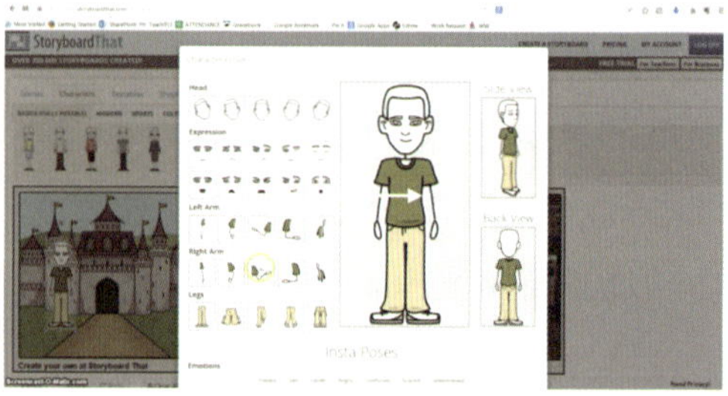


图 4-18　Storyboard 应用程序

### 10. Toon Boom Storyboard Pro

Storyboard Pro是来自 Toon Boom 的专业应用程序。该软件专为商业故事板分镜师量身定制，包括动画故事板和手绘故事板，分镜师所需的功能全面涵盖。该款软件价格比较高，每月59 美元或者花费999美元获得终身访问权限。

图 4-19　Toon Boom Storyboard Pro 故事板软件

### 11. Prolost Boardo

这是一个组合解决方案。Boardo是一个 After Effects 插件，用于为现有图像添加很酷的故事板动画和效果，但需要在外部软件中创建图像。比如在 iPad 上使用Paper、Astro Pad或者Noteshelf这些可以绘制矢量图的应用程序，之后将绘制好的图像在 After Effects/Boardo中组合完成，创建动态故事板。这款插件售价30美元起。

图 4-20　Prolost Boardo 故事板软件

### 12. Make Storyboard

Make Storyboard 是一个共享协作软件，其可以让创作者将分镜头故事板与剧组其他人员共享和审阅，并且可以在智能手机和平板电脑等多种设备跨平台使用。该款软件测试版免费。

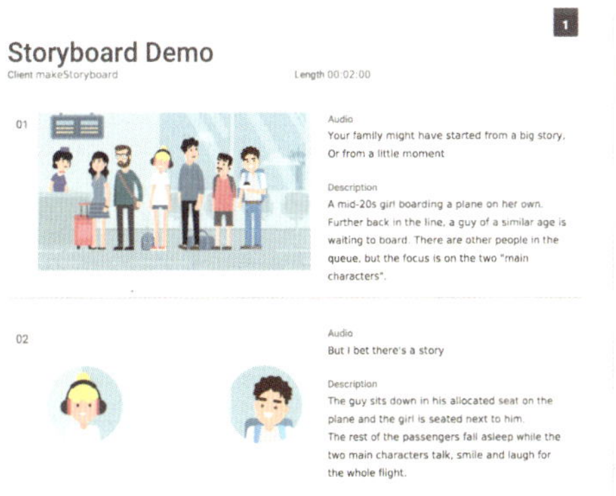


图 4-21　Make Storyboard 故事板软件

### 13. Adobe Photoshop

Adobe Photoshop应该是最老牌的图像处理软件，可以与数字手绘板配合分层的勾画出场景人物，分镜师可以在

图 4-22　Adobe Photoshop 故事板软件

Photoshop 中创建大量不同风格的故事板类型。

14. Clip Studio Paint

Clip Studio Paint 是一款平面设计软件，插画师和漫画家使用较多，该软件在着色和风格化方面更为便捷。该软件价格为49 ~ 219美元。

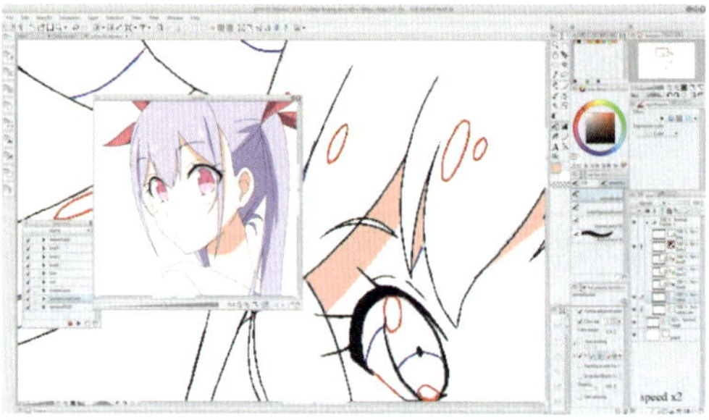

图 4-23　Clip Studio Paint 故事板软件

15. OpenToonz

OpenToonz是一款用于制作 2D 动画的软件。创作者可以使用其绘制精美的插图，并根据需要添加效果。该软件没有版权限制，可以随意使用，甚至可以用于商业作品。

图 4-24　OpenToonz 故事板软件

16. TVPaint

TVPaint是一款 2D 动画软件，可让创作者绘制故事板并对其进行样式化，还可以与团队进行云共享。绘画后运用软件提供的剪辑方式也可以便捷的制作动态故事板。该软件针对专业人士开发设计，价格为600 ~ 1250 美元。

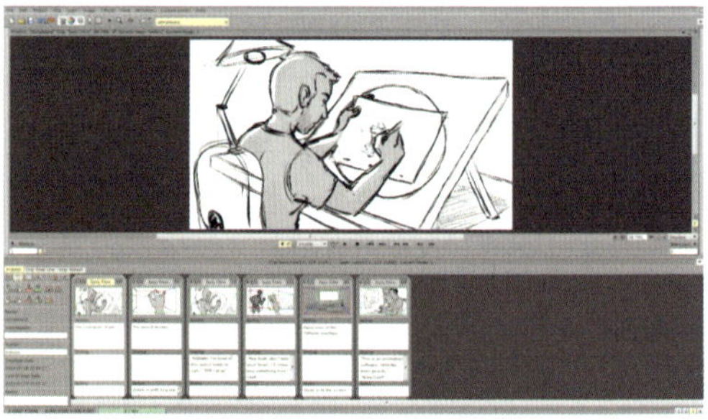

图 4-25　TVPaint 故事板软件

17. Paper

Paper是一个在iPad上使用的绘画程序，运用手绘笔进行绘制，有多种笔触和艺术效果可供选择，能模拟接近手绘的效果。手势的导航设置也能够快速运用程序，提高效率。该软件目前有免费

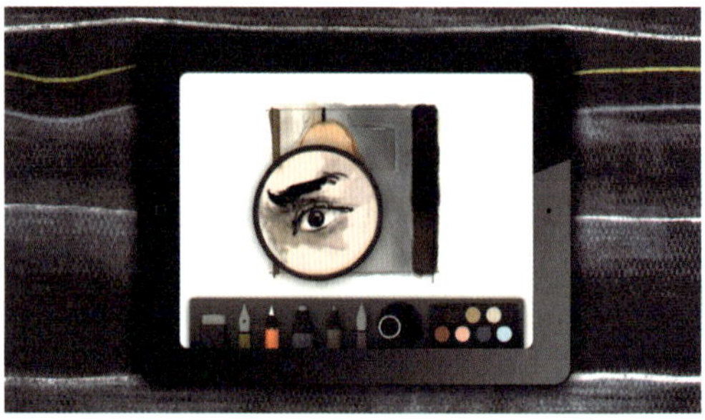

图 4-26　Paper 故事板软件

版本或6个月的订阅版本（10美元/月）。

18. Penultimate

Penultimate是Evernote开发的一款手绘应用程序，可让创作者进行数字绘画。使用此软件绘制基本故事板之后可以将画稿发送到Evernote，或者使用汇编程序来组织和分享镜头。该款软件价格为6美元。

图4-27 Penultimate故事板软件

19. Artemis Pro

Artemis Pro不仅可以让创作者制作故事板，还可以根据所选择的摄影机参数对应更改画幅比。有一组预加载的滤镜，可以在故事板中为不同的场景和镜头进行颜色分级。该软件价格为30美元。

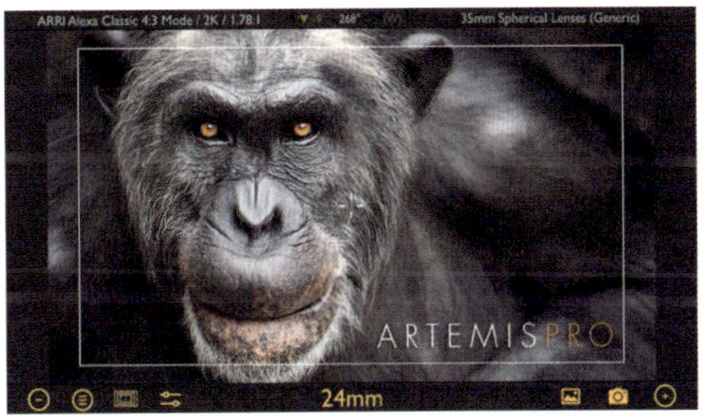


图4-28 Artemis Pro 故事板软件

20. Astropad

Astropad可以将iPad与Photoshop或者任何其他Mac创意工具连动起来绘制故事板，然后使用故事板集成程序来组织和分享镜头。该款软件价格为30美元。

图4-29 Astropad故事板软件

21. Procreate

Procreate软件虽然名字有点奇怪，但这款App的确是分镜师最得心应手的工具之一。该款软件专为移动设备设计的可以运用手绘笔进行素描、绘画和插图的绘制，专为创意专业人士打造。它具有连续的自动保存方案和 136 种画笔以及 50 种可自定义的功能。该软件价格为10 美元。

图 4-30　Procreate 故事板软件

22. Cinemek Storyboard Composer

适用于 iPhone 和 iPod Touch 的Cinemek Storyboard Composer 是一款制作动态故事板和预演方案的工具，专为任何想要将故事可视化的创作者设计。拍摄照片蒙太奇，然后添加传统的故事板标记，例如 dolly、track、zoom 和 pan等。该款软件价格为15 美元。

图 4-31　Cinemek Storyboard Composer 故事板软件

23. Shot Designer

Shot Designer 这款软件在好莱坞是导演和摄影师欢迎的工作工具之一。其将摄影机设置、镜头列表和故事板结合起来，让创作者对摄影机运动轨迹有一个直观的理解。简单的 Walk To 和 Track To 指令可以为角色和相机设置动画，也可以创建复杂的跟踪镜头。该款软件有免费版和专业版（139 美元）。

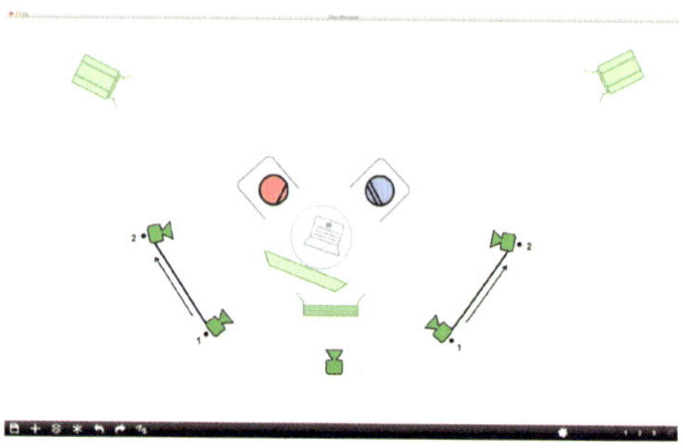

图 4-32　Shot Designer 故事板软件

市场上有各种各样的故事板软件，从带有预设素材库的软件到需要绘图技巧的专业故事板软件，创作者都可以找到一款适合自己的软件。但使用这些故事板工具中的任何一个，都有一些优点和缺点需要考虑。优点是创作者可以在最短的时间内创建高质量的故事板。这些工具具有自定义画幅比、拍照上传高精度画面等功能。缺点是有些应用程序可能很贵，甚至有些程序还需要其他视频编辑软件或共享软件来创建分镜头故事板。所以无论选择哪一款故事板软件，最终都要明白故事板是一种将短片故事情节可视化的方式。就像剧本一样，分镜头故事板不是独立存在的，其是一种交流工具。分镜头故事板的目的就是解释每个关键镜头中将要表现的一切，并提高制作的效率。

# 第三节 商业短片广告分镜头故事板的功能

如前所述，我们已经了解了分镜头故事板的种类以及创建的方法，那么分镜头故事板还有哪些功能呢？作为一种剧组成员与合作者前期沟通的有效工具，故事板还肩负着与客户沟通的桥梁之重任；也是制片工作的准绳，是预算与制作规划的参照；是场面调度的规划预览方案；可以帮助商业短片广告确立影像风格；可以把握未来成片的节奏与剪接；也可以预览特效制作。通过故事板的诸多功能能够更好地把握好商业短片广告的整体风格定位，避免盲目行事。故事板成型后，制片组才能有效地组织拍摄顺序、安排演员、确定拍摄机位、布景和灯光等，制作工作便可以此开展。

## 一、故事板如何成为与客户沟通的桥梁

创建故事板时应该注意客户的立场，不丢失商业短片广告的营销策略、产品诉求点。尽可能在分镜头中提供更多详细信息，例如上下文、转折点、痛点、目标和需求。构建场景后，分镜头故事板中应通过画稿、视听方案描述可以触发受众认知产品，并引发行为的设计，这样才能获得客户的认可。虽然文字分镜头脚本也可以帮助客户想象画面，但分镜头故事板的视觉特性通常更能有效地让客户理解创意意图，可以在拍摄前将其可视化。所以分镜头故事板可以确保客户和合作者理解创作者的意愿——并且使他们不太可能在未来因为沟通的不

确定性产生纠纷。

创建故事板也会简化制作流程，少做无用功。分镜头故事板在制作的过程中迫使创作者提前构思视听方案的许多细节——想要什么镜头、它们将按什么顺序播放、需要什么道具或工具等。分镜头故事板也可以查漏补缺，比如有可能能帮助创作者意识到在剧本中遗漏了一个关键的逻辑或对话，或者视觉效果并没有想象得那样紧密结合在一起。在开始拍摄之前发现并解决这些问题，将防止浪费资金与精力。

创建故事板也将节约周期，与实际拍摄完成再修改相比，分镜头故事板的多次迭代修改更容易且耗时更少。商业短片广告制作团队应该利用分镜头故事板在拍摄筹备阶段就将失误降至零，为完成实际拍摄的视听呈现保驾护航。

## 二、分镜头故事板对制片工作的影响

如前述，分镜头故事板是用于在制作镜头列表之前逐个镜头预览视频项目的工具，是多年来电影和动画总结下来能最大程度节约成本的一个工序。分镜师的任务，就是尽全力把导演想象的场景创造出来，让导演根据所绘制的分镜头故事板调整思路，设计视听表达方案。开始制作故事板的预制作过程的项目，更有可能避免因制作过程中的沟通不畅而导致的错误。分镜头故事板还可以帮助我们预估影片规模从而控制预算，分镜头故事板中还会详尽地绘制场景、道具，美术部门可以有依据的工作，与导演确定场景、道具的设计方案，从而节省美术组庞大的开支。

好莱坞顶尖的资深分镜师戴夫劳瑞表示，分镜师的工作是把文字可视化，用分镜画稿替导演建构世界观。在好莱坞，电影的制作规模越来越大，特效镜头越来越多，分镜头故事板有助于工作人员了解导演的想法。他说："分镜画稿可让大家在拍摄前先了解某个场景的规模，比方有多少人、多少只恐龙、多少个外星人或太空船有多大等，这样在开拍前对故事发展就有一定的概念了。"戴夫劳瑞自认成功的不二法门是"尽可能和团队合作，认真画好每个场景的分镜图，就算修改，也要又快又好"。因为拍电影分秒必争，工作人员越早拿到分镜头故事板，就能越快完成任务。所以从制片的角度简单地说分镜头故事板能够提供整体预算以及提高制作效率。

那么制片部门应该在分镜头故事板中获取什么信息呢？那么第一个步骤就是要充分理解剧本、分解剧本、标注场景、规划场景；第二，在分镜头故事板中要知道分析影片气氛是高调还是暗调抑或是中间调，是夜景还是日景，这对影片整体影调来说是有提示作用的；第三，定位角色，确定角色的人物造型，角色在镜头中的调度、动作等（比如有没有动作戏，需不需要聘请动作指导）；第四，分镜头故事板可以确认转场方式，还有特效元素等，这都是在审阅分镜头故事板的时候，可以标注出来做准备的。当这些信息汇总到制片部门，他们可以非常准确的制作出影片的预算单。

通常一部大成本的电影会有4位到6位分镜师，由导演分配工作，大家各自完成。在与导演交流之余，也要与美术或特效部门讨论细节与实施方案，最后再和导演核对一遍内容，以确保如实呈现导演在脑海中打造的世界观。但正式开拍前依旧会有很多调整，不会百分之百按照分镜头故事板来拍。视觉特效团队有可能会根据预算，把原本要拍的50个镜头删成5个，但要如何让这5个镜头的功效发挥最大化，也是导演最大的课题。不能因为预算不足就牺牲电影的质量，此时分镜师就要想方设法用更少的视听表达与简约的镜头达到想要的效果。

看起来工作量很大，但创建一个好的故事板将有助于确保您在开始后期制作时获得所需的所有镜头。这可以防止剧组浪费时间拍摄不需要的镜头，或者将钱花在特效制作上。分镜头故事板其实是绘制出了拍摄清单，并简化了整个创作过程，以帮助剧组完成复杂的拍摄。当需要在前期制作过程中进行协作并做出关键的创造性构思时，分镜头故事板可为导演和创作团队成员提供项目有形的、可视化流程。虽然制作故事板需要时间，但从长远来看，它会节省时间和金钱。

## 三、商业短片广告分镜故事板与场面调度

场面调度来源于法语Mise enscène，原意是“设置舞台”，但在电影制作中，Mise enscène一词指的是镜头前的一切，包括布景设计、景别、镜头构图、道具、灯光、服装、演员调度、摄影机运动方式等，即“场面调度”。自电影发明之初到现在，不可否认场面调度在电影中的重要性。场面调度的娴熟处理将电影提升为有目的的艺术形式，充满气氛和情感的表达，牢牢地吸引着观众。

在电影中，镜头前发生的一切几乎都是虚构的，在剧本阶段，就开始描述角色的动作、对话和特定视觉元素的细节，如服装、时期和场景风格。场面调度通过叙事在故事中表达，通过主题、摄影和故事板在视觉呈现中表达。

1. 场面调度与美术设计

观众在银幕上看到的一切都是经过精心设计的，甚至有使用计算机生成的图像，这一切都服务于故事并创造统一的美学观念。如果场面调度是一部影片的整体审美语境，那么美术设计就是其中必不可缺的元素。无论是实景，还是棚内搭景，都是为了满足导演的构思而设计的。

在电影的早期，当电影语言还处于起步阶段时，并没有过多考虑美术设计、剪辑、表演，甚至声音。但很快电影制作人就意识到他们可以和戏剧一样使用布景设计的技巧。比如大家熟知的乔治·梅里爱，他是电影场景设计的先驱。梅里爱在他的影片中使用了精致的布景、服装、发型、化妆，甚至还对电影进行了手工调色，这在当时为观众带去了梦幻般的观感。大约十年后，这种对电影设计元素细节的关注变得司空见惯。许多较知名的早期无声电影都以其复杂的场面调度而闻名，尤其注重场景设计方面。当电影创作者意识到场景作为设计元素的重要性以及它对电影整体画面呈现的贡献，就创建了一个职位来处理这一切：美术设计师。美术设计师是一个涵盖电影“视觉呈现”每个元素的总称，包括场景、道具、角色的服装和化妆等。美术设计师是电影整体美学设计的关键人物。他们与导演密切合作，将电影的美学构思传递至各个设计部门，包括场景设计、道具设计、服装、发型和化妆。他们最重要的工作是通过场景设计和场景装饰确保场景与审美视觉相匹配。

随着电影技术的发展，美术设计师也不仅仅局限于实景和棚内搭建，还会大量的涉及数字搭景与特效合成。商业短片广告因为预算的原因，也越来越多地使用计算机生成的图像(CGI) 来虚拟真实场景，目前最常见的实现方式是使用绿幕技术，最新的LED屏前虚拟拍摄技术也在逐渐普及。如果涉及绿幕特效，美术设计师在美术设计时应注意不能有其他物体或衣服出现与绿色相近的颜色，另外如果出现高反光表面的物体，则会出现溢色现象。当然无论使用何种方式构建场景，场景的功能正是讲述故事的所有重要细节。从墙壁上的颜色到窗帘的质地，再到家具的风格，再到可能出现在屏幕上的每一件有时代感、有生活感的道具都烘托了气氛，增加了故事的可信度。所以美术设计是创建一致的场景调度的最重要的设计元素之一，分镜头故事板在制作时，应该要和美术设计师、后期特效团队一起了解导演的整体构思，并通过电影语言巧妙地把美术设计呈现于故事板中，渲染故事情绪，成为未来美术设计的初稿。

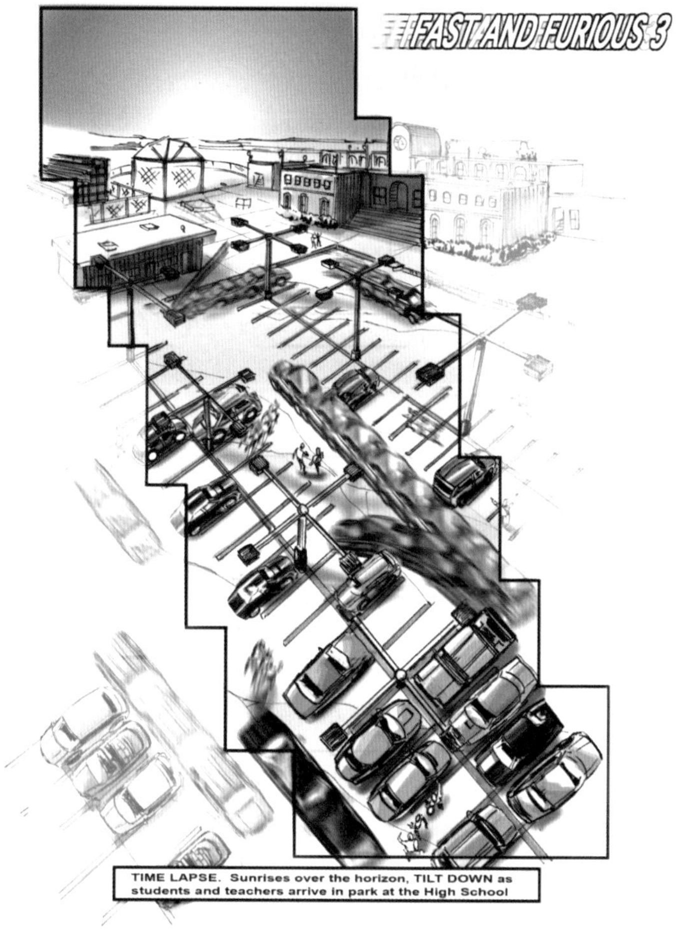


图 4-33　分镜头故事板调度示例

如图4-33所示，分镜头故事板没有一定之规，这张分镜头故事板便突破了画框的局限，将镜头角度的变化以及摄像机的运动方式等视听规则，利用摄影机的运动沿着故事板所示意的运动方向完成一个停车场向远方落日纵向运动的长镜头，一个看似异形的故事板分镜头却巧妙地描绘出令人留下连贯视觉印象的画面，成功地将场面调度设计清晰明确地传递给剧组成员以及广告主。分镜头故事板就应该如此，以创意剧本为根基，全面灵活地将调度参考呈现出来，作为摄影部门、美术部门、演员开展工作的重要参考依据，故而在制作分镜头故事板的时候，一定要注意将商业短片广告创意剧本和拍摄方案中涉及场景调度的部分进行特殊绘制，完整、清晰、明确地将镜头运动以分镜头的方式极连贯地呈现出来。

### 2. 构图是场面调度的基本要素之一

构图可以在电影的故事板阶段确定。分镜师在故事板的制作初期与导演、编剧、摄影充分沟通，并以蒙太奇的语言绘制或视频化设计剧本中每个场景。这是在拍摄前确定构图、取景和相机移动的前期制作阶段之一。因此，无论场面调度的风格如何，人们都可以在分镜头故事板阶段对其进行评估，并在场景中使用摄像机拍摄角度和运动方式进行创作。

景别往往指的是因摄影机和被摄物直接距离的改变使被摄体在画面中呈现范围不同所区分的多种类别。景别根据呈现范围的大小分为五种:远景、全景、中景、近景、特写。一般情况下，景别的选择与组接方式不同会直接影响到影片产生的效果不同，紧张、快乐、慵懒、沉痛的画面情绪也直接受景别影响，这也使景别处理成为最直接地与观众建立认同感的方式。商业短片广告的主要形式无非就是利用视听手段将故事作为载体进行商业信息传播，而关于镜头景别的设计组接方案就显得最为基础也尤为重要。

一些导演希望故事在风格上占主导地位，而同时构图不会干扰表演和对话。因此，他们会喜欢稳定而传统的广角镜头、特写镜头、中景镜头和单镜头。然而，一些导演喜欢更流畅、更活跃的故事和更多动作的镜头，以此平等地表达故事和风格。这些导演更喜欢动态的镜头，并选择斯坦尼康、手持拍摄或吊臂和小车。因为分镜头故事板用于沟通未来的动态影像，所以构图实际上有两个重要组成部分：取景以及运动。在电影构图中运动是指画幅内的运动以及摄影师在场景中移动摄影机时画幅的运动。所有这些都是我们如何体验场景调度的关键所在。

图4-34中导演想要将噪声从故事中抽离出来，将其转化为一种情绪表达，便充分利用了不同景别之间多种多样的组接方式来实现，如使用短而多的近景和全景的不断跳切，使这种噪声带来的急躁感以画面的形式传递给观众，进而为其产品降噪耳机的功效做了充分的对比铺垫。采用许多极端角度拍摄可以加强观众的代入感，充分利用观众的视听规律，而拍摄角度的变化性选择也是令观众对商业短片广告创意感兴趣的重要方式。所以团队的前期紧密合作巧妙灵活的运用确定每个镜头的拍摄角度与不同角度间的组合使用方案也是分镜头的重点表现内容之一。

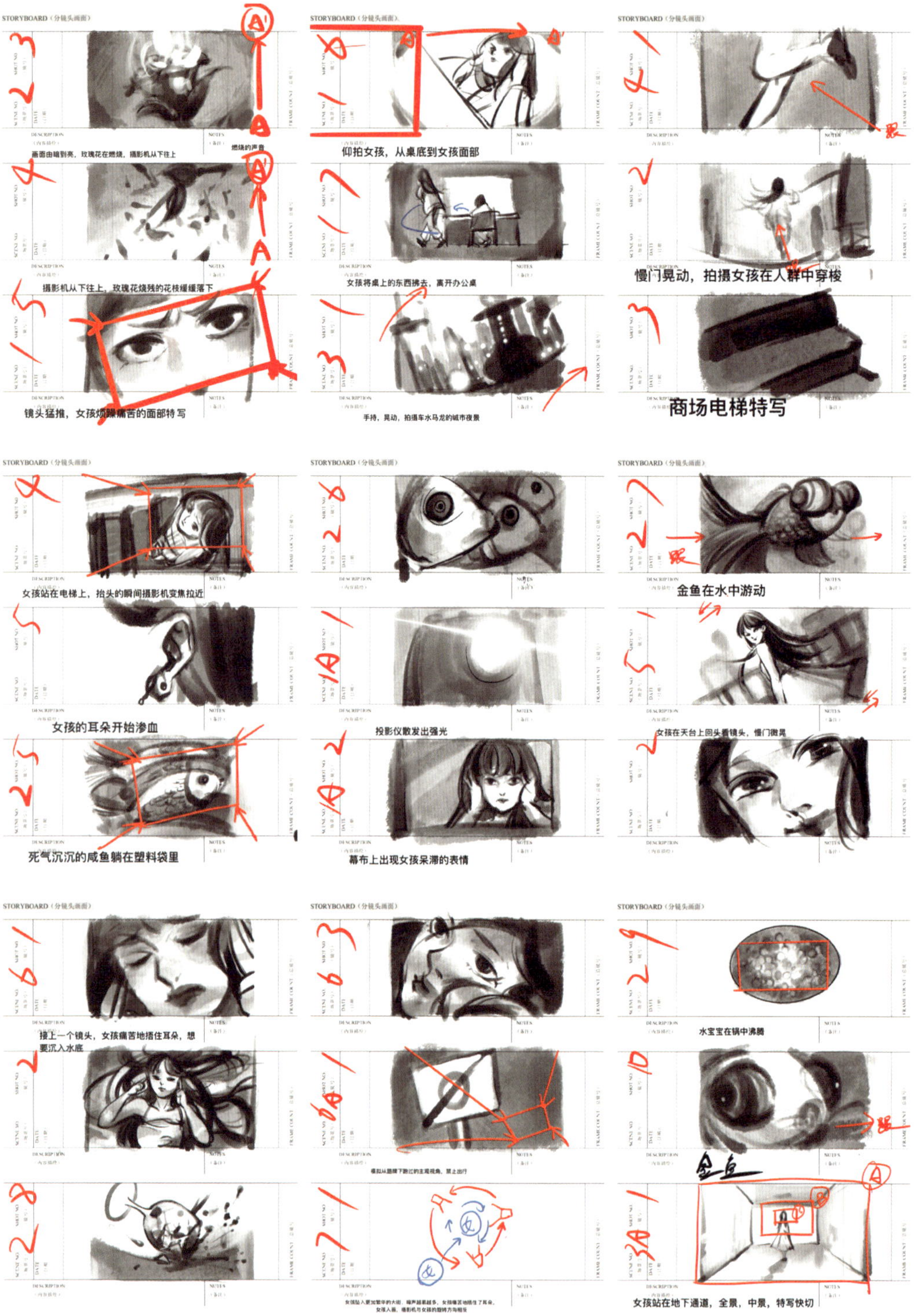


图 4-34　影视广告导演专业 17 级本科生肖含知绘制的毕业作业《嘈》分镜头故事板

### 3. 光影气氛将提升场面调度的预期度

分镜头故事板不仅要考虑构图，还应考虑的另一个因素是光影气氛。灯光的强度、深度和角度都会极大地影响场景的气氛。并且照明可以将角色或气氛描绘为快乐或绝望、放松或具有戏剧性。换言之，不同的照明技术会产生不同的效果。关于构图与照明我们将在后面关于视觉呈现的章节中更深入地探讨，但现在让我们快速看一下照明是如何融入场景调度的。

灯光师与摄影师充分沟通，了解摄影师对整体灯光气氛的需求后，灯光师用来自灯光、自然光和其他属于布景设计一部分的灯具、布景灯、画幅比外的灯具，通过精细的布光设计照亮场景。灯光师不是简单地打开电灯开关，而是在塑造光，使光线适用于整个场景和整个剧情。他们通过强调照明方向和强度的不同来烘托整体光线气氛，并且使灯光设计成为场景布置的重要组成部分。例如，主灯是照亮主体，补光可以填充主光产生的阴影，背光有助于将主体与背景分开。照明风格的两种基本方法可以说明这一点。低调照明是指主光保持微弱，甚至从属于其他光源的照明设计。一种是高对比度的照明设计，可以始终如一地使用高对比度的阴影。另一种是明暗对比照明，我们经常会在悬疑破案片中看到这样的照明设计。而高调照明是指其中关键光仍然是主要光源，从而导致图像的低对比度，甚至平淡或褪色的画面。无论哪种情况，电影摄影师、灯光师都与导演和美术设计师密切合作，将光用作设计元素，为整体场景设计做出贡献。所以在分镜头故事板中也同样需要表现出光线照明的初步设想，标出配合摄影机运用的全部光源，尤其是主光、辅助光、逆光或者反射光。某种程度上说分镜头故事板其实也是灯光气氛概念图，在分镜头故事板中加入光线的变化会给影片增加画面纵深效果和表现力。这样的故事板才能供剧组各部门讨论最终的实施方案。

### 4. 表演调度

场面调度的最后一个元素是表演调度。分镜头故事板不仅应该体现场景、道具、人物造型、摄影构图及运动方式，还应呈现演员的表演以及与环境的互动，以使得静止的场景因为演员的表演走位充满了活力，也就是所谓的表演调度。演员的表演和表演的呈现是最吸引观众注意力的，所以捕捉演员的行为、肢体语言或场景中多个演员之间的关系是表演调度的关键。比如：站着的演员与坐着的演员相比，谁更有自信?

构图中，远景的演员会不会显得更为弱势？演员的表演是否利用了场景的结构产生有效的遮挡关系？当与其他场面调度元素结合使用时，表演调度可以对观众产生明显的情感影响。每个导演都以不同的方式处理表演调度，以推进故事。所以分镜头故事板必须明确的体现场景中演员表演的位置、肢体语言、人物表情、演员的表演调度方式、构图的方式及摄影机运动的路径，这样才能够反映导演的意图。在拍摄阶段，分镜头故事板如此详细的视觉化效果可供导演、摄影、美术、演员各部门讨论具体的场面调度方案。

另外关于演员表演调度，我们还应该注意在分镜头故事板中考虑演员的视点。我们已知尽管在相同的景别与相似内容下，演员表演的不同视点方向选择会给观众带来的感受与镜头表现出的情绪可能是截然不同的。图4-35（视点1）与图4-35（视点2）这两张分镜头故事板所展现的画面同样是演员手持武器面向镜头方向，一点点视点的差别，便使图4-35（视点1）更具有压迫感与冲击力，使观众有一种演员的利刃冲向自己的感觉，从而使这种危机下的紧张情绪更加强烈。这就要求我们面对不同的需求，要学会在分镜头故事板阶段就使用不同的视点设计。

视点 1

视点 2

图 4-35 演员动作分镜头故事板示例

正视镜头在演员调度和众多视点选择中属于一种微妙的、具有超强说服力的视点暗示，这种视点由景别角度与演员的视线调控而形成。正如图4-36中在战场上经历残酷战争的士兵一样，士兵在血肉横飞的战场之中，并且景别从一个第三人称中景给到一个极端的正视镜头的眼部特写，这种具有超强说服力的视点一下子便将观众带入到战场之中，并直接感受到战争中人的恐惧。这类具有功能性的标示演员视点的镜头往往也需要在创作的前期阶段就体现在分镜头故事板中，这样更可以使创作者宏观的安排每一个镜头的作用以及镜头间的关系。观众在看到演员直视镜头等的特殊视点镜头时，一种固定的情感联系便在观众与影片中产生。观众的视点往往会受到摄影机的运动与演员视线的影响，当摄影机所摄之处是演员视野，那观众也自然而然地会以演员的角度观察所示的一切。而同样的情节下，当摄影机从侧面或者更全的景别进行拍摄时，便给观众营造出一种客观视角旁观的效果。综上所述，在分镜头故事板阶段，导演就要把这些因素考虑进画面安排之中，这样最终呈现出的商业短片广告画面更具有戏剧性张力。

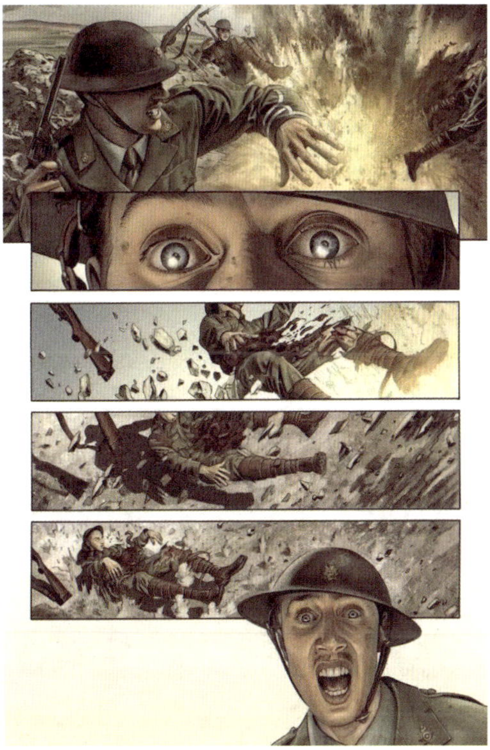
图 4-36 演员调度分镜头故事板示例

总体而言，场景、角色、灯光和构图构成了创造一个有效且连贯的场景调度的关键要素。这就是场面调度统一电影体验的力量，为影片创作要做其他工作提供美学背景。这也是在分镜头故事板中应该充分体现的元素与功能。

## 四、分镜头故事板可以使商业短片广告确立影像风格

商业短片广告的内容与形式决定了最后的视听呈现，而分镜头故事板其画面的光影效果、色彩效果、构图方式在适合内容表达的前提下可以使商业短片广告确立视觉风格，从而更为风格化的提升剧本故事。

影片中影像风格是视听语言的“修辞技巧”。画面并不是简单的拍摄动作、记录场景，影像风格用色彩、用光影、用构图、用摄影机运动方式、用特殊技巧等表达着主观的感受。自然主义风格、现实主义风格、高调风格、表现主义风格、“风格化”风格、极简风格、赛博朋克风格等，这些影像风格都是作品进入观众内心的介质，拨动观众的心弦，这些微妙的情感变化引领着他们去理解去感悟影片的理念。可以说影像风格是和观众交流的工具之一，可以让影片更加丰富而有层次。

图 4-37　科迈罗六代商业短片广告《英雄唤英雄》分镜头故事板（左图）与成片（右图）对比

例如图4-37这支具有冷冽、磅礴气质的科迈罗六代商业短片广告《英雄唤英雄》，讲述了新一代科迈罗疾速行驶，并且利落帅气的转弯、漂移，并最终驶向代表着崇高的白光之中、银幕之后。整支影片的影像风格采用表现主义的布光手法，使其风格化明显。该片大胆运用了光影，使得强烈的光感、速度感给观众极大的视觉冲击力。开篇犹如一道惊雷，产品科迈罗六代如暗夜间的一把长刀，干净利落地划破烟霾，从黑暗中刺出，强烈的压迫感塑造出一种宛如夜间出动的屏幕中才会存在的超级英雄形象，这种形象赋予在汽车之上，使该品牌受众丰富了一种自身发自内心的价值呼唤与认同感。前期故事板分镜头的创作中，精准的描绘将影片的视觉风格已经表现得十分明确，不仅表达出了创意，更升华了创意剧本，这也为后续的拍摄工作和剪辑工作的良好进行做足了准备，我们才有机会在成片中感受到富有张力和节奏感的镜头语言表达。

## 五、商业短片广告分镜头故事板可以把握未来成片的节奏与剪接

导演构思作为一支影片的灵魂自然在商业短片广告的任何一个阶段都发挥着至关重要的作用，而剪辑基础的形成、场面调度的规划、拍摄方式的选择以及特效的制作这些都取决于在分镜头故事板阶段是否就已经建立起成熟有效的导演构思。而动态分镜头的出现，使得导演构思可以在前期更清晰地展现，也可以理解成在拍摄前就已经可以看到一支具有成片雏形的“初剪demo”。

导演对于商业短片广告最终成片整体节奏的构思与把控也通常会在分镜头故事板中体现。这要求我们创作者要考虑到有可能影响到商业短片广告成片的节奏的各个因素，无论是叙事走向、演员表演、美术造型、镜头的运动、镜头的角度、画面的景别、镜头的不同组接方式甚至是影片色调和声音这些都需要在分镜故事板阶段就要清晰准确地体现出来。

商业短片广告的作用与特性决定着商业短片广告的视听要在遵循蒙太奇思维与规律的同时兼顾体现产品理念以及产品的独特性、唯一性。商业短片广告剧本中的故事内容、影片风格、情节推进、环境氛围、角色情感这些是合理安排影片节奏的依据与核心，剧本的重要性也便要求导演必须依据商业短片广告的创意剧本与表现形式对故事情节、角色心理和商业信息做出精准的判断。而分镜头故事板也应遵循这些依据选择具体的表达方式和组接方案，以达到可以合理地展示符合观众视觉心理和对故事接受方式的商业短片广告分镜头故事板的目的。分镜头的排列方法与排列顺序会从根本上影响未来影片拍摄中的镜头方案和表演节奏以及后期制作中的剪辑节奏，故而，分镜头故事板应以导演构思为前提和基础，牢牢把握景别、时长、颜色、调性、声音等多种影响因素，在每一组分镜头画稿中处理好其中的内部节奏，组接相连之中影片的整体节奏也便呼之欲出。

### 1. 镜头组接节奏与分镜头故事板镜头排列组接的关系

镜头组接这件事说来轻松，但是想要组接的兼顾视听效果与观众的视觉习惯绝非易事。我们需要控制同场景中景别构图以及景物变换不可以过分剧烈同样也不能过分相近，否则都会使镜头衔接造成困难和不甚理想的效果。

镜头不同方式的组接往往会带来截然不同的效果，我们应掌握其中规律并灵活运用。例如，当我们需要推动剧情达到某个高潮或表达激昂的情绪时，往往会运用前进式蒙太奇句式，从整体推镜头至一个局部；而当我们需要表达下沉压抑的情绪时，就需要完全相反，将镜头从局部拉至整体，也就是后退式的蒙太奇句式。而二者合理地有机结合也可以萌发出更多种复杂的情绪表达，这也正是蒙太奇的奇妙之处。

镜头组接在使用时还是有一些规律可言的，比如同机位、同景别且是同一主体时，是无法直接衔接的，因为这样十分相近的画面衔接在一起就会很像单一镜头不断重复，会使观众明显感受到画面的连续性遭到破坏以至于会产生视觉上的强烈不适，进而破坏观众的视听感受，大幅降低影片的观看效果。这种糟糕透顶的状况往往会使用将过场镜头、演员调度镜头或者动作变化镜头插入至有着这样问题的镜头组之中，增强其节奏感的同时提高片段的画面流畅度。

图 4-38　超级英雄电影《神奇四侠》分镜头故事板

超级英雄电影《神奇四侠》的分镜头故事板使用一组连贯的、相互组接的镜头向我们展示了如何利用分镜头技巧将一个大跨度、大幅度的运动镜头完整的、具有张力的呈现给观众，正如分镜头故事板中所看到的，他们每个镜头都是基于上一个镜头结尾的动作趋势更换景别或者角度后进行衔接的，这种动态镜头与动态镜头、静态镜头与静态镜头相组接的剪辑手法便是顺应了观众的接受习惯，也正属于镜头的基本组接原则。

当被摄主体的行为动作具有连贯性时，就比如《神奇四侠》(图4-38)的一个片段中石头人将伸缩博士甩出去用身体接住下落士兵以及下落士兵落入博士身体这两个连贯动作，为完成整个动作的连续性过度，就可以依循“动作衔接动作”的组接原则使片段连贯的组接。而当我们要将两个不具有连贯性动作的镜头自然地组接在一起时，就需要等上一个动作完整的完成之后再衔接下一个新的动作开始，也就是常和“动接动”相对而说的“静接静”。不过这些规则也可以灵活运用，为了拍摄某些追求特定效果的镜头，也会采取一些过渡手法来实现“动态接静态”或者“静态接动态”的镜头。

2. 根据分镜头故事板剪接时掌握镜头组接的时长

分镜头故事板不仅仅可以提供商业短片广告镜头组接预览，更是可以颇具功能性的表示出一些镜头信息，这些信息往往会大幅度提高现场拍摄效率，比如一些分镜头画稿中景别与内容的差别也反映了镜头的不同时长，现场拍摄便可以以分镜头故事板为蓝本，结合内容和观众的接受能力、构图、景别对镜头内容的表现力来处理每个镜头的时间长短。

图 4-39　影视广告导演专业 17 级本科生肖含知绘制的分镜头故事板《侠客与狐狸》

在前期的分镜头故事板中，不同的景别不仅仅是画面所呈现区域不同，不同的景别区分更是有着许多功能性的作用，这一点我们从图4-39的这组分镜头故事板就可以看出，片段所表达的是一位侠客打扮的年轻人，挥舞刀剑并从凶恶的屠夫手中救下小狐狸，并与小狐狸剑指武林，刀光剑影之后一切回归平静，侠客与狐狸淡定自若的消失在落叶之中，继续一人一狐的江湖之路。例如片例分镜头故事板中，在描写侠客直面大敌背向观众时，为了留足悬念以及渲染彼时彼刻的气氛，可能就会采用比较全的景别，并停留较长时间；而分镜头故事板中画面的景别为近景或特写的时候，比如表现获救的小狐狸和侠客大战后飘逸的长发时，因镜头内信息量少，镜头长度就会相对较短。而影响镜头时间长度的不仅仅是景别而已：分镜头故事板明亮的画面会较长于昏暗的画面，运动镜头画面会较长于静态镜头画面等，这些多种多样的差别都可以在前期分镜头故事板阶段就有效的区分镜头时长。所以基于创作前期便以不同的画面呈现方式区分了大概镜头的时长，加以灵活且适当地运用，便可以在分镜头故事板阶段就初步确定并预知后期剪辑节奏。

所以只有在所有工作的前期阶段，也就是分镜头故事板阶段就严格围绕创意剧本并能动的发挥分镜头故事板的功效，表现出商业短片广告主题与主要商业信息，才能在拍摄和后期阶段有效地将最理想的画面呈现出来并高效率、高品质的剪辑制作出来，这样的流程下制作出的商业短片广告无疑是既可以和观众产生强烈共鸣又可以清晰地表达主题和商业信息的。

## 六、商业短片广告分镜头故事板可以预览特效制作

前述已知，前期筹备阶段的分镜头故事板制作、现场拍摄与后期剪辑在创作过程中紧密联系且相互影响。如果分镜头绘制存在着呈现镜头少、表达内容局限和实战功能弱等缺点，就会导致分镜头故事板无法对镜头组接、场面调度与景别变化的设置与调整起到有效作用。有的摄制组甚至舍弃前期使用分镜头故事板的步骤而直接使用文学剧本大致剪辑，这无疑是忽视了分镜故事板的实际意义，也会使商业短片广告在创作过程中出现镜头丢失、素材量不够、特效镜头无法预估效果这些硬伤和短板。这样的做法在前期可能还不易暴露问题，但在后期阶段这些遗留的问题就会因特效镜头的制作被无限放大，这些无法弥补的漏洞也会直接导致最终呈现的成片效果不尽如人意。

在拍摄前想要预估出成片的效果以及把控成片的效果是很困难的一件事，而想要

预估并把控特效片或者说特效镜头的成片效果与画面走向则是难上加难。如果说普通分镜头故事板帮我们解决了前者，那么针对特效镜头设计的分镜头故事板则非常有效地解决了创作者前期阶段对于特效片和特效镜头的疑虑。这一类分镜头故事板通过手绘、3D建模、动画创作预演等手段，在前期将特效镜头的成片效果大致示意出来，既便于创作进行，更有利于对技术难题预估与后期制作预估。目前大量商业短片广告或多或少都会运用数字技术，相较实拍而言，特效制作更加难以预控，资金消耗也更加庞大，故而为了避免后期补缺修改产生的巨大成本，也就要求在创作分镜头故事板的时候，要尽可能地将特效效果绘制的与最终想要呈现的效果相似。

图 4-40　电影《木乃伊》中特效片段的分镜头故事板与成片对比

如图4-40所示，这是电影《木乃伊》中特效片段的分镜头故事板与对照成片，我们可以看到影片中的反派所控制的狂沙幻化成的怪物十分生动震撼，这便得益于分镜头故事板绘制的高准确性，分镜头故事板对于特效镜头的重要性在这组实例中非常直观。这类在现实生活中很难实现的镜头，就需要利用分镜头故事板前期的预演来模拟最终呈现效果，才能让创作者们和广告主心中对于最终效果有效预估，更利于结合诸多因素对影片执行方案进行决断与调整。

特效分镜头故事板与特效镜头的3D演示绝不仅仅有利于提高前期准备与同期拍摄时导演组、美术组、道具组、摄影组等组别的工作效率，更是对于后期制作有着必不可少的作用。拍摄前期创作者们根据特效分镜头故事板共同讨论制定最合理的拍摄计划与特效方案，进而避免一些不必要的麻烦留到现场拍摄与后期制作阶段，也方便导演和制片人在开拍前就将导演构思体现在特效设计之中，并提前预览最终的画面效果。而在现场拍摄时，特效预演可以是全组人员执行实拍时的一颗“定心丸”，使得团队在现场避免没有头绪的盲目尝试，而实拍素材与特效镜头的高度匹配也会为后期制作省下许多工作时间与制作经费。手绘形式的分镜头故事板显然已经无法满足大量的特效镜头的立体设计方案，随着现今科学技术的发展与进步，特效预览分镜头故事板也发展的越来越成熟完善，可以借助3D演示做到全过程按细节拆解，可以设定摄影机的运动轨迹、灯光的设置摆放、影片某处的节奏或摄影的要点等细节问题，多角度多方位还原拍摄方案，清晰全面的预览最终特效镜头的完成效果。

在以往的涉及特效镜头的创作中，导演往往处于一种无奈的状态。导演只能在拍摄和后期制作都结束之后才能看到这个画面的具体呈现，这样的被动往往也会因为制作周期和预算限制等外因不得不妥协。而现在的特效制作流程以及需要与特效镜头配合拍摄的实拍流程可谓发生了颠覆性改变，制作者可以在拍摄前动态模拟3D场景并利用其中高精度的模拟仿真技术全方位针对每一个细节把控设计效果，并随时结合新的情况与构思对其修改调整，直至得到高完成度的满意效果。打个比方，假设在创作商业短片广告的过程中，发现其剧情需要运用MotionControl交互式摄影控制系统拍摄多层运动场景，导演依据创意剧本制定相应的特效拍摄方案，并与摄影指导从画面呈现效果的角度出发，预判观众会产生怎样的视觉震撼。而经过在计算机上通过对不同特效方案的逼真模拟展示，则可以使导演的预判更加准确、全面且有迹可循。归根结底，商业短片广告的前期分镜头故事板已经越来越成为必不可少的工具，它的预览作用不仅可以判断一个视觉设计是否合适准确，这种工作方法也是对成片控制的一种强有力手段。

商业短片广告分镜头故事板已经成为每一个成熟商业短片广告剧组认定的可视化“蓝图”和“骨架”，并在创作前期满足整个团队的视觉预览需求，更加完整地将符合导演构思的主题创意构想，展现出不凡的实战效果。所以每一个创作团队都应该将商业短片广告分镜头故事板重视起来，并熟练运用这种手段把握每一个镜头间的关系、每一个段落情节与主题的关系以及特殊镜头与实拍镜头间的关系。

### 思考题

分镜头故事板对创作商业短片广告起到的作用有哪些?

### 推荐书目

卡茨. 电影镜头设计：从构思到银幕[M].井迎兆，王旭锋，译. 北京：北京联合出版公司，2019.

# 第五章

# 场景、人物造型、道具与商业短片广告叙事

- 美术设计是指构成影片的所有视觉元素，反映了场景、道具、人物造型、颜色、空间等方面的艺术构成方式。美术设计通过电影的场景、整体的色彩、拍摄所需的道具、陈设以及演员的人物造型这些元素建立时间和空间感，以创造一种情绪来帮助生成影片的世界。如果没有这些视觉元素，观众将过于依赖角色的对白，而无法将他们的台词与特定环境中的行为动作联系起来。美术指导的目标是让观众沉浸在影片创造的世界中。美术设计是帮助观众了解电影世界的驱动力之一。

- 好的场景、道具、人物造型设计是根据导演对整体商业短片广告创作构思而设定的，可以帮助铺垫剧情和推动气氛，为塑造人物达到事半功倍的效果。美术师在概念设计时要根据商业短片广告剧本与导演、摄影师等主创人员进行沟通，确定短片主题及影片基调，开始设计构建适合并突出主题的空间环境，通过空间造型的独特性强化主题达到刻画人物的目的，再以人物造型完成人物的内在属性创造片中人物形象。

# 第一节 场景设计与商业短片广告叙事

影视作品借由演员对话、蒙太奇语言以及具有吸引力的视觉元素来讲述故事。而这其中美术设计师的工作必不可少，他们创建一个空间，从最细微的细节到影片的总体风格，通过设置场景的外观和感觉来帮助扩展故事。这其中场景、道具、服装这些视觉元素都在为观众打造真实世界的叙事中发挥作用。

关于场景设计流程，商业短片广告与电影大体相同，但由于商业短片广告的商业属性，其美术设计还要考虑产品的展示场景，并使之与剧作中的故事场景相融合，无刻意之感。在仔细研读商业短片广告的剧本后，明确影片基调从而设计场景。某些商业短片广告的视觉概念具有一定的时尚性、前沿性，所以也要求美术设计师在场景的设计中引入创造性的思维，设计出既符合商业短片广告创意又新颖独特的场景，以确保商业短片广告视觉呈现统一性和创新性。甚至可以说，商业短片广告的视觉艺术概念突出与否足以影响商业短片广告的成功，这也是美术师要遭遇的最大挑战。

## 一、场景设计帮助提高商业短片广告剧作的可信度

场景设计是剧作实现的臂膀，是剧本的视觉阐释，也是导演意图实现的桥梁。美术设计师在前期筹备时就与导演一起阅读剧本并规划视觉风格和设计场景。然后他们会和导演讨论视听语言的规划。一旦

确定了方向，美术设计师将建立和管理有助于实现导演意图的艺术部门。这个部门包括电影美术师、概念设计师、分镜师到布景设计师、道具师、数字资产美术团队等。

场景可以定义为一种结构的关系，它决定了商业短片广告中的人物动作、情节、台词等的呈现形式；场景也可以定义为一种线性关系，它决定了空间中进行调度和叙事的时间线。也就是说在创作商业短片广告时，剧作结构及影片时空的变化可以以场景的变化为基础。

一般来说，场景主导着整部电影的调性，同样也会影响画面的风格，从而对叙事产生影响。场景的设计也在一定程度上影响着商业短片广告的镜头语言。例如，外部场景的出现会影响观众对故事中人物的理解，而内部场景的设计有助于强化人物的造型特征。场景的结构和造型也影响商业短片广告中的空间特征。影片中外部和内部场景的数量和出现时间的长短也会影响观众的时空感受。场景设计有时会直接影响讲故事的方式，场景空间中的光线效果和道具也对故事发展产生直接影响。将角色组织在特定的空间中，不仅可以促进角色的信息传达，还可以辅助角色进行表演，提高故事的可信度。

图 5-1　商业短片广告《郑棒棒的故事》

例如支付宝商业短片广告《郑棒棒的故事》（图5-1），该片讲述了重庆的一个“棒棒”，与顾客走散了，却坚守着货物，在个人生活的困境中依然坚守承诺，寻找、等待并最终与货主相遇的故事。从故事情节设计来看，其内容设计极其简单，故事只是简单的平铺直叙、并没有什么引人入胜的悬念或是惊心动魄的转折。然而，这样一个简单的故事，却依靠影片特点鲜明的场景设计极大提升了其在影片中的表现效果：时代感突出的街道、充满重庆特点的上上下下的台阶，将观众一下子带入到那个手机、摄像头尚未普及，人与人之间口头交流即为承诺的年代；各色人流纷扰、贫困与繁华交织的商业区，棒棒们七嘴八舌出主意的聚集地，主人公自己简陋的居所，妻子生病所住的医院，则无一不在向观众昭示着主人公所面临的外界诱惑与内心困境，强调着其选择坚守承诺的可贵。正是依托这样的场景设计，才让一个简单的故事呈现出了强大的戏剧张力，充分吸引了观众、传达了品牌关于信任与承诺的价值观。

## 二、符合商业短片广告剧作的场景风格类型

商业短片广告因其商业元素的展现需求，除了叙事性现实题材，还常见非写实的风格类型，比如科幻、魔幻、想象、幻想类型的场景，甚至出现装饰感极强的场景环境，这种造型元素突出的场景风格可以很迅速地吸引观众注意力。所以当分析商业短片广告的场景风格类型时，我们可以简单地将商业短片广告场景分为写实风格和非写实风格。

在商业短片广告中，生活叙事型的故事，一般都会尽可能还原现实生活中的空间。因此在创作商业短片广告之前，我们应该通过剧作给定的背景元素，确定故事发生的社会空间。这也是指在特定情境下，关于角色的生活环境。写实的场景风格展示了既定时代的环境空间和日常生活气氛的完整形式。所以应在场景中展现现实的社会空间，利用道具的显著的生活特征以及对人物的服化进行典型艺术处理，再运用镜头语言展现更为详细的时代背景和社会环境等各个方面。根据以上描述，我们能够明确，在进行写实场景的设计时，我们应该努力给角色和角色之间恰当的空间关系与叙事联系。利用场景的空间形态帮助建立角色的社会、阶级、职业属性，以及为角色或角色群体之间所产生的戏剧冲突提供支点，从而形成空间的具象化表达，这是商业短片广告写实风格场景的一个重要特点。

例如2018年苹果推出的商业短片广告《三分钟》，是典型的写实类场景影片。本片围绕着春运时期的火车站场景，讲述了一对母子之间只有列车靠站三分钟的匆匆相

见时光。延伸的铁道、行驶的绿皮车、站满归家人群的站台，一系列场景元素的设计，无一不与观众心中的春运记忆相契合，让这短短三分钟的温情故事更为真实而温暖。一列火车、一座小站、一群期待归乡的人，剧中选取的场景都非常具有代表性，把年代感、时代背景、社会状况展现出来，把特定的时代记忆同生活气息结合起来，将观众带入情境之中，推动属于这三分钟的独特剧情。

图 5-2　商业短片广告《三分钟》

前文提到的非写实场景，多为非现实存在的场景，设计重点在于虚构化。其设计难点是：非写实类场景怎样表现人物的内心活动。所谓“心理”指的是角色吸收外部信息的过程，也就是我们所说的感觉和情绪。在商业短片广告中，非写实的空间造型，通过有效的虚拟现实的设计，可以帮助有关角色完成内部心理活动的戏剧性表达。如（图5-3）这支由宝马汽车公司出品的纯电动i4汽车商业短片广告。影片整体使用多条不同场景不同色调的平行蒙太奇线索进行表达，其中就运用了很多极具写意的镜头语言与画面内容，将产品的独特使用感受与一种意境和气质以非写实的方式表现出来，使受众可以更加感同身受，这支影片中对于场景的超现实创作手法也为整体影片的艺术气质抬高了一个台阶。非写实场景一般以剧作为蓝本，“天马行空”创作不同的造型设计风格，以角色为基础在特定情境下形成不同风格的类型化设计，将人物内在心理活动外化，能够呈现出独特的形式以反映角色的内在情感，更吸引观众的视觉感官。此类场景能够更为戏剧化的表现故事，也是非写实场景在商业短片广告中使用得颇为广泛的原因。

图 5-3 商业短片广告《BMW THE i4》

## 三、场景是故事发生发展的空间载体

场景是为了推进情节发展而存在的特定空间，属于画面中基本的造型元素。这种空间融合了色彩、灯光效果、视听等其他元素，不仅仅是角色行动的故事背景、场景环境，并且在发展情节和塑造人物方面也起到了多方面作用。所以，我们可以将场景视为事件开始和展开的独特空间载体。

如前所述，场景必须先着眼于商业短片广告的故事情节，从故事情节中确定场景所处的时间及年代、地域、文化背景、人物形象，这些都会影响场景的整体概念。分析时间和地理环境对人物形象的影响，故事发生的年代或年份也决定了场景的时间设定。因为这将极大地影响到在商业短片广告中应该出现在场景中的道具和服装的类型。故事发生的地点或地域对场景的设置也有很大的影响，故事里体现的地理位置，无论是在农村或城市地区，均会以某些特定元素为特征决定场景的氛围感。比如有一支很有影响力的商业短片广告《我是孟买》，观众已经可以通过场景中人物周围嘈杂的街道、脏乱的立交桥下、远处的寺庙等看到这部影片发生在印度。这帮助观众建立了对这个国家现状的认知，当然也反过来影响了人物的服装造型。

商业短片广告要基于故事本身进行场景设计，同时也塑造角色，推动剧情的发展。因此场景设计的准则就是人物角色所在的场景要符合其所处时代、地域的生存、生活的特征，要能够表达人物的行为动机，以及人物的个性气质。并结合所要拍摄的商业短片广告的叙事风格，设计符合角色表演和镜头语言的场景。作为叙事发展和人物关系的承载，场景展现出了整个商业短片广告的基调和情节走向。场景并不是孤立的，可以由一个整体空间或较小的连续空间形成。无论是人为空间，还是自然的原始场景，其独有的气质风格和特殊的气氛调性构成了不断演变的造型语言，传达着复杂的情绪内涵，可以给观众带来不同的观影感受。

图 5-4　2013 级影视广告导演本科毕业生刘芳育导演的毕业作品《铁血猎人啤酒 · 西部牛仔篇》

如上面这支商业短片广告，这是由北京电影学院2013级影视广告导演本科毕业生刘芳育导演的毕业作品《铁血猎人啤酒·西部牛仔篇》。正如片名所写，这是一个发生在荒凉西部的牛仔题材的商业短片广告，在我们创作类似这样的比较脱离现实生活的故事内容时，摆在所有创作者和广告主面前，最迫切直观的问题便是如何可以让观众最快、最高效的代入进影片的叙事环境。较短时长的商业短片广告不能像电影一样慢慢铺垫，而是需要想尽一切办法使观众们在影片一开始就能进入故事。而观众在观看时无法通过片名等外部因素来进入故事，这就对影片的内部因素提出了较高要求。而内部因素中最有效的便是场景，故事是时空的艺术，而场景作为故事发展的空间载体是最有利、最有效地将受众代入进故事的途径。就像这支影片中，开场镜头便给了一个酒馆的外部全景：戈壁、牛仔、酒馆，这些所构成的场景一下子就让观众了解这是一个发生在荒凉戈壁小酒馆的西部牛仔故事，引发观者兴趣的同时也推进了故事的发展进程。在后续发展中对酒馆内部环境的展示也一步步使观众对影片的信念感增强，只有观众沉浸在这个故事环境中，导演所想表达的内容与商业信息才有可能更好的传递给每一位受众。

## 四、场景结构设计影响导演主要表现手段——场面调度

“场面调度”（Mise-en-scène）原本是戏剧艺术中，一个用来表示“摆在适当的位置”或“放在场景中”的法语词。场面调度是商业短片广告最复杂的组成部分之一，包括镜头构图本身、景别、摄影机的移动、人物、灯光、布景设计和视觉环境，甚至还有声音，所以场面调度可以定义为空间的组合。剪辑是关于时间的组合，而画面的帧数和镜头拍摄的内容又是有限的，所以镜头表现的是关于特定空间区域中发生的故事。因此场面调度的空间可以是独特的，封闭在屏幕的框架中，也可以是开放的，提供场景外更大空间的假设。

在商业短片广告中，为角色提供表演空间是场景设计的重要作用之一。一个设计精妙的场面调度，不仅可以刻画客观世界的外在形态，更可以契合人物内心的思想情感。人物的情绪自然可以带动人物的动作和镜头的移动。场面调度是种独特的语言，它可以通过艺术技巧传达导演对创作的思想内核、情节安排、角色特点、风格和氛围的理解。场面调度是导演的创作手法，它利用镜头中物体空间位置的变化，生动地表现人物之间的关系、个性特征和活动，并与镜头的调度相结合，让视觉本质具有更强的艺术魅力。

在具体工作时，场景可以重新架构组合，而非还原真实生活空间的构造，以符合实际创作的内容，满足拍摄的需要。甚至不同地方的真实场景可以与美术置景连接起来使用，或者用不同的方法、手段重新建构起一套完整的拍摄场景。场景的设计和场面调度息息相关。拍摄前，一个成熟的导演应与美术部门、摄影部门、灯光部门详细讨论、规划场面调度方案，有机地把场景设计与场面调度结合起来。这样当现场发生紧急情况时，也能随机应变，明确自己所需要的效果。

商业短片广告中富有变化的场景结构可以为拍摄提供更多角度、更为复杂的调度，从而为观众带来更丰富新奇的视听感受。场景结构主要分为单一场景空间和多场景空间。合理组合运用两种场景空间，使商业短片广告的画面构成层次分明，呈现出更加紧凑的观感。

图 5-5　2018 级影视广告导演专业本科生黎潼导演的商业短片广告作业《冲走一切》

影片场面调度对场景的空间利用是可以对故事情节的发展起着帮助推动和气氛烘托作用的，拿上面这支商业短片广告《冲走一切》举例，这是一支由北京电影学院2018级影视广告导演专业本科生黎潼在校期间的作业练习，影片围绕男主女主在一个主场景（二人家中）和两个空间（卫生间与客厅）中的争吵、回忆、感动、和好所开展，在进程中导演通过场面调度与两个空间分隔完成了时空跨越，这也是场景中的空间结构对影片叙事结构起到协助作用的具体表现，而空间结构也客观影响着导演对于场面调度具体节奏的把控。而在协助时空切换时，除了空间上场景本身从客厅区域到厨房区域的物理变化，导演还运用了场景内部诸多因素的变化来帮助观众接受所传递的时空变换。男主在回忆与女主的甜蜜过往时，导演使用浪漫的音乐、戏剧化的灯光、不同的人物造型等这些场景内部因素在完成剧作任务的同时，表现出一种强烈的独特美感，场景的节奏变换也与演员的表演配合，使男女主的复杂的心理与情绪得到更好的表达。

## 五、场景是对人物塑造的语言形态

场景创造了商业短片广告的基调、氛围，最重要的是，场景围绕故事中的角色构建了世界，让观众在有限的时间里认可了场景的真实感。我们对生活中熟悉的区域习以为常，关于场景的画面了然于胸，包括场景中的细节，以及场景中的问题。当一个事件发生在陌生场景中时，我们可以通过自己的生活经验“思考”事件的发展，间接判断场景是否合理。由此可见，场景设计影响着人物形象的表现和塑造：它可以将人物的内心世界与外表联系起来，表现出角色潜在的内部情感，为后续行为奠定基础。

商业短片广告中，受篇幅影响，人物的设置必须准确、立体，必须通过场景设计帮助人物的“形象”呈现出来，让观众能够感知。人物有三个维度，第一是人物的背景，包括家庭背景、民族等；第二是人物的造型，即人物的身体构成或观众所感知到的；第三是演员本体，即角色的真实自我或人格。各种不同的情感需求都可以通过相应的场景来表达，如场景可以是深色破败的、零星残缺的家具，以呈现寒冷的孤独、沮丧、焦虑等情绪。场景的设计与故事的情境和人物的情绪密切相关，场景是角色的背景和舞台，使角色呈现更真实和立体。在设计场景时，我们应该充分考虑舞台上的角色，他的年龄、从事职业、特殊爱好、成长环境、有什么样的情感关系以及他是否有表演的动机。当我们尽可能准确地考虑角色的特征时，便可以确定场景的空间特征。借由合理的想象和推断，真正进入角色内心，了解和认识角色情感，创造最适合的生活环境，让观众也能感受到完整角色。

场景设计还要照顾演员的表演，不仅是展示故事的画布，也要成为连接人物和动作的纽带。人物的喜怒哀乐都是在场景创造的“世界”中上演的，所以我们可以用场景的独特语言更好地呈现作品。

贾樟柯导演的快手商业短片广告《有家小店叫童年》，围绕着小城里一家小店，展开了一个一家人关于离开与留下的故事。小店里结合了经营与生活的空间设计与所销售的商品布置，给这个围绕场景展开的故事增添了一份沉甸甸的承载感，也让其与主人公家庭之间的关系、与周边邻里和孩子们的关系表现得更加真实而有分量。这些场景设计成功帮助主人公塑造了坚实的充满生活质感的人物形象，使主人公在面对小店是否继续经营、父母是否外出打工的矛盾冲突时的情感困境更加具有张力，也让这支商业短片广告的故事设定与品牌所想要传达的温情元素更加丰满且富有层次。

图 5-6　商业短片广告《有家小店叫童年》

## 六、场景的色彩叙事

色彩在我们的生活中非常重要，色彩可以表达我们的感受，影响我们的心情。犹如我们习惯根据自己的心情穿着喜欢的颜色。有时也选择某些颜色来改善特定的感觉或情绪。而在商业领域，色彩是品牌和标志的定义。所以这也决定了商业短片广告这一商业与影视的结合体，和色彩与生俱来的依存关系。就像我们的日常生活一样，色彩在影视制作中本就有着很大的影响和作用。在场景、镜头中，导演和摄影指导以及美术设计师必须全面考虑色彩，场景则作为色彩的第一载体直接对影片的视觉风格产生影响。

当导演研读剧本时，情节与对话是故事的核心，但场景的色彩叙事也是不可或缺的手段。美术师与导演共同研讨，为场景规划最佳的色彩组合，并将场景色彩设计可视化。这就不得不谈到关于在影视制作中使用色彩心理学的问题。影片的类型和色彩的运用互为支撑，某些情况下剧作所给定的特定情境预定义了颜色。在爱、激情、暴力、愤怒和危险作为影片主题时，我们可以使用红色作为场景的主基调。如果是恐怖片，那么在场景配色中就会出现黑色和绿色这样的深色，这种色彩组合会不自觉地使观众感受到恐怖。同样，色彩心理学也告诉我们粉色不会与危险、恐怖或暴力联系起来。

色彩在影视制作中的使用分两个阶段，首先是用于场景设置、灯光设计，其次是用于调色。这两种用途在前期筹备阶段中已经确定，但第一种实现是在生产中，第二种则是在后期制作中实现的。关于光线的色彩造型我们将会在商业短片广告的视觉呈现一章中展开讨论，而调色阶段的色彩设置我们会在商业短片广告的数字化制作那章详细阐释，故在此不过多占用篇幅。在设计商业短片广告场景时，美术师一般都会用适当的颜色来增强场景的造型叙事感。比如化妆品类商业短片广告，一般会选用浪漫的色调，无论是在室内还是室外，运用白色、明亮的颜色来表达化妆品对时尚生活的影响，这都会营造一种浪漫的叙事感觉。而对于动作类型片，场景一般会选用棕色或灰色，泥土或灰尘是动作片的标志，易促进场景氛围感，强化商业短片广告的动作类型化叙事主题。

场景中色彩的使用不仅可以辅佐导演更加全面强烈的表达创意，有时色彩甚至在创意构架中承担着不可或缺的身份。例如这支日本三得利品牌旗下低度酒精饮料产品 HOROYOI（和乐怡）拍摄的商业短片广告《与HOROYOI一起度过时光的乐趣》，这也是HOROYOI这季的新主题。影片采用了实拍和漫画风的形式，将场景单一的设置在一间小屋，女孩悠闲地享受着独处时光，在美好的春天寻找放松的自己，体会三得利带来的微醺感受。服装、道具、场景气氛都因三得利酒的各种口味而相应变化，时而热情似火，时而宁静安逸，时而浪漫温馨，时而赛博朋克，时而春意盎然，时而烟花烂漫。六种不同色彩风格的场景方案，准确地表现了因为六种三得利酒的口味所产生的剧情变化——女孩独处时的随心所欲，因为三得利酒帮助自己感受了愉悦的自我，打开了享受酒精的新方式。由此可见，在商业短片广告中场景色彩可以对叙事起到强烈的协助推动作用。

图 5-7　商业短片广告《与 HOROYOI 一起度过时光的乐趣》

充分利用色彩心理学有助于确保场景和镜头更有意义，并使用明确的色彩规划让观众的潜意识为预期的剧情做好准备。色彩是影响观众并将其与场景联系起来的最佳工具。色彩可以更好地吸引观众的注意力，并专注于正在发展的剧情。通过使用不同的颜色匹配，商业短片广告能够创建独特的影像风格，有助于导演增强叙事效果。

图 5-8　商业短片广告《与 HOROYOI 一起度过时光的乐趣》配色方案

# 第二节 人物造型设计帮助人物形象确立

商业短片广告中无论是内容本身还是镜头运用，如若都围绕人物进行，那么人物能否“立得住”并且“站得稳”则需要多方因素共同努力。而首先要做到的是确立人物定位使人物在故事情境中“立得住”。只有人物可以“立得住”，我们才能通过人物有效的建立情感上的联系与沟通。所以人物造型设计以人物为本，随身道具、服装、服饰、妆容的精准度则最直接最基础地对人物确立起着关键作用。人物造型设计会围绕着人物的一系列信息进行塑造：社会背景、职业特点、性格特征、年龄状态构成等，故而最终呈现的人物状态会极具说服力地展现出一个富有生活质感的角色形象。

在观者的角度来讲，准确的人物造型设计可以更好地帮助受众进入影片情境，感受商业短片广告所传递的主题与信息。而对创作者而言，准确的人物造型设计关联着多方工作任务的存在，不仅可以帮助演员加强对于角色的信念感，使表演情绪与状态更加投入与自然；还可以帮助美术师根据人物造型设计的效果图对整体的美术设计进行迭代调整，使整部影片最终呈现的画面效果相互协调。而这项工作往往在创作前期进行，由人物造型设计师以效果图的形式呈现给对应的美术部门。

“画型容易，画骨难”。引用这句俗语来描述人物造型设计的工作重点最为恰当。在商业短片广告创作中，有一些创作者一味地、毫无目的地追求在人物造型上用奇装异服来博人眼球，这是要绝对杜绝的。人物造型设计首先要符合创意剧本的描述与导演构思的要求，而更重要的则是在外化造型准确的基础上，高效地将人物角色的内在性格、气质、思想、情感甚至习惯与爱好等潜在信息传递出来，才是有效的、有意义的人物造型设计，这也要求人物造型师要对创意剧本与导演构思深度解读，精准把握有关人物的内外一切特征，并消化理解再进行设计与创作。

## 一、人物化妆帮助人物形象的塑造

化妆也是造型语言的一种，人物化妆也是商业短片广告影像构成的一部分。在研读商业短片广告分镜头剧本后，以影片的整体构思为前提，造型师应该有针对性的根据人物的职业、家庭背景、年龄、性别、性格、地域等因素为不同的人物设计不同的妆容，让人物的形象更加贴近角色定位。这个阶段可能还停留在设计图阶段，但当选角完成，人物角色与演员完全对位，进入试妆环节，化妆师将设想付诸演员的妆容打造，可以很明显地看到其设计的妆容是否能帮助演员贴近角色，是否准确到位的为演员塑造角色提供了表演支点。

一支商业短片广告想要成功的达到传递商业信息的目的，往往需要将主题、品牌理念以及产品内涵包含在影片中通过演员作为呈现方进行信息传递，而传递的准确度与表现度不仅需要演员精湛的演技，更需要服装、化妆、道具这些人物造型因素帮助观众完成认知。从下面这支例片《继荣的新年》中就可以非常典型的看到人物造型设计对于影片的重要作用，这是一支百事可乐推出的“把乐带回家”系列新年短片之一，故事围绕着一名希望小学的女校长展开，讲述了女校长继荣克服困阻舍身办学的感人故事。影片一开始，在没有其他信息的交代下，我们便可以从这位女校长的妆容、穿着，以及道具使用上看出这位女校长身处艰苦环境，却没有被各方阻力打倒，毅然决然坚持办学的淳朴与坚韧。人物化妆帮助演员塑造不同的人物时，也采用不同的妆容，以更好地塑造人物的形象。这支广告中，女校长出现在蒙古包前开阔的市集时，观众已经因为典型场景对人物有了一定的定位，而造型师为演员的妆容也打造了符合内蒙古地域的“长期被风沙侵蚀”的脸妆，将一位有“故事”的校长形象确立于屏幕之上。人物服装、化妆也是商业短片广告影像构成的一部分，服装、化妆作为造型语言的一种可以直接改变一个人物的角色状态与性格，衣物妆容在演员的身上可以替演员完成“讲故事”作用。故而在设计人物造型时要时刻秉持着帮助人物确立形象的目的，以创意剧本中的人物描写为基础，以导演的整体构思为核心，并在此之上经过造型师的自我理解，进一步完善以呈现出最符合剧情需要的角色造型形象。在这支影片中还可以看出，人物化妆不仅要将人物的外貌特征表现出来，还要通过该种造型对人物的年龄状态、职业特性、身份特征等有一定程度的体现，以此符合商业短片广告的整体形象。

图 5-9　百事可乐商业短片广告《继荣的新年》

在进行人物化妆造型设计时，依据商业短片广告时空的多维度变化原则，我们需要随着剧情的发展与短片的内部时间变化不断对人物角色的妆面进行调整，从人物造型方面展现情节走向。人物的化妆造型大致分为如下几种：表现角色年龄变化的年龄造型；展现角色内心心境与情绪变化的性格造型；配合故事发生的烧伤、残疾等效果的特效妆；神怪题材或科幻动作类型的拟人造型；彩绘造型；特技塑形造型；综合造型等。这要求我们时刻结合人物角色所在的不同时刻、不同情景与彼时彼刻角色的内部心境、性格，进而设计出符合人物角色与影片时空相容性较高的外部人物化妆造型。

## 二、设计人物随身道具帮助演员完成表演

道具在影片中是深化角色、表达剧情、传递信息的不可忽视的重要元素，为了使商业短片广告更具表现力，在设计角色人物造型时也应该将人物的随身道具设计进去。

人物随身道具没有固定的规律与标准，唯一准则是能否精准展现人物设定，是否可以帮助演员更好地完成表演从而展现人物角色特征。恰当灵活的使用人物随身道具不仅利于演员的表演和角色的艺术感染力，甚至可以参与叙事完成剧作任务的同时升华商业短片广告的主题。所以在设置人物随身道具时就要更加仔细充分地考虑到有关人物和剧情走向的方方面面，要遵循影片整体的叙事逻辑与美学风格。

在筹备商业短片广告时，我们应该先对相应人物角色以及该人物角色所在的环境、时代、情形进行全方位的了解，并在考虑所要表达的商业信息后再选择合适的随身道具，以在符合创意剧本要求的前提下，体现出人物角色内在和外在特征的同时，全方位地反映出产品特点的目的，使受众全方位的吸收商业短片广告传递的商业信息。道具服务于人物角色，而人物角色又服务于创意剧本，所以随身道具一定要协调人物角色的人物造型视觉风格，更要把创意剧本中对人物角色设定的气质、个性、情节暗示等要素体现出来。当所设置的道具高度贴合我们的剧本创意与导演构思时，我们会发现我们可以利用道具来为产品创意点表达增姿添彩，将产品诉求信息更快、更直接、更深刻地传达给消费者，从而达到整个创意信息的统一性。

例如哔哩哔哩的商业短片广告《喜相逢》，讲的是一位当代的老人通过哔哩哔哩视频网站接触学习各种技能知识的“热血旅程”。短片开篇以略带诙谐幽默的夕阳红相亲切入，在面对相亲对象时，老人的紧张与紧跟时代的感觉自然流露，让观众迅速代入这个有趣的故事。后半程以老人的角度展开叙述老人是如何紧跟时代脚步通过“B站”接触学习不同技能知识的，老人手持移动摄影设备穿梭于不同技能知识的所属场景，借助手中这件傍身道具不断地将一个个毫无关联的场景串联起来，突出表现了哔哩哔哩视频网站的强大包容性。而关键道具的出现时机也尤为重要，需要依据创意剧本的具体要求来确定关键道具的具体登场时刻。比如在这支影片中，为了构建男主身份转变与身份转变带来的气质、状态、情绪等一系列转变，导演并没有选择将关键道具“手持拍摄器”在影片一开场就出现。为了创造反差，突出反转

的张力与表现力，老人在影片开篇以木讷的形象出现，而在后面当老人开始拿起手中的拍摄器时，开篇的木讷呆板全然不见了，这个关键的随身道具的到来使老人的主题身份“up主”随之迅速确立。短片以行云流水的镜头组接与对比的表现手法将主人公身份不断深化，此身份将哔哩哔哩视频网站的一系列商业信息主观表达，更具说服力也拥有更强的代入能力，升华品牌理念的同时也体现出哔哩哔哩用户的积极向上的生活态度。

图 5-10　哔哩哔哩视频网站商业短片广告《喜相逢》

另外，基于商业短片广告性质的特殊性，我们在保证影片完整度的同时，还需要将所传递的商业信息融入影片之中，而对于道具的设置方面来说，有时我们也会将产品或者与商业信息相符的道具置于人物的随身道具之内，使得其帮助商业信息更有效的传递。在设置随身道具时要注意道具本身的实用度与对诉求诠释的帮助度，并且一定要基于创意剧本对人物的定位，还要兼顾避免植入痕迹过重破坏影片整体叙事等问题。随身道具一定要在合适的情境、合适的时间节点出现在合适的人身上起到合适的作用，这一点值得重视。

## 三、服装设计塑造人物个性

人物的外在造型可以在人物发生动作与对话之前使观众对于人物设定有一个初步的认识，这可以使观众更快更有效地进入故事。而人物服装作为人物造型的基础对人物造型设计的完整性起着至关重要的作用，人物服装不仅可以表现出人物的内在性格、人物所处的境遇、环境对人物产生的影响，更是可以将我们影片的商业信息引出，体现出影片审美风格的同时带出品牌的定位方向与审美倾向。

观众通常会在观看商业短片广告时，通过人物的造型分析确定人物的定位，对该人物角色有一个较为主观感性的情感认知。这也就严格要求人物造型设计师在创作之前先要根据创意剧本与导演构思全方位的分析人物，并以此客观因素作为条件来进行分析与思考，之后才可以给人物慎重的选择服装、配饰、妆容等。当然在此过程中也要注意协调统一影片的整体色调与环境需要，才可以推进故事发展的同时，保证艺术审美的高质量。

图 5-11　纪念改革开放四十周年系列献礼微电影《最高点的合影》

纪念改革开放四十周年系列献礼微电影《最高点的合影》，讲述一个建筑工程设计师家庭中围绕父子关系的内在变化与国家发展的外部变化产生的矛盾联系和深深的情感纠葛。片中的父亲，一位对工作高度认真尽责的国企建筑师，不善言辞的他因为工作疏于对妻儿的照顾，导致本就是严父形象的他和自己的儿子累积了深深的矛盾。影片中的父亲角色有年代跨度、有职业定位、有情感变化，造型师使用干净、简洁、质朴的服装搭配烘托主人公的情感，让人物更加饱满。虽然影片伴随着时间推移、时代发展与儿子的成长横跨了三个时空阶段，但服装风格上的统一使人物个性的塑造更具有说服力与表现力，符合剧本设定的服装与配饰的加持，不断暗示了这位背负着时代使命的严父对于下一代的传承教育，使得人物的服装造型有了更多的叙事外延。

# 第三节 道具对商业短片广告创意的表达

道具是场景设计的一部分，承担着表现叙事细节的功用，虽然微小但却具有大能量。在场景中不可移动的部分以及除了人物之外的陈设都属于道具，道具的时代感、质地、款式、色彩等都使得场景具有更多的叙事内涵，让场景更丰富而有层次。所以设计道具时，需要充分了解场景所表现的故事的背景，包括气氛、颜色、功能等。以使得道具与场景能一起推动故事的发展。

道具设计肩负着体现商业短片广告叙事真实感的重任。一个与人们生活经验相符的道具能够吸引观众，能够引起观众的情感共鸣。所以道具可以准确表达导演意愿是道具设计追求的目标。

受商业短片广告时长的约束，当道具肩负推动剧情重任时，就要细致规划道具的出场时间和契机。因为此时道具不再仅仅是个物件、陈设，而是与角色发生叙事联系的重要元素，起着传递叙事信息的作用。首先，道具的设计应以剧作给定的场景设定为前提，而后以美术部门设计制作的场景为最终参考，进行严谨而细致的制作、选择和陈设。其次，必须明白，道具是商业短片广告中信息元素传递的载体，甚至可能左右观众对产品的认知。某些道具的设计可以围绕产品有效率地与角色建立联系，成为戏剧推动力，所以切不可低估道具在商业短片广告中的作用。

## 一、商业短片广告叙事和道具

道具的设计应该以叙事为本，展现叙事中角色的阅历，让观众从这些道具所蕴含的意象中可以直接解读人物的前史。在商业短片广告中可以让道具的文化和功用价值附加在角色对产品的解读上，让观众能够迅速地产生联想与记忆。道具也可以是明确的视觉符号，可以帮助塑造人物形象，也可以促进情节发展。

充分利用视听语言，可以强化道具的关键信息。所以在商业短片广告中，在符合商业短片广告的主题和气氛的前提下，对道具的质地、色彩、尺寸以及表意功能有更高的要求，以使场景气氛、信息传达和故事塑造更加真实。道具师可以从道具的外部特征等方面总结规律，例如颜色、大小、质地，这不仅要以时代的属性为基础，还要兼顾道具的叙事功能，并且为商业短片广告在拍摄时准确还原剧作的真实感，最终实现导演的创作意图。

例如苹果公司拍摄的这支颇具温情的商业短片广告《女儿》，在剧中演员周迅饰演一位性格倔强、坚韧、善良的独立母亲形象。她在片中因母亲的不解而发生的矛盾冲突，也因带着女儿开出租而让乘客另眼相待。可爱天真的女儿成为她前进的动力和唯一的依靠，最终她与女儿和母亲在雨夜的黄色出租车中重逢，三代人千万种的爱汇聚在小小的出租车中，这份爱融化了一切隔阂，小小的出租车中装着满满的温暖。

图 5-12　苹果商业短片广告《女儿》

在该片进程中有一个横贯影片的道具不难引起观众的注意，那便是小女孩手中常握的宛如宝贝的万花筒。正如女孩妈妈对女孩说的“在万花筒中你可以看到你想看的一切”，这是妈妈为女孩创造的世界，在这个世界里乏味的现实中的一切都变得生动有趣，就像是周迅饰演的妈妈在努力为女儿做的一切一样，她是女儿的保护伞，女儿便是妈妈心中无形的“万花筒”中的世界。万花筒、黄色出租车一大一小两个道具作为影片中承载叙事的重要的道具，它们不仅帮助影片增加了丰富趣味，更是升华了影片的主题，也将影片中富含的感情力量最大化，在丰富视听可能的同时，使短片本身的剧作主题更加饱满且具有意义。

## 二、“小”道具的“大”作为

“小”的字意是指物体形态的尺寸较小，和“大”对立。道具在商业短片广告的制作链条中相较来说也是小元素。但“小”道具的概念并不是字面上的“小”，而是美术师、道具师精心安排、设计的精髓所在，是美术造型的重要元素，是不可或缺的细节。由于商业短片广告的本身特性，道具的选用非常严格。道具可以承载信息传递的功能，也可以影响受众对产品的认知。道具可以发挥其多功能的作用，小到能帮助角色提高表现力，大到决定整个作品的戏剧推动力。

### 1. 道具推动情节发展

与语言一样，叙事的本质是表达。商业短片广告要传递的价值观更多由叙事主题来体现。每一部作品都是出于具体的商业目的和诉求而创作的。商业短片广告叙事是人们直接参与的活动。作为叙事的组成部分，作品中出现的“小”道具，映射着人物的特征，往往作为关键线索贯穿作品，有时会影响主要人物的发展，以改变情节的展开。由于一些关键道具，商业短片广告的情节和氛围也更具戏剧性。

例如这支呼吁杜绝酒后驾驶的公益广告《杜绝酒驾》，讲述了因为一男子喝了酒后拿起车钥匙酒后驾驶，从而钥匙上所牵引的麻绳带动警铃响起、车祸发生、法官裁决、男子入狱、两个家庭顷刻崩溃、孩子忧愁哭泣等一系列连锁反应接连呈现出来。在这个规定情境下利用特定道具与特定情节发生的串联与推动，完成了这个完整的创意故事。作为剧中的核心线索与核心道具——麻绳，它的存在间接地展示和串联了片中所有的人物、情境、客观条件，如果没有这一核心道具，故事将不再成立，创意也失去灵魂。这是一支典型的由道具推动故事发展的商业短片广告，道具的感受性以及客观性是实现剧作创意点的基础，也正是这样才使该片深刻、精彩，引人思考。

图 5-13　公益短片广告《杜绝酒驾》

2. 道具对场景的叙述具有表意功能

道具的表意是指通过色彩、构图、视听设计、道具布置、光线处理等手段，将道具赋予内涵及寓意。道具的表意作用可以强化角色塑造和表现主题的意味。商业短片广告需要创作者在较短的篇幅内讲述故事、传递商品信息。因此，在铺陈故事时就可以直接使用有表意功能的道具，并关注道具与人物、画面与信息之间的互文关系，强化道具的表意作用。

例如由北京电影学院电影美术设计专业研究生付丹枫创作的毕业作业短片《红楼》，是一部在中国传统美学元素中提炼并结合当代美学风格展现的极具实验性的数字短片，灵活运用了现代科技手段和美学思维，并适当地将传统中国建筑场景的庄重严肃进行弱化，以新颖的视听技术和强烈的色彩风格传达出一种新的美学意境。这种意境中不仅包含着来自中国传统的东方美学气质，而且在看似未变的传统建筑结构、传统中式家具中传递出完全不同的崭新的视觉感受。整部短片中对大量中国古典美学风格的道具进行提炼化设计，使它们与主角产生了一场关于中西方意境理解的讨论。

全片每一件道具都散发着强烈的表意功能，让观者不由自主地沉浸于导演构造的独特中式美学意境之中。

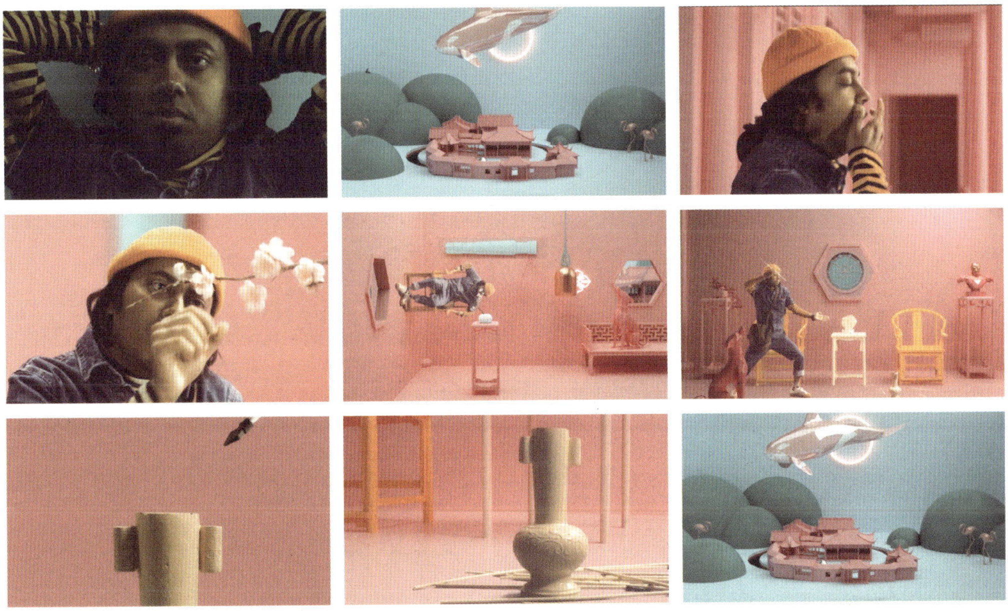

图 5-14 北京电影学院电影美术设计专业研究生付丹枫的毕业作业数字实验短片《红楼》

## 三、道具与文化感的烘托

社会学家将文化的非物质方面定义为群体共有的价值观、信仰、语言、交流和实践。文化由我们的知识、常识和期望组成。文化是充满活力的社会命脉，体现在我们讲述故事、回溯历史、娱乐自己和想象未来的多种方式中，并帮助我们用更加睿智的眼光看待世界。所以关注商业短片广告中的文化表现，更准确地选择道具，使道具呈现出不同的文化特征，不仅可以令作品更具魅力，还可以用更独特的形式表达创意，使创意具有更显著的文化属性，更易被受众接受、认知，从而达到目的。

由北京电影学院2016级影视广告导演本科毕业生林宇昂在校期间导演的作品杜蕾斯的创意广告，从短片中可以很明显地看出这是一支以日本武士为主题元素的商业短片广告，画面精致且风格强烈突出。广告描述了一位杀手女武士和她的目标人物之间发生的故事，创意剧本所塑造的男女主的角色身份首先要求场景要符合剧本情境，类似日本道馆的场景和暖色的灯光设置，以及场景中灯笼、墙上的日文书法、演员的配刀等这些道具陈设都极有力且高效的将日本文化气息烘托得十分突出。在这种文化烘托之下，观众不仅可以更快地代入剧情故事之中，也可以更好地帮助演员在表演过程中加强内在的角色信念感。在这种高度贴合主题的场景、道具、灯光以及演员表演塑造的略带暧昧的影片内部情境下，杜蕾斯这个品牌略带特殊的品牌气质也被彰显出来。

图 5-15　2016 级影视广告导演本科毕业生林宇昂的商业短片广告作业《杜蕾斯 · 武士篇》

判断一部商业短片广告成功与否，要看观众是否对其核心表达产生瞬间印象。表演细节、视听和艺术造型是创作的主要内容。为了展现更充分的细节，导演要使用一切可利用的造型手段，如场景、人物造型和道具等。而这一切手段都是为了制造细节，内容和主题的成功表达也主要取决于细节，这可以推动情节，使整个商业短片广告更加具有吸引力。

商业短片广告的叙事因为有了场景、人物造型和道具从而显得更为丰富而有层次。场景会呈现故事发展的情境。道具的重要作用在于帮助叙事、辅助角色表演、让场景感觉更真实，而不仅仅是一个物件。人物造型则应符合情节的需要，帮助角色塑造一个立体真实的人物形象。因此，上述三种造型形式带来了叙事和表意的各种可能性，有助于叙事结构的完整、情感的渲染，并且也促进故事的发展，是商业短片广告叙事中不可替代的重要元素。

### 思考题

场景、人物造型、道具对商业短片叙事起到什么重要作用?

### 推荐书目

周登富.电影美术：总体造型设计[M]. 成都：四川美术出版社，2020.

# 第六章

# 商业短片广告的视觉表达

- 画面在商业短片广告中是一项最为基本的组成单位。摄影师应在把握创意的基础上，充分调动自己造型的表现手段，从而在一定程度上通过视觉形象的塑造促使消费者产生购买欲望。

- 商业短片广告要在短时间内传递产品信息的时限性需要拍摄人员充分了解所要拍摄对象的特点，从而选择不同的构图方案，保证可以在有限的镜头时间内来让受众了解相关的产品信息。由于观众观看广告的次数有限，所以要在有限的镜头时间内，提高表达的精炼性和目标性。因此在进行商业短片广告构图时，应该充分考虑到这些因素，保证商业短片广告的简洁性。既要使得影片内容明确而丰富，又要保证宣传目的。而在构图的同时还需要考虑光与色彩对整体气氛场景的塑造，综合运用多种手段呈现视觉表达。

- 人们常说：“视听艺术就是光影艺术”。这种说法虽说并不全面，但也较为准确。其实不止视听作品,光与影对于艺术创作的影响涵盖在任何一种视觉艺术形式之中，这是源于光与影二者本身具有塑造性和意境性，这种“看得见，摸不着”的状态，往往会使我们所描绘的事物增添一份感性色彩。在传统艺术领域中，光常常被用作描绘事物，进而达到艺术家创造出某种主观氛围或情绪的目的。而在视听作品中，光影的存在形式与使用方式更是多种多样，我们不仅可以用光展示对象的存在状态，更是可以直接使用光影将影片中的剧作内容与角色情感等内在部分外化表现出来。

- 光影对于影像作品的重要性是不可或缺的，光影是雕刻影片的手段，也是影片故事与情感的载体。而奠定好整部影片的光影效果的基础工作便是灯光照明设计，我们通常会基于前期的导演构思、创意剧本、场景设计、分镜设计等各部分因素来确定灯光照明方案。灯光照明设计方案不仅仅是字面意思将景物打亮，还具有帮助塑造整体情绪氛围、对画面进行艺术取舍、改变景物形象等关键作用。总而言之，光影设计在我们创作影片时绝对是不容忽视的一环，将光影运用融入使用在视点、角度、构图、摄影机运动等具体操作之中可以使商业短片广告迸发出无限可能。

- 而色彩作为商业短片广告画面中的灵魂，在构图中也有着重要的作用与地位。经过对画面中色彩的创作、设计、排列组合组成的色彩基调，在商业短片广告传递信息过程中起着重要的表意作用，如表达情绪，烘托气氛，展现不同的空间、时间、地域感和时代感等。商业短片广告摄影除了将被摄体真实的色彩状态明确还原，更是可以通过画框的概念创作出平衡的色彩构图，将色彩对于情绪、氛围、思想的意义表达无限放大。

# 第一节 商业短片广告的摄影构图

构图可以说是影像创作的起点。画面中所存在的一切如果是乱而无序的，画面将会散乱无力，我们所要表达的重点也无法被观众有效捕捉。而解决乱而无序的问题，将画面中所描绘内容根据剧本段落所要求规定情绪或氛围主观的组织构架起来，并创造出颇有意味的高品质画面，便是构图。构图作为创作者的一种表现语言，影响摄影、演员、美术、置景等相关部门，只有各部门深刻了解构图意图后协力合作，才能实现良好的最终呈现效果。而如果将所需表现的各种景物看作是将点、线、面、黑、白、灰、色相、饱和度、明度等基本形态元素综合构成画面的话，那么构图就变成了构成。引入构成的概念有利于我们理性地、抽象地去把握构图这个重要的创作环节。

构图设计是一项需要理性思考与感性感受紧密结合的工作。我们需要理性地遵循构成美学的基本原理，而在实操的过程中加入感性的美学感受，理性方面可以保证画面质量，而感性方面则可以在完成的基础之上达到打动观众并引发共鸣的目的。另外在实际拍摄过程中，摄影师需要时刻牢记构图方案，并控制好时机、速率、角度、运动方式等要素，在保证画面质量的同时还要确保镜头与镜头之间风格的统一协调性。

商业短片广告作为影视作品中的一个特殊的类型，其创作技巧虽与影视创作大抵相同，但由于其本身具有一些特殊性，也就为摄影部门的创作工作提出了一些特殊的要求。商业短片广告在时长上与一般的影视作品有着较大的差异。相较于动辄半小时以上的影视作品来说，以分钟甚至秒钟计时的商业短片广告可谓短小精悍。“时间紧，任务重”的特性决定着商业短片广告中出现的每一帧画面，都必须是“有的放矢”。因为篇幅本身较短，因此不能将多余的因素杂糅进短片之中，这也就对商业短片广告画面和商业短片广告摄影师提出了较高要求。摄影师需要在开拍前就根据构思与脚本提供出多种适应用于主题的构图方案，并最终确定符合各方面要求的构图组合方案。若商业短片广告中涉及产品，我们还应围绕产品对其在所出现的镜头中进行特别设计、展示。

另外商业短片广告具有商业推广的需求，所以其画面影像具有明确的目标性，加之其总时长有限，单个镜头的持续时间随之也变得很短。在保证镜头画面简洁性的同时，又要保证其商业推广的目标性，既要保证画面组织的丰富，又要达成宣传的目的。这就使得商业短片广告的构图呈现出多视角的特点。这也就要求在拍摄过程中尽可能多地拍摄多角度镜头素材，为后期制作时留下多角度反映产品不同特点的镜头画面。

## 一、准确且有意味地经营画面景物的位置

谈到画面构图，就不得不提到“位置经营”。作为构图中最基础的设计手段，位置经营绝不是凭创作者的主观兴趣进行随意摆布的。在设计每一个镜头画面，进行人、景、物位置布置时，要坚决遵循构图设计的美学原则，并结合创意剧本中该镜头的表达重点与中心进行安排。这不仅对摄影师的审美高度和理解能力提出了较高要求，更考验着摄影师对于“摄影构图基本原则”这项基本功的掌握程度。

摄影构图的基本原则是饱满与均衡。这两大原则精准地概括了摄影构图的要旨，但正因其高度的概括性可能会给理解造成困难。在此我们以被摄主体为原点对这两大原则加以解析。无论一个镜头还是一幅画面，从影像呈现的角度来说总是有着确定的被表现主体的，这个被表现的主体可以是人物，也可以是物体或环境。均衡的构图原则就是要求主体在画面中所处的位置要稳定、突出而不呆板。在一幅画面中，其画面空间的中心区域附近是最易引起观众注意的，通常情况下我们会把被表现主体放置在画面的这一区域加以表现。但千篇一律的中置构图显然过于呆板，缺乏趣味性。所以围绕画面空间的中心适当地调整主体的位置便成了组织画面、经营位置的重要技巧。在摄影艺术中被广泛应用的九宫格构图法就是这种构图观念的产物。

在下面这支为华为手机拍摄的商业短片广告《华为·泰然》中，大量地运用均衡的原则进行画面构图，让人沉浸其中，仿佛是在欣赏艺术画作，不由得被感染。这部短片用稳定的影像风格向受众传递出一种从容、温情、唯美、大气的感觉。深邃的画面、低沉的嗓音、诗意的文案，诠释了新一代华为手机的双摄系统对自然美感和生命从容的完美记录。用沉稳的影像画面渲染故事中的人物情绪，进而用诗意的感官体验去感染观众，交织了一场中西方文化和视觉的双重碰撞，赋予商业短片广告艺术般的价值。

这种围绕画面中心进行主体布局的构图技巧要做到主体突出、位置灵活。在保证主体有较高瞩目度的前提下，利用主体的位置安排创造出符合主题的有意味的构图形式。

图 6-1 商业短片广告《华为 · 泰然》

图 6-2 商业短片广告《华为 · 泰然》九宫格构图示例

饱满的构图原则需要引入“景别”这一概念加以解释，即所谓饱满是在确定的景别下得以具体落实的。某一确定的景别有其具体的表达作用，如远景主要用来展示环境的状态与氛围，全景主要用来展现人物的全身性动作以及人与场景环境的关系，中景主要用来展现人物上半身的动作，以及人与人的关系，近景主要用来展现人物的面部表情并通过人物的表情来展现人物的情绪，特写则用于展示人物或物品的细节特征。所以有了确定的表达目的，就有了确定的景别，有了确定的景别，所谓的饱满原则便有了放矢之地。也就是说画面内囊括的景物以及景物在画面中的体量大小要能够充分地支撑起画面主题的表达。

以下面这支苹果公司拍摄的商业短片广告《农场》举例，这支影片主要创意点在于突出苹果公司旗下产品苹果手表与苹果手机之间的查找功能之强大，故而影片采用十分典型的远景、中景、特写镜头来进行叙事，其中远景很好地展示了故事发生的环境与危机，将所处环境的广阔与主人公的无助感烘托地恰到好处。而对主人公中近景的描写，则将老人丢失手机后却仍然可以保持镇静的心理状态展示了出来。对于苹果手表与手机的近景与特写刻画，则在展示产品、加深受众记忆等方面发挥着重要的作用。通过完整欣赏这支商业短片广告，我们可以更加深刻地体会在描述不同主题与主体时，首先要依据中心诉求确定景别关系，并在不同的景别中安排画面，确定适合主题的同时又极度舒适的画面呈现效果。

图 6-3　商业短片广告《农场》

均衡与饱满，两大构图原则在影像创作中发挥着极为重要的基础性作用，但在实际拍摄与创作过程中也要根据具体创意需求灵活处理实际构图。正如清代画家方薰在《山静居画论》中所言“画有法，画无定法”，艺术创作有其规律性，但艺术创作不应一味拘泥于某一规则。在影像创作中我们将遵循饱满与均衡原则的构图方式称为封闭式构图，而将打破这种原则并完成了主题的有效表达的构图方式称为开放式构图。开放式构图打破甚至是故意破坏画面的均衡与饱满，不再把画面所占有的平面空间看作是画面景物分布的有限区域，转而注重画面内的可视空间与画面外的联想空间之间的联系。利用观众的画面联想行为进行表意的传达。在商业短片广告的创作中，“开放式”的构图观念往往能够催生出极具创意的画面形式。

图 6-4 商业短片广告《踢不烂，用一辈子去完成》

在谈论画面构图时我们还应注意一点，那便是构图的饱满与否是相对而言的，以上面这支由鞋靴品牌Timberland出品的商业短片广告《踢不烂，用一辈子去完成》为例说明。单独拎出来一帧画面其构图是饱满并且符合构图美学原则的，但是放眼整支短片来看，短片从头到尾只向观众展示了鞋与脚的部分。而恰恰是这样的开放式构图，不仅没有局限短片的内容表达，反而更好地利用局限画面使观众对画面以外的情境进行主动联想，这种非具象的联想往往比你直接展示给观众更值得观众去回味、共情。我们在前期创作创意剧本时，应该充分考虑影片中的一切元素。无论是声音、表演、色调、构图等，每一个元素的巧妙利用都有可能迸发出无限新奇，这支短片在使用开放式构图这个元素方面印证了这一点。

## 二、镜头画面构成元素产生的韵律感

上文详细地阐述了画面景物位置经营的总体原则，然而构图所要解决的绝不仅是景物在画面中的位置摆放问题。前文中谈到我们在进行构图创作时应当更进一步的引入构成概念。将构成画面的景物抽象为各种画面构成的基本元素，在画面空间中对其进行构造。对构成化的理解有利于我们把控画面的韵律，更有利于我们创造独具意味的画面形式感。

韵律的概念源于诗歌与音乐，韵律是构成系统中重复部分的诸元素之一，也是使一系列大体上并不相连贯的感受获得规律化的最可靠的方法之一。从广义上来说韵律并不只存在于诗歌或者音乐中，在视觉艺术中也存在着韵律这一概念。如果把一个镜头画面看作一个有机的构成系统的话，那么其构成的诸元素，如点线面及色彩等各属性，所构造出的画面形态的连贯的、规律的变化也可看作视觉艺术中的所谓韵律。

而谈到镜头画面的韵律感，则无非由画面中的韵律所传达出的视觉感受。韵律没有一定之规，会因被摄环境、被摄体、影片题材而变化。摄影师通过对构成画面的基本元素进行人为的选择、设计、组合来构造画面，并进一步通过画面进行感受和美学认识的传达，最终使观众从中感受到纵深美感、形式美感、规则美感等丰富的审美体验。

正如前文所说，商业短片广告中镜头画面的韵律感拥有着多种多样的呈现形式。无论是大到宇宙星系，还是小到瓢虫蚂蚁，画面中的一切元素都有呈现出自身韵律感的可能。而在一些特定产品中，由于其产品本身就具备着极强的设计感与韵律感，故而我们只需要借助各部门所负责的工作部分，将产品本身所携带的韵律感之美最大程度地发挥出来就可以了。就像标致汽车出品的这条商业短片广告，车身的流线性美感在灯光的加持下呈现出其最佳效果。这也同样要求我们在对待每一个被摄物时，要先理性且全面地分析其特点与亮点。只有全方位的了解，才有可能将这种美感以最佳、最直观、最高效的状态展现给我们的每一位观众。

图 6-5 商业短片广告《2018 标致汽车概念发布》

将构图问题上升为“构成”的思维，其实质是将镜头画面抽象化。通过将具体被摄体抽象为构成元素的思维活动，我们可以从更加本质的层面把握构图的内在逻辑。在影像画面中我们直接所见的景物与人即是影像的内容，而景物的结构与人物有机的组织方式则是影像形式。将景物抽象化的过程实际上就是将内容抽离的过程，将内容从影像中抽离，剩下的就是形式。用构成的视角来审视影像画面的内在形式，并进一步利用形式构造的方式去处理画面的构图可以帮助我们创造独具韵味和形式美的影像画面，高效地表达心理感受。这种透过形式构造的方式传达出的心理感受即形式感。

形式感强烈的影像画面在商业短片广告的创作中有着广泛的应用。形式感的镜头画面在实际使用时有着许多优点。例如，无需情绪铺垫和情节铺陈即可实现高效而直接的感受传达；构造形式美感，强化影像画面的感染力；赋予影像强大的辨识度，利于观众形成深刻的印象。这就促使这些具有形式感的画面不仅可以提升影片的观感效果，使受众的注意力更好地被商业短片广告所吸引，更是可以提升整支影片的美学气质。也正是影片的美学价值赋予了品牌本身的审美取向，进而使得品牌形象树立一定的审美风格。当然任何美学形式都不只是给观众带来视觉或听觉的享受而已，而更要注重的是美学形式为受众带来的心理影响。

图 6-6　乔治敦眼镜店商业短片广告《眼镜图书馆》

例如上面这支乔治敦眼镜店拍摄的商业短片广告《眼镜图书馆》，短片开篇便以十分明确的形式感视觉风格将观众代入导演所架构的“图书馆”当中。这支影片中的构图、色彩、运镜方式都与整支影片的形式感风格十分契合，加上场景、道具、角色人物造型以及演员的表演等其他部门元素，使整支短片的美学风格十分统一协调且有着独特的风格特点。当各元素形成完美合力之时，每一个元素单元便变得不再独立，抽离出杂质之后，各元素单元融合成为一个整体，这种抽象化、整体化的视觉画面很显然更具感染力和表现力，也使观众被其深深吸引，而一旦观众被影像的视觉风格吸引，传递商业信息和达成商业目的也就完成了一大步。

## 三、影像的结构范式与影片情绪

当我们进行影像创作时，所面对的被摄体纷繁复杂，形态丰富多变。利用“构成”的视角去观察与创作，则可以大大简化这种复杂性，形成抽离了具体内容的图形化、形式化的画面。不同于现实景物形态的复杂多变，形式化的画面具有便于被观察到的规律性，通过对其规律的总结与分类，我们可以获得一些典型的影像结构的范式。典型的影像结构范式在商业短片广告的影像创作中有着重要的指导意义。它可以帮助我们方便、快捷地从创作需求出发准确、迅速地确定画面的构成形式，提高影像创作的效率。

1. 稳定与动感

在影像的创作中大量采用垂直、平行的结构形式有利于创造稳定有序的形式感，如水平构图、垂直平行构图、三角形构图等。稳定的画面形式感有利于表达宁静、祥和、庄重、严肃等情绪气氛。

就像下面这支来自H&M服装品牌的商业短片广告，短片开篇便是一列以恬静清新色调为主题的行驶中的列车，接下来镜头的平行运动将大量的平行垂直式的构图形式带给观众，色调与构图所携带的情绪色彩高度匹配贴合，使正式叙事开始前观众便已经被代入导演所架构的情绪氛围当中。这样的稳定构图经常在我们需要向观众展现一种平和的画面气质时使用，独特的构图带来的独特画面气质也可以给观众带来更加极致的视听感受。

图6-7 商业短片广告《H&M火车篇》

在影像的形式结构中避免垂直、平行的结构形式，大量采用倾斜线与斜向交叉结构则可以打破画面的稳定感，有利于创造出极具动态的形式感，如倾斜线构图、对角线构图、斜交叉构图等。不稳定的画面形式感有利于表达动感、紧张、躁动、嘈杂等情绪气氛，提升影像画面的张力。

不同于稳定构图所带来的情绪特征，这一类有意将画面架构摆脱稳定的构图方式，往往会在遵循主题的基础上将整体的画面情绪向一种感性化的方向引领，我们常在一些冲击力较强的镜头中使用此类构图方式。例如下面这支奥迪投拍的商业短片广告《极限超越》。短片向我们展示了一位极限运动员以几近疯狂的方式，从世界各地多种多样的高山峻岭一冲而下，这样极具动感和冲击力的运动画面，如果配以稳定平和的构图方式则会使最终的感官体验大打折扣，而选取像短片中的这样大幅度的倾斜线的动感的构图方式不仅可以展现场景的壮阔形态，更可以增加场景与运动带来的直观的极致视觉强度。

图 6-8　商业短片广告《极限超越》

2. 均衡与失衡

前文中谈到均衡与饱满是封闭式构图的基本原则，然而艺术创作不应墨守成规，在创意中如有需要打破某些原则作为叙事推进，打破构图的均衡与饱满未尝不可。在影像创作的实践中构图应为主题表达服务，均衡与饱满的构图遵循了审美的普遍性原则，但当影像创作的表达目标是某种极致情绪感受时，均衡与饱满的一般性审美趋向便不再合适。适时地打破原则利用一些失衡的构图去表达情绪感受往往能够催生出极具创意的影像画面。

下面这几幅画面就属于打破传统构图规律与视觉习惯的失衡构图，我们不难从中看出，虽然这些画面的构图呈现效果并不饱满，甚至按照构图原则来欣赏会显得有些不完整。但是恰恰这种反常规的构图风格可以让受众不被画面所束缚，由感性的画面效果迸发出更浓烈的情感共鸣。

图 6-9　失衡构图示例

### 3. 有机化与几何化

自然世界的景物在形态上总是趋于有机、多变的。这种富于变化与生机的形式感，为艺术创作输送了独特的构成要素。通过对自然形态的提取与归纳，艺术创作者创造出了富含有机形态美的审美观念。发端于19世纪末20世纪初欧美主要国家的新艺术运动（Art Nouveau），即秉持并光大了这种独特的审美观念。这种审美观念的核心是摒弃几何化的形态，强调“师法自然”的有机形态与曲线应用。在商业短片广告的影像创作中刻意构建这种有机形态的影像结构，适时地运用自然形态美的构成要素，则能够帮助我们创造出柔美自然且充满生命活力的视觉感受。

在形式感的构图类别中，这种构图形态极为特别，区别于使用通常形式感构图时的反复斟酌与巧妙设计，这类构图方式则是运用最原始的自然景物进行画面组构。下面这支资生堂旗下品牌WASO拍摄的商业短片广告《自然美》就属于最典型的体现自然美的构图案例，短片通过大量的近景与特写镜头，毫不遮掩地将植物生长的原始美感向观众展现，而这些不加修饰的花、草、根、茎、叶，本身就是自然界鬼斧神工的构图方式。我们可以从中提炼精华，当我们需要通过镜头向观众展现情绪、心理等内在感受或氛围时，便可以通过一些与情境相符的有机化构图展现自然世界的巧妙。

图 6-10　商业短片广告《自然美》

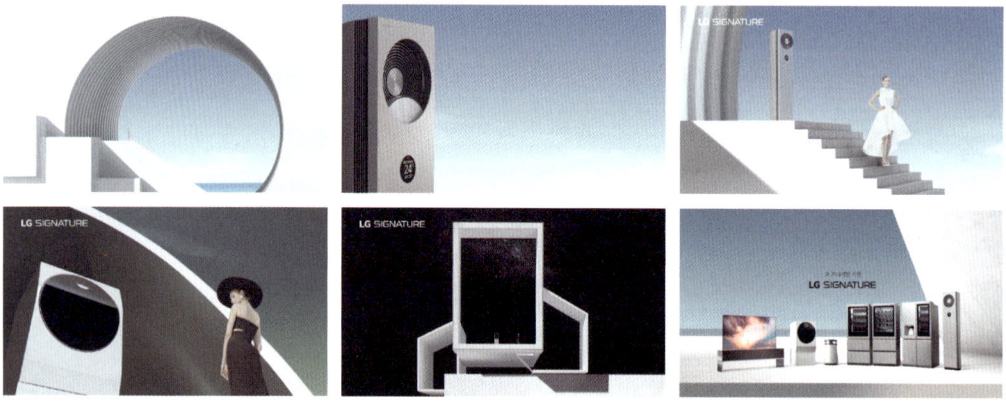


图 6-11　商业短片广告《印记》

与有机形态审美旨趣相对应的是裁弯取直、剔除景物的自然形态，代之以高度概括的几何形的审美观念。如图6-11所示的这支LG公司的商业短片广告《印记》便是运用高度纯粹的几何化构图，将该电器品牌所传达的极简生活态度展现得十分准确，也在完成画面的同时凸显了该品牌产品简约大方的设计特点。这种趋向几何化的审美风格追求简洁、明确的秩序感，利用高度抽象化的形态作为构造元素来组织画面，并在抽象而简洁的画面中着力寻求形式变化，展现出严谨、务实的风范。荷兰风格派与构成主义即是这种审美风格的代表流派。在商业短片广告的影像创作中秉持这种审美取向，可以帮助创作者赋予影像画面冷峻深邃的视觉感受，带有强烈的商务风范与理性化倾向。

## 四、运动带来影像内在结构的变化并影响影片节奏

影视摄影与图片摄影在造型技巧上有着显著的差异，这种差异集中体现在摄影机的运动方面。图片摄影由于无法实现影像的连续变化，在造型方面天然缺失了运动造型手段。从影像的构成方面来看商业短片广告的影像创作由于有运动这种强大的造型手段支持，给其影像的构成形态带来了随时间轴展开丰富变化的可能。随时间轴展开的摄影机运动使得摄影机的方位、视角、距离产生了连续的变化。而摄影机这一系列的变化则进一步促使画面内容产生了连续变化，画面内容的连续变化则造成画面构图形式的变化，随之而来的是形式感、节奏、韵律、影像内在结构等多方面的影像形态变化。透过这种变化我们可以动态地展示场景环境，充分地展现景物的动态美，营造场景气氛的转变，模拟主体的运动感受，甚至为影像内在结构的节奏与形式赋予变化。

当摄影调度与演员调度产生复合关系时，连续的画面运动美感则产生了不可替代的节奏韵律，进而影响商业短片广告的影片节奏。画面内容的运动性是商业短片广告镜头运用的重要特性之一，而动态构图是对镜头具有艺术感的动态调度，可以强化受众对主体物的动态感受。动态构图利用静止或者运动的镜头拍摄相对静止或运动的被摄体，在这种情况下造型元素和结构之间产生连续变化的构图方式，也是影视镜头语言所特有的，更是目前大量商业短片广告镜头画面经常运用的构图方式。

### 1. 赋予影像内在结构的节奏与韵律变化

众所周知，节奏与韵律的概念萌发于诗歌与音乐艺术，而诗歌与音乐的艺术形式是关乎时间的，所以节奏与韵律的概念几乎天然是依托时间轴进行的二维展开，并随着时间的推移带给人绵密连贯的听觉感受。然而前文中所谈到的所谓的视觉节奏与韵律则是基于人类听觉经验的通感，是视觉元素在空间范畴上的展开与变化。这种空间范畴上的节奏与韵律虽然也能够带给人以审美体验，但却缺乏了丰富的变化显得颇为单薄。运动镜头以动态的方式呈现影像画面，给了影像在时间范畴上展开节奏与韵律

的可能性，使节奏与韵律的变化展开得更加立体，丰富了影像的审美形态，赋予一段影像如音乐般连贯绵密的节奏感、韵律感。

下面这支保时捷的商业短片广告便是很好地掌握了韵律、节奏与影片内容完美适配的案例，在展现该品牌汽车在户外驰骋的同时，镜头的运动并没有无规律的一味跟随车体运动，而是加以创作者的主观节奏与韵律控制，这种控制下的狂野才显得格外富有张力，节奏感与韵律感通过画面也跳出二维空间立体地表现出来。当我们想要展现物体的野性美却又总觉得有些乱而无序时，我们就需要跳脱出创作者的身份，以客观冷静的视角观察我们的短片是否在关注物体运动的同时，忽略了韵律与节奏，当失去了张弛结合的运动镜头，无论运动多么的夸张、疯狂，都只是单一、乏味的。

图 6-12　保时捷商业短片广告

2. 场景环境的动态展示

在商业短片广告的创作中无可避免地会面对场景环境的展示问题。而这一问题的解决方法有两个大的方向可取，一是利用大景别进行静态展示，另一个则是利用运动镜头实现动态展示。相较于静态的环境展示，利用摄影机实现的场景环境展示通常都以某一移动的人或景物为运动导向实现。动态展示的优点在于可以在展示环境的同时关注运动景物或人物的形态、动作。另外摄影机的运动亦可以在展示场景环境的同时烘托气氛。更有甚者利用摄影机运动结合特效可以实现动态转场。所以从灵活性上来说动态的展示方式要优于静态的展示方式。

下面这支片例是由苹果公司出品的，为其品牌旗下产品APPLE WATCH拍摄的商业短片广告，就属于动态转场的典型案例。摄影机跟随短片中的人物舞蹈动作、迈步、目光移动等运动，摄影机的运动展示了场景的空间环境，并通过形式化的美术设计展示了主人的工作、生活状态，推动各场景的气氛渲染，而摄影机的调度配合演员的舞蹈动作也帮助影片形成了明快的节奏。而且该片在镜头运动的同时通过数字特效技术来巧妙转场，使短片在很短的时间内将多个风格相差甚远的生活场景氛围与角色身份融合相连。这也正是我们在使用动态转场时需要注意的，在动态展示环境与场景时，一定要注意镜头与镜头间的组接连贯性，只有各场景镜头间的连贯性得以保证，观众在观看时才会有眼前一亮的惊喜感，否则繁乱的动态镜头给观众带来的只会是视觉疲劳与毫无头绪。

图 6-13　苹果手表商业短片广告《SERIES 6》

### 3. 运动摄影与景物的动态美

摄影机运动起来的拍摄方式在实际应用过程中通常要确定三个要素，即运动的速度、契机以及导向。而当摄影机以某一被摄主体为跟拍对象时无论采用何种运动方式，其运动的速度、契机和导向都简化为跟随模式。利用跟拍手法拍摄运动中的物体需注意控制好拍摄中的动态构图，尽量保证被摄体在画框中的相对位置恒定。结合不同焦距镜头的透视特性，以及摄影机的帧率控制，跟随拍摄可以用影像画面灵活多变地展现出被摄体的速度感，创造出风格迥异的动态美。

这种运动摄影中存在的动态构图往往会在汽车类广告中出现，就像下面这支保时捷的商业短片广告《较量》，当汽车类广告需要展现汽车运动的速度感与动态美时，往往会使用长焦距结合复杂多变的前后景，并多次出现从侧面与纵深方向跟拍主体物的拍摄方式来展现该品牌汽车的较高速度，配合复杂多变的周边环境则将这种速度感凸显得更为极致。这种极致的被摄体速率与摄影机的相对运动也将影片的节奏推向了高潮。

图 6-14　商业短片广告《较量》

4. 运动摄影与场景气氛的转变

在商业短片广告的创作中场景气氛的营造应充分满足主题表达的需要。某一典型场景的气氛通常与该场景的配色、布光以及景物布置等场景内容有直接的关联，或者可以说场景的气氛正是由上述场景中的内容决定的。而由于受到时长的限制，商业短片广告在表达场景气氛的转变时，多采用场景转换来促成转变。

以下苹果手表的商业短片广告中，为了实现使用产品存在的多种高反差环境，摄影师便利用巧妙且夸张的转场，实现了将多种场景、多种情境、多种气氛融合在一起的同时又相互区分。而这些可以展现气氛转变的转场镜头并不只是为了使观众眼花缭乱，在创作转场镜头时，摄影机的运动在创作转场镜头方面发挥着不可替代的作用，依靠各种形式的镜头运动方式，创作者灵活地组织各种转场镜头，在完成场景气氛转换的同时利用摄影机运动保障影像的流畅性，并运用摄影机运动速率与方向和转场速率匹配形成韵律感，实现绝佳创意的视觉呈现。

图 6-15 苹果手表商业短片广告《SERIES 5》

5. 主体运动感受的表达

主观镜头是影视创作领域常见的一种镜头呈现方式，在商业短片广告的创作中也时常会被应用到。其独特的视觉效果会给观众带来较强的代入感，让观众能够透过屏幕体会到身临其境的感觉。甚至在某些商业短片广告中主观镜头正是实现创意的关键要素。而主观镜头的营造最为重要的一个关键因素就是运动模拟。利用对主体运动状态的模拟，主观镜头不仅可以为观众带来身临其境的感受，更是可以通过与主体动效的结合传达主体的情绪状态与心理变化。

由于这类镜头自身的特殊性，此类主观镜头类构图往往会使用在一些注重体验感与用户感受的商业短片广告之中。以下面这支保健品Dr.Giorgini品牌商业短片广告《新的一天》为例，产品本身就会提供一种全身心沉浸式的使用体验，其宣传短片更是顺应此特点，完全将观者代入第一人称的观看视角。主观镜头模拟观者的视角、呼吸、态度，自然也就带来了观者的观看节奏，当然这种观看节奏来自创作者的客观安排，目的是引导影片节奏。所以在这样的主观视角下，摄影过程中的跟随感与运动模拟及运动节奏就显得尤为重要，只有我们的外部创作达到尽可能地贴近内部角色的运动状态，才有可能实现将观众的视听与内心都完美代入短片的效果。

图 6-16　商业短片广告《新的一天》

# 第二节 商业短片广告中的光影表意

光在摄影创作中起着最为基础的曝光结像作用。光影是影像艺术的生命，没有光影就没有影像。在曝光结像的基础之上，对于影像创作来说，光蕴藏着更加丰富与深刻的造型意义。从光对被表现对象的塑造方面所具有的意义来讲，光是塑造表现对象形体关系的工具。光也被用来创造气氛与意境。而从另一方面，光线也可以作为被表现的直接对象。光甚至可以作为影片中的象征性存在，辅助情节的展开或创意的表达。

商业短片广告作为影视创作的一种特殊形态必然也遵循着其创作规律。在商业短片广告的拍摄过程中，光线造型技巧在影像创作的诸多技巧中，发挥着最为基础且不可替代的作用。如果我们从画面构成的角度来看待商业短片广告的影像创作，那么画面构成中的基本形态元素“黑白灰”就受到光线造型技巧的控制。不同于绘画艺术通过对光在对象上存在形态的描绘来塑造对象的立体形态。在影视创作中，摄影创作则直接用光去描绘对象的形状、体积、质地、色彩、影调、空间和运动。所以所谓的“黑白灰”，如果用影像的术语去描述的话就是“亮灰暗”。通过摄影师与照明师的照明设计，巧妙地规划好影像画面上的“亮灰暗”的分布与程度，最终呈现出的光影效果就被称为影调。至此，光线造型的控制被统一到构图或构成概念中了，也即光线造型技巧的运用帮助摄影师控制画面中景物的“亮灰暗”的程度与分布，实现短片创作者预先设计好的影调关系。

## 一、影调与基调

从创作层面来讲，商业短片广告基调的确立往往依托于其影调、色调的构建。而从影调、色调的总体结构来说不难看出光影在这当中的重要作用。经验丰富的美术指导在场景中娴熟地运用光影铺垫影片的基调，准确呈现艺术表现以达到既定的美术设计效果。

影调是影像画面中的明暗关系和层次关系，是构成影像的基本形态元素。影调的塑造是营造气氛、塑造形象、达成情绪转变的重要技巧。所以影调的多种形式在商业短片广告中经常会起到表意的功用。

按照“亮灰暗”各个部分在影像画面中所占的比例关系，我们可以将其分为高调画面、中间调画面和低调画面。而按照“亮灰暗”各个部分在画面中的强弱对比关系，我们又可以将其分为硬调画面和软调画面。下面我们引入商业短片广告案例对其影调关系进行具体的分析。

### 1. 高调画面

高调画面是指以浅灰、白色以及亮度等级偏高的色彩为主构成的画面。当然高调在构成上也必须有少量的暗色或亮度等级低的色彩，以凸显其亮调部分。而其亮调部分画面的塑造又要注意营造丰富细腻的层次，以防出现类似曝光过度、丢失细节的视觉效果。

以高亮度影调为主的画面能够占到画面的70%以上，给人以通透、干净的视觉感受。从其表意作用来看，高调画面可以表现轻松、欢快、纯洁、温馨等情绪。但这也不是一定之规，如果剧作情节和规定情境的设置不同，高调画面也会产生惨淡、空虚、悲哀的情绪渲染。

美加净为旗下产品拍摄的商业短片广告，片中展现了以现代工艺甄选天然植物制作的理念，传递了美加净将东方的本真之美赋予每一位大众女性的美好愿望。也正是源于产品卖点与影片想要传达的品牌理念，此广告在创作时便采用明快、高亮又极富细腻层次的高调画面进行表达，基于护肤品的特殊性，这样的高调画面不仅可以给观者最直接的耳目一新的感官体验，完美展示东方女性肌肤的光泽与质感，更是可以很好地为其产品功能赋予价值。短片在使用高调画面的基础上，将其色彩风格设定的偏于粉紫色系，更加贴近美加净的品牌标准色，使观众和受众对品牌形成具有指向性的印象记忆。

图 6-17 商业短片广告《美加净》

2. 低调画面

相对于以明亮影调为主的高调画面来说，以深灰和黑色影调为主的画面被称作低调画面。在低调画面中深色的影调一般占70%以上的比例，画面显得浓重、深沉。在营造低调画面时要注意高亮度影调的运用。高亮度影调在低调画面中出现的面积很小，但其作用却依旧不可忽视。低调画面中的景物经常沉浸在一片浓重的阴影中，景物的结构和轮廓容易被阴影吞没。在低调画面中如果对高亮度的影调善加利用，则可以用其来强调景物的轮廓，刻画景物的结构。尤其是对于主体物的刻画，巧妙地利用高亮度影调对主体物进行塑造，可以实现将主体物从暗调环境中“拉”出来的效果，令观众对其产生深刻的视觉印象。

而在表意作用方面，低调画面在情绪与气氛的塑造方面与高调画面正好相反。低调画面通常能够传递出含蓄、神秘、肃穆、忧郁、深沉、凝重、庄严等气氛。如果用作负面情绪表意的话，则会给人以黑暗、阴森、恐惧之感，形成较强的视觉冲击力。

PENNY在呼吁“关心独居老人”的商业短片广告《Beauty of Help》中，丧妻老人，将孤独度过即将到来的圣诞夜，老人的悲伤和困难生活引起了邻居女孩的怜悯，于是在圣诞夜送出礼物表达对老人的关心。影片采用了凝重、悲伤、孤独的低调画面进行表达，大光比、高反差的影调塑造，使整支短片在第一时间给观众带来强烈的情感渲染倾向，这种极度需要情感共情的影片在契合的影调作用下，不仅可以更好地诠释主题，也可以使观众形成共鸣，达到影片传播效力。由于此片光影效果的出众塑造，成功发挥了低调画面的表意效果，从而使老人那种沉重悲伤的心情，通过银幕呈现在我们眼前，并且在女孩给出礼物时感动观众，使其开始思考片中主题——关心独居老人。

图 6-18　商业短片广告 *Beauty of Help*

3. 中间调画面

中间调是摄影中最为常见的一种影调关系。当画面中的大部分景物呈现中等灰度，影像以白至浅灰、深灰至黑的影调层次构成，整体的影调关系呈现介于低调和高调之间时，画面的影调关系被称为中间调。因其画面中黑、白两部分比例均衡，影像层次丰富，接近日常生活中大部分时候的视觉感受。所以中间调画面适用于大部分的商业短片广告，并以其真实的影像质感贴近大众的生活。

由于中间调最接近人们日常生活中的视觉感受，所以这种影调关系在塑造过程中最容易陷入平庸、无趣。故而在应用这种影调关系时要注意做到层次丰富、质感细腻、细节生动。另外还要注意在反差和光比的控制方面，要有意增大光比和反差，以防画面发灰。

MRISSTIME为旗下产品拍摄的商业短片广告《唯一不变的是改变》，通过对小阿曼回到阿曼家族制表工坊的触景生情，回忆自己与父亲的共处时光，引出MRISSTIME品牌传承与创新的相关理念。短片中阿曼家族制表工坊镜头，采用中间调画面设计，呈现出层次丰富的影像，产生平和与疏淡的感觉。在表现上比较自由，画面贴近主人公的生活，严谨且细腻，主体十分突出，在情绪递进同时给观众高级、真实、亲切的观影感受。也正因产品是突出手工艺精湛的腕表产品，才更应该选择符合产品特性与品牌气质的影调。中间调细腻且丰富的影调效果，完美地撑起整支短片的审美气质。

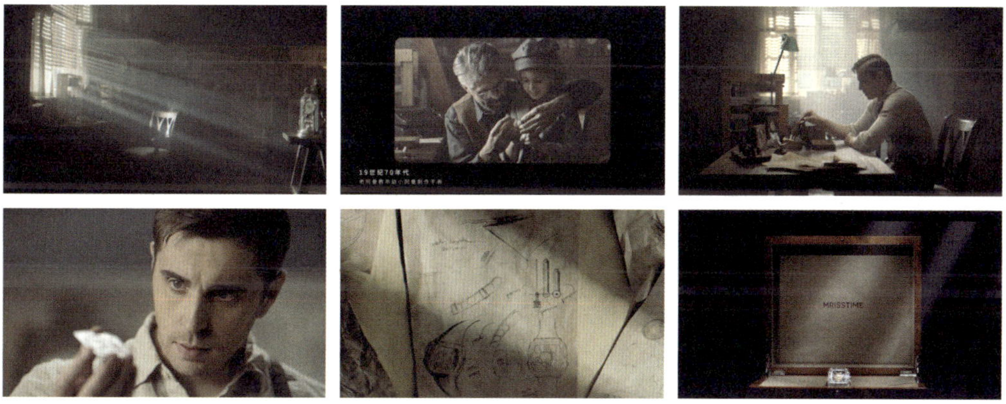


图 6-19　商业短片广告《唯一不变的是改变》

从整个画面的影调占比关系上来看可以将影调关系划分为高调、中间调和低调三个大类，而从画面的影调对比度关系角度来划分的话，又可以将画面划分为硬调和软调两大类。其中硬调画面通常有较高的对比度和较大的光比，主光多使用侧光或侧逆光效果，使得画面中景物明暗对比强烈，结构清晰分明。然而由于硬调画面缺乏影调层次的丰富性，在阶调过渡方面生硬且跨度较大，使得画面中的细部极易失去质感，这一点在硬调画面营造过程中要注意小心控制。

4. 硬调画面

硬调画面通常会给观众带来硬朗、明快、粗犷的视觉效果，所以在商业短片广告中比较适合应用在运动类或偏男性化的题材中，给人以凌厉、冷峻、富含力量感的心理感受。另外当低调与硬调这两种调性相结合时，尤善塑造紧张、惊险、恐怖、残酷等情绪气氛。

硬调画面营造的氛围针对某些类型的商业短片广告具有很好的表意效果，比如越野车、极限运动装备、烈性酒等产品都非常适用。硬调画面一般采用高对比度、高明度色彩，并运用硬光照明使画面影调呈现不均匀过渡。下面这支由大众汽车公司出品的商业短片广告《你以为你是谁》，基于南非第一位女空军飞行员的真实故事进行改编讲述。通过使用对比强烈的光影效果、明暗分明的硬调画面营造出一位坚毅、硬朗、顽强的女性形象，并进一步将主人公的性格特点对应赋予在大众汽车上，使受众对此品牌汽车有了强烈的价值认同和情感奠基。硬调画面的选择以及光影的运用刻画在这支广告短片的创作中可谓画龙点睛。

图 6-20　大众商业短片广告《你以为你是谁》

5. 软调画面

与硬调相对应的调性是软调。软调画面的特征是景物明暗对比反差小，影调层次丰富，阶调过渡的跨度小，质感细腻。软调画面在视觉感受上显得含蓄、平淡，适合表现松弛、舒缓、温和的心理情绪。在商业短片广告的题材上常与儿童、女性及柔美、温情相关，营造出细致、温和、蕴藉的表意效果。

BELPORT品牌为旗下化妆品拍摄的商业短片广告，短片通篇使用柔和、细腻、对比微妙的软调画面，整体营造出一种温柔之美，也随之带出产品被赋予的特殊意义，也就是帮助女性展现并留住柔软细腻的女性之美。短片采用散射光照明令景物明暗反差较小、色彩和谐，中间过渡层次丰富、质感细腻，表现出女性柔情形象并以此感染受众，从而艺术化地表现了产品的功能性诉求要点。总而言之，我们在选择影像画面影调时，万不可以随心所欲，而是要高度吻合导演的创意构思以及品牌与产品本身的理念气质，并结合产品的目标受众特点，方能起到锦上添花的效果，将整支商业短片广告的商业价值与艺术内蕴以最贴切的影像效果呈现出来。

图 6-21　商业短片广告《BELPORT》

## 二、光线造型

在影像艺术的创作中，通常都会设置一个或多个被表现主体，这种主体物可以是人物、动物、静物以及场景。而在商业短片广告中主体物的设置则又与商业宣传的目的相关联，这就使得商业短片广告影像创作中的主体物可以被归纳为两个大类即人物与产品。

当一部商业短片广告中的影像画面是以某种具体可见的产品为主体物时，其在造型效果上的追求一般来说都会比较统一。一般为两大要素，其一是结构清晰特点突出，其二是外形美观。要做到上述两点，就要求商业短片广告的摄影师与灯光师在深刻理解产品外形的造型结构基础上做好布光设计，利用光与影的对比关系将产品的造型结构刻画出来。

外形结构有所变化的物体在受到光照时会在表面产生受光面、背光面、明暗分界线、高光点和投影这五种调性关系。而我们此处谈到的造型结构刻画具体来说就是按照产品外形的特点，分别规划好不同结构区的调性关系，利用五种调性关系间的视觉差异完成产品造型结构的刻画，凸显其造型的立体感。在表现出产品外形结构的基础上，还要追求其造型的美观性。

所谓造型结构的美观，具体地说就是追求调性关系的整体性。也就是说在受光面、背光面、明暗分界线、高光点和投影这五种调性关系之间追求秩序性，在某一调性关系内追求统一性。做到调性关系整体有序、完整、清晰，对结构表达充分。

在全新广汽埃安AION LX PLUS商业短片广告中，便十分典型巧妙地利用受光面、背光面、明暗分界线、高光点和投影的光线对全车进行勾勒塑造，将AION LX PLUS的全新外观结构清晰地刻画出来，在完美展示广汽埃安车身硬朗线条的同时，将整支短片的调性也塑造得沉稳、睿智，不仅将产品特性完美地诠释出来也将品牌理念与产品气质展现给受众。

图 6-22　商业短片广告《广汽 AION LX Plus》

在商业短片广告的创作中，单纯以产品为主体物的短片广告并不多见，绝大多数叙事性商业短片广告故事通常围绕人物展开，通过人物的情绪、动作、对白向受众传递诉求信息，使受众建立品牌认知。以人为主体进行的造型创作，其复杂程度远超对具体产品所做的造型创作。在针对产品的造型创作中，其造型的追求是明晰而简单的，无外乎结构展现的美观性。但在以人物为主体进行造型创作时，所谓的造型就不再仅仅是以外在形体结构的美观性为追求了。更重要的是通过对人物外在造型的塑造来使其性格、情绪等内在心理活动或状态得以外化。也就是说要实现光影在人物造型方面的表意作用。通过光线造型技巧的表意功能，帮助演员表现心理活动、塑造角色形象、描述人物个性。

奥克斯空调聘请黄渤作为代言人，希望以黄渤本身的正面人设为奥克斯空调树立励志、向上、正能量的理念。演员黄渤也曾经历挫折，但也不折不挠的继续努力成就今天的自我，这成为受众感受奥克斯积极向上理念的情感纽带，黄渤的代言有效地传播了品牌诉求。影片采用光线造型对黄渤心理活动、角色形象进行塑造，使其性格，情绪等内在心理活动或状态得以外化的同时，表达出面对来自外界的“声音”，奥克斯选择“无声”，埋头打磨产品、修炼品质，这些内在蕴含都在别出心裁的光影刻画中展现得淋漓尽致。影片中通过光线的运用，在刻画演员的同时又达到准确阐述产品性能、建立品牌形象的目的。

图 6-23 商业短片广告《黄渤 x 奥克斯空调》

## 三、光线运用与气氛塑造

在谈到商业短片广告影像创作的气氛问题时，通常情况下我们会把这一问题拆分成两个大的类型，即时空气氛和情绪气氛。时空气氛是指画面所表现出的时间与空间的典型气氛效果，诸如日景、夜景、外景、内景等。而所谓的情绪气氛是指利用各种摄影造型手段（主要是光线造型手段）将主题所需的诸如温馨、欢快、严肃、紧张等各种情绪或感受外化为可视的影像效果。由于商业短片广告中所需表现的情绪与感受是无限纷繁的，所以情绪气氛的塑造远比时空气氛的塑造来得更加灵活，更加复杂。

商业短片广告的故事情节展开要建立在确定的时间、空间和人物关系之上，而时空气氛就是将这些要素连接起来并视觉化的关键因素。所以场景时空气氛的塑造在商业短片广告的创作中发挥着重要且基础性的作用。只有将时空气氛塑造得具体、扎实，才会使人物在环境当中立体、生动，使故事情节真实、可信。下面借助具体案例，将时空气氛的塑造与应用展开来进行阐述。

1. 日景外景，晴天，阴天

日景外景的时空气氛按照天气状况可以分为阴天和晴天两个大类，其光影结构主要由光源性质所决定。晴天的光源主要由太阳直射光和天空散射光相结合构成。从照明形态方面来说是典型的明暗照明形态，光比大，反差大，光源方向性明确，高光和阴影清晰、具体。晴天外景的光影结构宜于表现被摄体的立体形态和质地，使景物色阶处于丰富多彩的变化之中，有利于空间深度的表现。

晴天的光影效果可以从下面这支片例中有所体现。四川理塘旅游拍摄了一条由代言人丁真出演的旅游宣传片，摄影师利用高原明亮饱满的自然阳光对山峦、湖泊、人物进行塑造，向观众呈现出藏区广阔壮美的自然风光和人文风光。这样的光线效果将影片想要表达的主人公丁真所生活的藏区环境展现得淋漓尽致，用最纯粹的方式展现出最纯粹的内容，强化了藏区的景物与人对旅游者的吸引。这样不仅高度贴合主题，更是可以使观众的视觉感官获得最纯粹原始的震撼，这种不加修饰的自然光源用来展现自然风光所带来的震撼是最真实也是最能打动人的。

当天气状况为阴天时，日景外景的光源为天空散射光，从照明形态方面来说是典型的平调照明形态，光比微弱，反差适中，光源无明确方向性，高光和阴影模糊甚至无高光和阴影。阴天外景的光影结构宜于表现被摄体的轮廓美，可以突出表现被摄体的“形”之美，细腻的层次和色彩更是颇具绘画的审美旨趣。

下面这支由奔驰公司出品的商业短片广告《奔驰首位女驾驶员》，十分准确经典地将阴天环境下如何达到更佳的影像效果这一问题做了完美诠释。素朴的村庄，纯粹清澈的人群面貌，摄影师利用阴天柔和的光线将其独特的韵味和气质营造得十分饱满，开篇的画面甚至会让人误认为这是苏联油画大师列宾的名作《伏尔加河上的纤夫》。我们在选择用怎样的光线讲述故事时，首先要明确创意剧本发生环境的外部需求，并结合特别光源的固有规律和特征，二者相互融合、相辅相成，方能呈现出高融合度的、令人舒适的影片影调，勾勒出影片各个元素的轮廓之美，将被摄物体的“形之美”凸显出来，画面的整体韵味也随之加强。

图 6-24 四川理塘旅游商业短片广告《丁真的世界》

图 6-25 商业短片广告《奔驰首位女驾驶员》

2. 日景内景

日景的光源主要是太阳和天空，但在内景中一般不将它们看作直接光源，而是将门与窗看作直接光源。因此我们可以将日景、内景看作两个部分，即门窗附近受天光和阳光直接影响的区域，以及远离门窗不受影响的区域。门窗附近的区域由于受天光和阳光的直接影响所以其光影结构与日景外景类似。而远离门窗的区域可以将门窗看作一个大的柔光光源，景物呈现明确的侧光效果，且光线随距离衰减的效果较为明显。

图 6-26　商业短片广告《永恒》

内景环境的光线效果所具有的特征是：光区划分明确，光比大，反差适中，投影方向一致，由光线效果造成的空间纵深效果较强。以上面这支商业短片广告为例，这是由法国鳄鱼集团定制的商业短片广告*Timeless*（《永恒》），该片获得2018年戛纳广告节银奖。片中儒雅的男主角和优雅的女主角相遇在巴黎火车站。他们在狭长的火车上穿越时空，上演了一段奇妙际遇。片中男主与女主在车站和车厢中的追逐戏，二人始终留有一定的距离，而在车厢内影片的创作者所营造的日景内景氛围恰到好处地将这男女二人的距离感诠释出来，柔和的光影效果也将二人之间若即若离的暧昧情感巧妙地传递给观众。

3. 夜景外景，城市，野外

夜景外景从光线造型技巧方面来讲，其最为重要的特征就是人工光源，夜景中没有自然光源，即使有月光和星光也并不能起到光源作用，只能作为背景的光点点缀出现。夜景外景可以分为城市夜景和野外夜景两大类。城市夜景的特点是光区林立，光源性质复杂多变。夜景中的高光点，多由零散分布的人工光源构成，这些构成高光点的光源，对于调整环境的层次丰富程度有着重要的意义，进而影响到夜景的气氛。在营造夜景外景的光线气氛时要注意归纳光区，做到丰富而不杂乱。

下面这支短片是由亚马逊出品的圣诞主题商业短片广告《我的朋友是鬣狗》，该片将大量的情节片段选取在城市夜晚拍摄，片中依据场景布置了大量的彩色灯光与城市夜晚的零星路灯，这些星星点点的人造光源彰显了节日的气氛。影片中这些看似零散杂乱的光源，由摄影师和灯光师深入理解剧本创意后缜密设计，使人物在城市夜景外景的场景中获得了十分自然且恰当的光影效果。此片的夜景光线效果设计集中体现了城市夜景外景乱中有序、杂而不乱的光效特征。

图 6-27　亚马逊圣诞主题商业短片广告《我的朋友是鬣狗》

夜景外景在处理野外气氛时，与城市夜景有较大差异。野外自然环境下缺乏有效光源，要注意设置篝火等人工光源作为主光，各种补充光源要控制在合乎环境气氛的限度内，避免出现光影结构穿帮的情况。

下面这支沃达丰圣诞形象商业短片广告就可以很好的说明这一点，在片中，当画面内容进行到篝火升起，男女主围坐其旁的段落时，演员的面部光影塑造得非常饱满。在篝火作为主光源的布光逻辑中，各方补光做得面面俱到并且精准高效，在保证段落气氛的同时，也将影片的观感质量提升了一个高度。另外一个重要的技巧是利用好日落时分天光迅速衰减的时间段，即所谓的magic time。在进行野外的夜景外景布光创作时，一个非常棘手的问题就是后景和天空的密度控制。利用好magic time天空残留的密度可以完美地解决这一问题，塑造出极具奇观性的“魔幻”效果。

图 6-28　商业短片广告《沃达丰圣诞之夜》

4. 夜景内景

夜景内景无自然光源，所有光源都由人工设置，所以在气氛塑造方面不受自然光源的限制。所以夜景内景在用光方面是诸种典型时空气氛中最为灵活的。就其特征来说，最为重要的一点就是光区的设置。夜景内景根据空间环境的大小以及情绪气氛的具体需求可以被设置为纷繁复杂或整体统一的各种光区分布。这种光区设置上的高自由度，使得夜景内景的光线气氛极易呈现出良好的视觉效果。即便是在较小的成本投入下，夜景内景也能创作出千变万化的光影效果。

以下面这支为德国大型超市PENNY制作的以疫情为背景的商业短片广告为例。因为疫情，全世界都陷入停滞，每个人都因此错过了本应该享受的人生。短片中的母子正探讨圣诞礼物，而母亲想要的礼物却非常独特。由于影片选题与创意的特殊性，导演在场景的选择上使用了全部内景拍摄，而影片的故事大部分时间发生在夜晚，这也就涉及室内光源的划分与布置。而在室内光源的区间造型方面，影片在遵循光区布置与使用方法的传统规律的基础上，结合导演构思与创意剧本的情节需求，将不同场景内不同叙事内容的情绪与氛围区分得十分鲜明自然。强烈的大反差情感状态也在光域光区的整体统一或复杂的排列组合下结合着各个光区间的强弱对比分布，将房间内与母亲在餐桌上的平静时刻与在夜场中暧昧激情的氛围情绪完美分割并且各放异彩。

图 6-29　商业短片广告《愿望》

### 5. 清晨与黄昏

清晨与黄昏作为日景的特殊效果在商业短片广告中的应用也非常广泛。由于其特有的有别于一般日常的光线气氛效果，使得这一特殊时段的时空气氛具有很强的烘托情绪气氛的作用。清晨与黄昏在光影结构上比较接近，其共同的特点是：主光源高度角低，色温差大，光比大，主光呈侧光效果，天空密度较低不易出现过曝丢失细节的情况。而要在这两种气氛效果中进一步作出区分的话，其细节上的差异主要表现为：清晨主光的色温高于黄昏，画面整体色温差小于黄昏。黄昏时分的光质硬度高于清晨，造成其光比大于清晨，景物的立体感强于清晨。

我们可以简单地通过这两支商业短片广告来进行对比分析。前者是为OPPO手机拍摄的商业短片广告《出海，只为日出》，影片的整体光影色调氛围呈现出明快、分明的视觉效果，具有整体色温偏冷，被摄人物形象明确清晰的特点。这也更好地突出主人公姜文的硬汉形象，营造饱满的视觉清爽、层次分明的日出清晨氛围。而另一支为I DO拍摄的商业短片广告《情人节最好的礼物》，这支影片整体氛围处于黄昏时段的画面，整体色温走向会偏暖，对比反差较大，基于男女二人的甜蜜情景，黄昏粉黛色的光线更加衬托了这种暖昧、浓情的氛围，使影片情绪更加饱满强烈，也促使受众在观看影片时感受到产品所带来的代表着爱情甜蜜的独特气息。黄昏日落是表现情人节或者爱情桥段使叙事达到高潮再好不过的选择。

图6-30　商业短片广告《出海，只为日出》

图 6-31　商业短片广告《情人节最好的礼物》

## 四、光线作为被表现的直接对象参与叙事

在绝大多数的商业短片广告中，光线通常都是作为塑造形态或创造气氛的工具加以运用的。在诸如此类的光效运用中，其内在逻辑都是利用光线在被摄体对象或空间环境中形成的光影关系来对景物或环境进行展示。正是有了光，有了光影变化才使得景物被观察被记录成为可能。所以利用光来呈现景物、环境是自然而然的创作思路。但在商业短片广告创作这一极为注重创意的创作领域，所谓自然而然的创作思路有时候反倒是一种束缚。以光线造型技巧为例，打破将光线当作造型工具的思维桎梏，将光线看作是可被表现的直接对象，这种影像创作思路上的转变有利于从创意层面影响和促成商业短片广告的创作。

光线本身是难以被摄影设备直接记录的，我们在进行影像创作时总是着眼于其所产生的光影效果。也就是说我们在影像创作中谈到的用光基本可以看作是对光影效果的运用与表达。把光线当作工具去表现景物和环境即遵循了上述逻辑，而把光线当作直接表现对象也依然遵循这一逻辑。同样以光影作为直接表现对象，两者的不同之处在于前者是利用光影效果去表现景物与环境的形态，而后者则是利用光影效果去表现光线在时空中的存在状态。

光在影像作品中的出现往往用于表现其他人、事、物的质感，又或是服务于故事走向，帮助渲染某种情绪状态。就比如在下面这支雪佛兰迈锐宝商业短片广告《光影剧院》中，没有华丽的表演，没有形形色色的道具和五彩斑斓的场景，而是选择用最纯粹的单色影调，来拍摄最纯粹的光线的模样。影片的创意主题即用光影讲故事，因为有光才有了影子——用光塑造初升的太阳的影子，光打到组合的零件上塑造了灯塔、迎风的帆船、翱翔的海鸥等饱含意蕴的形象。变换的光影寓意“未来”影子是伴随梦而来的，最终呼应Slogan“雪佛兰梦创未来”。当光影经过巧妙地设计并深度融合进导演的创业剧本和构思中之后，是可以“独当一面”地进行内容描述与情感表达的，被作为直接表现对象的光线也表现出了独一无二的不俗气质。

图 6-32　雪佛兰迈锐宝商业短片广告《光影剧院》

## 五、光作为象征性存在于主题中

通过对光线在景物或环境中造成的光影效果进行的表现，光线在商业短片广告中可以作为被表现主体确立起来。但光线不是商品，没有任何一支广告会将光线作为宣传主体，那么确立光线作为影像的表现对象，对于商业短片广告的创作有着怎样的意义呢？通过对该种类型的广告作品的研读我们可以发现其中的创意逻辑。

光作为人类生活必不可缺的存在物，被人类赋予了诸如明亮的、温暖的、正义的等各种美好寓意。而诸如此类的各种积极寓意，在商业短片广告创作中也常被用来喻指其宣传对象，于是光在商业短片广告中便常被当作一种极具象征意义的意象与其宣传对象关联起来。

图 6-33　2026 年意大利米兰冬残奥会先导视频短片《我们是光》

上面这支在2022年北京冬残奥会闭幕式上播放的2026年意大利米兰冬残奥会先导视频短片《我们是光》便诠释了光在影片中的象征性意义。这支短片主要表达了冬残奥会的体育精神，它要向全世界表明："改变始于体育。"影片使用象征希望、勇气、力量的多种色彩光线，展现残疾运动员们拼搏的精神。不断变化的光线打在残疾运动员们的身体上、坚毅的脸颊上，并与运动画面交叉剪辑，强化了运动给每一位残疾运动员带来的自我突破，带来的希望之光。一束束抢眼夺目的光打在运动员不健全的轮廓上，象征着残奥会运动员们因为加入运动而自带光芒。在这里的光线便象征着一种气质，一种属于奥林匹克的精神，更是创作者希望赋予意大利冬残奥会的独特理念——"我们是光"。光的象征意义不仅在于光本身，更在于它出现的时机、环境以及所作用的对象之上。

# 第三节 摄影技巧与色彩造型推动故事发展

商业短片广告不同于其他形式的影视作品，在视觉呈现方面它讲究更加极致的视觉效果和更加直观的情绪及气氛表达。由于时长的限制，商业短片广告在情节、气氛等方面很难有机会做大量的铺垫，所以在核心诉求的表达上讲究以直接、短平快的形式落实为影像表达。

在众多的摄影造型技巧中色彩造型手段是影像创作最为基础的造型手段之一。在影像创作的各种造型手段中色彩造型手段也最为直观。它是一种即使脱离影像内容与环境，亦可造成表意效果的造型手段，其在影像表意方面的作用直接而高效。

正是由于色彩造型技巧独特的表意作用，使得其在商业短片广告的创作中成为不可或缺的基础性的造型技巧。然而谈到影像的色彩造型，一个不得不说的问题是其在运用过程中的复杂性。就商业短片广告的制作流程来讲，可以毫不夸张地称其为复杂工程。其创作与制作的过程牵扯多个学科、多种技术，需要各种人才的通力协作。在影像的色彩造型创作方面，从前期到后期一般至少要三个部门来协力完成，分别是美术部门、摄影部门和后期调色部门。三个部门在色彩创作上既有分工又需协作，其过程充分体现了商业短片广告创作的系统性与复杂性。

美术部门在商业短片广告创作中主要负责拍摄场景的搭建工作。其工作中的色彩的运用主要通过控制景物的固有色而得以呈现，所以在影像的色彩造型方面美术部门的工作是最为基础的，其他部门的色彩控制在其基础之上完成。或者也可以说美术部门的色彩控制在影像创作中起到“打底”的作用。摄影部门在色彩造型方面最主要的手段是光线，主要通过色光的运用实现影像的色彩控制。相较于美术部门，摄影部门利用色光实现的色彩造型更具戏剧化，在表意层面也更加直接和充分。最后在影像的后期制作阶段，运用数字技术实现影像光色重构的部门则是调色部门。在影像的创作过程中调色部门可以在已形成的影像上，对光线和色彩施加调整与创作。数字制作技术的发展赋予了调色部门最为灵活的色彩控制手段。

从商业短片广告的制作流程上来讲，美术部门的色彩控制最为基础。摄影部门一方面受其影响，另一方面也可以在其基础之上实现再塑造。而调色部门则基于已生成的影像进行色彩的调整与控制。就目前的制作流程来讲，三个部门在色彩造型上施加的调整与控制是不可相互替代的。

## 一、色光、材质与固有色

前文谈到在商业短片广告的制作流程方面美术、摄影、调色三个部门的工作有着明确的相继性。美术部门在前，摄影部门紧随其后，最后则是调色部门。在实际创作过程中，一般由导演提出影像呈现的总体目标，然后由相关部门来讨论并落实为具体的实施方案。由于各部门所具有的工具、技巧、手段各不相同，在落实影像创作目标的过程中，各部门所需承担的具体工作也不尽相同。例如在景物的质感方面，固有质感的确立是美术部门通过置景实现的，而摄影部门和调色部门可以通过各自的技巧实现质感的强化与削弱，但如果在置景阶段某一景物的质感没有被设置好，那么其他部门是很难凭空实现某种具体质感的。再比如某种确定的影调结构总是基于场景固有色的调性实现的。摄影部门在场景的光色调性基础上，创作更加精细的光影结构来构造场景中的主次、强弱等关系，形成更加系统更具表现力的影调关系。调色部门在已形成的影调关系上，进行光色校正、气氛强化、细部修饰和个性化色调创作等工作。然而如果最初的场景固有色设置方面偏离了导演的创作目标，那么后续部门虽然可以利用各种手段和工具进行修改调整，但这样的操作最终会严重影响成片的影像质量。所以在影像创作方面一个重要的创作观念需要被引入，即各部门应当兼顾效果与效率，将导演的影像创作目标分解成不同的步骤，充分利用各自部门的技术技巧担负起最适合本部门的创作工作。不给上下游的其他部门制造难题与障碍。

图 6-34　商业短片广告《CHANEL N°　5 香水》

图 6-35　商业短片广告《CHANEL N°　5 香水》配色示例

由Jean-Pierre Jeunet导演，奥黛丽·塔图（Audrey Tautou）主演的CHANEL N°　5香水商业短片广告，以机会与命运为主题，描述了一对男女在驶往伊斯坦布尔的东方快车上因为香水而相遇的故事。这款香水是世界上第一款人工合成的“抽象”香水，打破了当时香水的传统精神。在本短片的影像创作中，为了达到其商业目的，美术部门在选材方面，选择了和五号香水奢华与优雅的调性一致的法国木质火车厢和华美的古典火车站场景，作为画面中的固有质感，充满欧洲中世纪浓郁的浪漫文化特质，古朴而精致。美术对于场景固有色的选择与设置为整支影片最终呈现金色系色彩风格奠定了基础，只有场景与陈设的固有基调选择正确，才能使其他部门的工作可以进一步地完善影片整体的色彩呈现。虽然说我们可以通过摄影、灯光、调色等部门后期的工作弥补一些前期的缺失，但最终的呈现效果却将无法实现预先设计的呈现效果，更会造成偏离导演构思、丧失影片情感寓意的严重后果。灯光部门巧用佛手柑、柠檬、橙花的色系，设计暖色光和蓝绿调加强了场景和物体的质感，从火车窗户外不断打入女主房间的偏暖白光和打在男主脸上的红色布光，强化了画面的光影和物体结构，最后后期调色部门在对色调进行统一协调，通过各部门不同的技术技巧表达出香奈儿（CHANEL）一种无法言喻的香氛气息。面对这样的抽象概念表达，我们往往通过视觉与听觉的具象化方式进行诠释，而视觉方面最有力的手段便是色彩渲染，这也要归功于美术、摄影、灯光、调色等部门的合力作用。

## 二、色调控制

在影像创作中所谓色调是指影像画面的色彩总体倾向。为影像设定明确的色调倾向有利于形成统一的色彩感受，而统一的色彩感受又有利于加深观者对影像画面的印象，从创作的角度讲也有利于情绪、气氛的表达。所以在影像创作中把控画面的整体色调是色彩创作的基础工作。相较于其他部门的画面色彩造型技巧，摄影部门利用光色技巧实现的画面色调控制在视觉效果上更加显著，在表达方面也更加高效。利用光色可以方便高效地实现色调的全局控制，而利用控光手段又可以方便精确地实现精准的局部色彩控制。

例如保时捷的商业短片广告，影片的色彩风格明确，摄影师以及导演根据保时捷的独特车型以及其品牌的历史确定了影片中独特的色彩总体倾向，为观者呈现出一种智能化、快速、强劲、激情以及始终如一的品牌理念。影片开头的低明度处理为整部影片奠定了神秘的感受。而运用光色技巧，塑造低明度下偏冷的蓝绿色调第一时间抓住观者眼球，这样既统一又极具表现力的主观色彩不同于其他汽车广告中对产品与环境较多的固有色描写，而是将色彩的情绪伴随赋予在这支影片与汽车之上。随后汽车的灯光接连亮起，给观者以视觉冲击，黄色的车灯与冷色调的蓝色环境光形成了冷暖对比。影片中的色彩不再仅仅是客观色彩的技术现象，而是成为影片造型形式的有机组成部分，成为表现人物情绪和情感的重要造型表达手段。在影片中，红绿、蓝橙的互补色运用使得影片更具独特性以及视觉冲击力，其中红色、橙色等展现保时捷的激情，蓝色、青色等则是对科技感、智能化的体现。导演通过色调控制情绪的递进，呈现了由低迷到激昂的情绪转变。在影片中除了可以起到视觉感官层面的外在作用，更可以直接影响观者在观看影片时的内在情绪与心理活动。

图 6-36　商业短片广告《保时捷 Taycan》

图 6-37　商业短片广告《保时捷 Taycan》配色示例

## 三、色光与表意

前文中曾谈到色彩造型手段在影像创作中的各种造型手段中最为直观。人类在观察自然和社会生活的过程中积累了丰富的视觉经验，并演变出了有关色彩的心理规范。例如红色象征热情、性感、欲望。有时候也会给人血腥、暴力的印象。色彩的这种心理属性使得其表意效果非常直接和高效，以至于即使脱离了影像的具体内容与环境，亦可造成明确、直观的表意效果。

作为摄影部门最主要的色彩控制手段，相较于一般影视创作，色光在商业短片广告创作中的运用更加自由随性。在影视剧创作中故事总是发生在具体的时空场景中，所以其光线气氛总是有着具体的时空限制，这一点在前文中已经有详细的阐述。所以在色光的运用上总是受到具体时空气氛的限制，打破这种限制就会使场景的现实可信度瓦解，影像的气氛将从现实走向非现实。然而在商业短片广告的创作中对场景的现实可信方面的顾虑则基本被打消了。除非是立意方面对现实气氛有不可回避的需要，否则影像的创作将以创意与宣传诉求的表达为首要目标。在这种创作观念的指导下，色光这种直观高效的表意手段必然会被应用得更加充分与极致。

图 6-38　商业短片广告《AirPods Pro 捕捉》

例如这支由苹果公司发行的AirPods pro的商业短片广告，影片利用短短两分钟的时长在充分展示产品卖点的同时也通过场景色彩的对比差异将整个影片的审美水平大大提升。值得一提的是，本片的创意点便是聚焦在产品突出宣传的“降噪模式”这个卖点上。导演在架构影片时将此模式开启前后割裂成两个完全不同的声音世界，一边是人潮汹涌的现实纷扰，一边是乖张自由的独自一人的疯狂时空，而突出这个卖点功能的强大，只有将两个时空的差距拉得越大，其效果才越明显。毫无疑问影片运用色光将两个时空色彩区分开来，一边是写实的、灰暗的躁动街道；一边是色彩夸张艳丽的赛博幻想世界。同一场景，两个不同色彩配色方案，准确地表现了因为耳机音效所产生的剧情变化。由此可见，在商业短片广告中，色光的表意性对于叙事具有强烈的协助推动作用。

图 6-39　商业短片广告《AirPods Pro 捕捉》配色示例

## 四、色光与光线散射

当光线通过有尘土的空气或胶质溶液等媒介时，部分光线会偏离原方向而发生分散传播的现象，这种现象被称为散射。在清晨，有薄雾的天气中光线因介质在空气中的弥散而出现散射现象，会呈现出非常美丽的自然景观，这种景象又被称为丁达尔效应。丁达尔效应在摄影艺术中有着非常广泛的应用，在具体工作中通常利用烟饼或烟机发烟来充当空气介质，以创造出这种令人着迷的景象。

丁达尔效应在影像创作中与光线造型技巧相配合能够有效地烘托氛围，提升画面质感。我们在应用光线造型技巧时，一般都要借助具体的景物载体来呈现光线效果。而如果我们利用丁达尔效应来呈现光线效果，那么光线就会在场景中呈现出一种实在感，光线仿佛具有了体积，所以这种光效也被称作体积光。如果我们更进一步地将体积光与色光相结合应用，就会使光色在空间中变的具体实在，就仿佛是我们用色彩对空气做了染色与填充。借助这种独特的技巧我们可以轻易地将场景气氛推向极致。

例如由三星出品的这支商业短片广告《爱丽丝梦游仙境》向我们展示了丁达尔效应的合理应用。印象派光色理论认为，不变的固有色是不存在的，总是会被光线和空气介质所影响。所以，从理论上讲，当有色光照在有色物体上会改变其原有色的特征。在印象派时期，莫奈在《干草堆》《睡莲》等组画中，证明了固有色与光源色温的相对性，光色对固有色的微妙影响。而光色经过漫散射之后在改变一定固有色的同时，更是为我们营造出一种颇具氛围感的效果，有形状与方向的颜色在我们需要的地方遍布，并合理利用色光的性质，改变光的色相及其饱和度来营造调性。影片在女主人公进入地下世界之前，使用暖色光在高密度的空气中营造出一片祥和温暖的气氛，与地下世界的气氛形成强烈对比，将地下环境所具备的疯狂、迷幻、动感塑造得十分饱满。在描述地下城世界丰富多样且看似杂乱无章的角色事物时，不同种类的有色光散射形成的体积光也在场景内不同局部之间进行了区分，从此不难发现排除掉太阳光等多种杂性光源影响，经过漫反射呈现出的有色光光环境可以更好地达到创作者的主观目的。

图 6-40　三星商业短片广告《爱丽丝梦游仙境》

## 思考题

分析一部你认为视觉表达很有特点的影片，并说说视觉表达方案与叙事的关系。

## 推荐书目

郑国恩. 影视摄影艺术[M]. 北京：中国传媒大学出版社，2009.

# 第七章

# 商业短片广告的导演创作与演员表演

- 演员（Performer）的意思是执行者和参与者。而表演则是以演员本身为材料，去演绎故事中的角色。表演是在剧作给定的规定情境中的行为动作，也因为所处的艺术形式不同，演员的表现方法也不相同。舞台剧强调表演应该呈现出演员对生活的感受之深，以及外在的肢体张力，要求感情强烈、发音清晰。而影视表演因为有摄影机的参与创作，摄影机化身为观众的眼睛，也参与到表演之中，所以要求表演不能外放夸张，转为追求自然、亲切、生活的表演方式。

- 商业短片广告的表演也是如此。当然，这也与商业短片广告的创意剧本有关。如果商业短片广告的影片类型是戏剧化、夸张的，也许需要更贴近类型化的表演方式。角色的创作是表演的重点，演员将自己平时的生活阅历与专业技能相连接，使故事中的角色更真切、具体，并以生动的方式表现出来。因此，表演效果与他的生活经历、生命体验息息相关。

- 虽然商业短片广告的演员会以故事中的角色为基础，在表演中加入自己对角色的认知、对生活的理解，并反映出自身修养、个性特点等“本我”特征。但在商业短片广告中，演员同时也要具有表达广告信息元素的能力，因为他们还肩负着与观众在屏幕内外进行商品或品牌理念、信息交流的使命。因此在商业短片广告中，演员不但要呈现出独特的角色特征，还要创造与影片商业诉求吻合的人物，并在不知不觉中与受众产生共鸣。

# 第一节 商业短片广告导演如何指导演员的表演

一直以来电影、电视和戏剧的诸多表达方式和手段都被使用在商业短片广告中，但商业短片广告还有一项最重要的任务是需要对商业诉求的准确表达。因此导演不仅要具备专业的影视素养，包括音乐、戏剧、艺术、表演、摄影、文学等，还同时需要有大量的营销理论积累。在商业短片广告的前期筹备阶段，导演应基于对故事创意、商业的诉求和角色的定位的理解，详细规划整体影片的风格和特点，这也就确定了表演的风格。拍摄阶段导演则需要思考，在既定的表演要求下怎样启发演员、激励演员、演员如何调度走位等问题。

商业短片广告是说服的艺术，演员通过其自身的代入感在推出产品和品牌形象的同时引起观众的共鸣。但如果演员的演技欠佳，角色呈现没有层次，演员就会沦为故事表达中“不生动的道具”。

## 一、演员要接近商业短片广告故事中的角色设定

对于商业短片广告的演员选择，我们应该建立在对创意有着全面独特思考的基础上，挑选和故事中角色气质接近的表演者。这与其他电影和电视作品出发点可能不太一样。其他电影和电视作品可能会允许角色在第一次出现时与其核心特质不甚相符，经过戏剧性的冲突和时间的流逝，角色的个性会发生变化。然而，商业短片广告的时长和内容是有上限的，三分钟到十几分钟不等，那么在商业短片广告中，

公众对角色的判断要在角色出现时就瞬间建立起来。例如创意剧本中对角色的描述为一位农村的小卖部老板。那么，表演者必须从外在就与人物设定相仿，并且地域、皮肤质感、穿着打扮等符号化的造型感必须是显而易见的。这很像京剧中的脸谱化表演。例如，红色的脸谱代表正直和忠诚；黄色的脸谱代表平静和残忍；蓝色的脸谱代表着创造力和力量；白色的脸谱代表狡猾等。

商业短片广告中演员的表演也应该具备一种指向性，我们常见有粉丝因为喜欢某个演员而喜欢某种事物，所以从心理学角度分析，因为观众认可了演员的出色表演和真实情感的表达，从而会被激发出购买欲。因此商业短片广告在选择演员时应该让演员与商品本身的气质相符合。观众还热衷于探讨商业短片广告中演员的美与丑。可以假设，如果表演者太漂亮，观众的注意力会不会被转移，而非聚焦在商品上。当然凡事没有绝对，就像奢侈品、化妆品、时尚衣物等。如果选择美丽的演员来满足观众的需求和期待，则会对推广产品产生良好效果。所以，选择演员的准则只有适合角色，没有对错，也没有美丑。

此外，商业短片广告有时会找非专业演员出演，来试图达到和创意设定的角色的相似性，使角色具有真实生活质感。因此要避免聘请“熟脸”，试想他们经常出演各种广告短片，对观众来说已经形成了审美疲劳，这类演员的“说服”是否还可信？我们应该在商业短片广告创作时，遵循故事给定的角色和情境，寻找气质和行为与角色最为贴近的非职业演员，因为“他”就生活在我们的身边，“他”不是演出来的，“他”就是故事中的那个人物，“他”传递的商业信息是值得观众信任的。

耐克的商业短片广告——《甭信我，服我》，讲述的是五个北京人放出狂言，然后用实力较劲，让狂言落地生根的故事。片中选择的“老北京”形象质朴自然，和“Z世代”追捧的潮流产品“耐克”产生鲜明的反差。该片恰当地选择热爱体育运动的小市民形象，将普通人吹牛这一日常动作加以夸张——“输了就吃篮球”“带姥姥上场打球”“输得只剩裤衩”。片中通过演员搞笑的表演，反衬出积极向上的戏剧效果，使看惯了都市时尚文化的观众产生新鲜的陌生感，引发观众兴趣。该片也遵循了剧本人物设定和假定性情境之下挑选演员的准则。表演者的人物形象、外部动作、视听张力都符合整体故事设定，也符合观众来自自我生活背景的认知，与导演对于广告故事的判断以及商家需求所展现的气质相吻合。故事有趣、人物生动，笼络了年轻消费者。

图 7-1　耐克商业短片广告《甭信我，服我》

## 二、导演如何与演员合作

“导演是演员的镜子”这句话出自斯坦尼斯拉夫斯基，当然在商业短片广告的拍摄中也同样适用。在戏剧舞台上，演员直面观众，台下的欢笑、哭泣、鼓掌等反应都是对演员表演是否成功即时地反映。而拍影视作品时，导演要审视演员的整个表演过程，就像舞台下的观众在审视演员的表演，因为演员身处情境中，无法清楚感受自己的演技是不是准确精湛，导演此时就是演员对面的一面等身镜，是表演判断的标尺，导演的选择决定了演员是不是可以最完整真切地还原故事中的角色原貌。

有没有专门针对商业短片广告的固定表演模式呢？答案是否定的，商业短片广告所需要的表演风格更多元。无论什么样的表演，都要在既定的故事剧本之下，在规定情境中还原出生活感。导演作为剧组的灵魂人物，其对剧作的认识、对生活的观察与感悟都将决定影片的质感。我们常说好导演应该是“好演员”，这里指的“好演员”并不是让导演自己去演，而是指导演应该在现场能够准确地为演员示范表演，并且自己的示范能让演员受到启发。导演还应全局考虑，保护演员的表演积极性。导演与演员的沟通常见的说法是“讲戏”，包括商业短片广告的主诉求目的、故事的脉络、人物的心理活动依据、情绪转变等，细细讲给演员，使用外部动力来表演，启发演员学会控制表演的节奏。

商业短片广告大量的运用镜头表现演员表演的细节，甚至剪辑师在剪辑台上也可以通过剪辑手段“帮助完成表演”，蒙太奇语言的使用，允许演员只需要在单个镜头内表演出需要的表情或动作。所以在拍摄现场，导演可以运用多种手段帮助演员进入状态。比如商业短片广告经常寻找非职业演员，但非职业演员表演经验欠缺，在运用讲戏、启发等多种手段之外，还有可能需要使用刺激演员生理性反应本能的手段，这也能激发出令人满意的表演效果。假设需要拍摄哭戏，非职业演员没有经过系统的表演培训，可能很难直接哭出来，导演可能会和他谈论亲人的去世等令人悲伤的事件，虽然有些“残忍”但却让摄影机准确地捕捉到在单个镜头内演员的真情实感。当然针对不同的故事、不同的演员，导演都会寻找到合适的方法来启发演员，这没有一定之规。

导演需要以自我的审美力，以及过往的生活经历，选取演员的外形，而后与演员沟通对角色的认知，以演员为“材料”进行语言、行为动作、表情从内部到外部的情感表达，逐渐使角色丰满、刻画准确。此外，因为影片风格不甚相同，导演对于演员挑选的要求也不同，关于指导演员表演的思路也要随之转变。发现演员的“与众不同”也是所有导演都必须要做的功课。无论何种形式的表演，最初都来源于戏剧表演，戏剧表演通常由导演对演员的表演进行反复的排练后，由演员们自我把控呈现在最终的舞台演出现场。这与商业短片广告这种需要生活化表演的艺术形式完全不同，表演只是商业短片广告创作的一个要素。在商业短片广告中，演员的表演风格、演员调度、方式方法都由导演掌控，再由呈现的画面判断演员的表演是否精准有效。因此，导演必须了解表演，拥有正向的审美观。不断观察生活，再加上自我的情感体悟，才可以找到准确且出色的表演风格，指导表演者对故事进行二次创作，准确地表达角色的心理活动和表演的内外部节奏。还有一点要多加注意，在商业短片广告中，演员的表演不是独立存在的，而是与其他部门的工作息息相关，例如表演的时机与摄影机运动轨迹的配合、演员视线角度、走位范围等。

# 第二节 商业短片广告的规定情境是人物塑造的基石

剧作所给出的规定情境是主创拍摄时必须参考的条件，主创们可以在这个基础上进行二次创作。斯坦尼斯拉夫斯基提出了“规定情境”的概念，并在《演员的自我修养》中详细阐述了其含义和内涵。“规定情境”主要是指剧本中关于情节和背景的设定，或者是关于人物的生活环境、某些事件发生的条件、人物之间的关系的规定。

人们生活的精神层面就是内部情境，包括人物的性格、情绪、观点、欲望、意志和目标。内部情境是角色心理和内部状态的具体表现，也是演员创作的主观条件。剧本中包含的事件、事实则是外部情境，这是演员创作的客观条件。正是这些外部情境可以直接影响角色的性格。所以规定情境是由内部情境和外部情境的相互作用产生的，内部情境和外部情境之间的信息交织是故事发展的推动力。由以上可以看出，对于演员和导演来说，规定情境可以直接引导或影响表演创作。

## 一、角色与规定情境

研究商业短片广告的规定情境首先要从角色来分析，包含却不限于人物的职业、年龄、前史、兴趣等。不同的观众会关注不同的商品，受众定位的不同直接决定了作品中的角色定位。人物行动都来自人物的性格设置，性格的不同导致情节走向必定产生差异。接下来要考虑的是发生了什么。如前文所述，商业短片广告总是希望达到“情理之中，意料之外”的效果。因此故事的特殊性和合理性是关于商业短片广告是否立得住的第一要素。即使故事篇幅简短，但创作的主要目的仍然是叙事。故事是由情节构成，角色则是事件的主体，分析事件的起承转合，进而为角色的行为找到依据。

演员如果明确了剧本中的情节发展，便可以听从导演的指挥开始准确的表演。这要求演员们仔细研究剧本中的主要事件以及该事件的发展和结果，从而真正找到表演角色的依据，并开始思考该事件中角色的外部动作。如果不依据此流程，很可能造成演员的表演与角色分离的后果，角色呈现将不具有可信度。

如果规定情境中的时间地点完全改变，会给角色的行为带来不同的感觉。例如，夏天在森林里散步转变为秋天在森林里散步，就会给角色带来一种完全不同的感觉。而电影的时空是营造气氛的基础，会调整角色的心理路径，改变情感的节奏。因此，在制作短片时，主创必须严格按照规定情境的时空处理情节。

演员表演的动因是“做什么”和“怎么做”，并借由肢体动作与表情在规定情境给定的要求下，准确且不留痕迹地表现出来。所以当规定情境明确时，演员最重要的是明白角色下一步要做什么，也就是明确角色行动的路径。影片中主角的行动主要取决于他的思维逻辑，在找到角色的思维逻辑后，演员要听从导演和规定情境的指挥，发挥自己的表演技巧，从台词到明晰的动作，以达到角色行为的最终目的。

在影视创作中有一句俗语：“写戏写规定情境，演戏演人物关系，表演的关键在于判断”。这意味着：表演的核心是处理角色之间的关系。在这个过程中，我们可以深入探索深层次的人物关系，比如探索人物前史，从而展示一个鲜活的复杂人物。故事主要依靠事件推动，事件的发展决定了规定情境，规定情境决定了人物关系，人物关系就是人物塑造的基础。因此，故事的起承转合均以人物关系展开，这为演员创造独特而具有丰富层次的角色提供了支撑。

例如2018年滴滴公司拍摄了一支根据真人故事改编的商业短片广告《最后一公里》，赚足了观众的眼泪。故事描述了一名年迈的滴滴司机，每天在繁忙的载客过程中，都会提前一公里为顾客截单，用这小小的善意回馈他得到的帮助。这位滴滴司机也是一位父亲，和妻子、女儿原本生活得十分幸福，但日子却被女儿突如其来的罕见病打乱了，面对巨额的医药费，父亲变卖家产，不分昼夜地开始了他的滴滴司机的工作。但是，命运却再次使这个贫寒的家庭雪上加霜，父亲的车也已经“年迈”不能运营上路，女儿的医药费无以为继。在父亲崩溃之际，滴滴公司得知了他们一家的苦难，给父亲换了一辆新车。正是滴滴公司的善举影响了老父亲，无论家里再难，他也要回馈社会、回馈乘客，因此出现了影片开篇的一幕——每次都会为乘客免除最后一公里的车费。影片的最后女儿的病情得到了控制，老父亲也有了笑容。在观众们长期的观念里，滴滴公司在初期市场竞争时也曾强势且冷漠，一直以来的广告宣传也多偏于轰炸型，缺少路人缘。这条商业短片广告一出，滴滴立刻通过这则真实事件改编的故事与观众产生了心灵沟通，成功地打动了观众心中最柔软的部分，善良与感恩的主题也成为催泪弹。

这条商业短片广告中，老父亲的扮演者是老演员马立波，他将父亲的担当与勇气展现得淋漓尽致。在这部影片中，面对剧本给定的规定情境，马立波用精湛而准确的表演展现出面对女儿的罕见病时老父亲孤立无助却又异常坚韧的情绪变化，形成了一种非常朴实的表现方式。一般来说，职业演员的表演由真正的生活经验生发出来，表演技巧会在商业短片广告中颇为增色，但对于这样一个以朴实真挚为核心的情感短片，作为职业演员的马立波老师选择放弃“技巧”，而通过表情、动作的真实细节表达人物在此情此景中的情绪，以自己也是一个老父亲的身份去感受角色的心理处境、生理处境并微妙地传递人物的内部心理活动。他已经不需要去“表演”，他就是那个面对困难不言败的平凡父亲，一名接受滴滴公司善意，涌泉相报的滴滴司机。所有的表演因为有了准确的规定情境的设置，一切都显得水到渠成。马老师扮演的滴滴司机师傅让很多人泪目，纷纷在这条影片下留言：“泪奔中，明知道是广告，还是忍不住转发了！”滴滴借此商业短片广告提升了品牌价值，传播了向善的品牌理念，树立了良好的品牌形象。

图 7-2　滴滴商业短片广告《最后一公里》

当下短视频创作如火如荼，很多被追捧的创作者大多是平凡人，但其中不乏有表演天赋的人，在每一个作品里都流淌着他们对表演的热爱，所以当这些非职业的演员们在表演创作时不要期盼他们能够去“表演”，而应该让他们在规定情境中释放自我，并且展现出大量的对于日常生活细节的积累，这样才能用真实的自我经历塑造颇具血肉的人物形象。

## 二、导演要着力刻画规定情境

规定情境是导演指导演员表演需要把握的根本，只有对剧本中的规定情境进行深入研究和深刻体验，才能合理高效地指导和激励演员。

观众真正解读商业短片广告的精髓，首先来自规定情境带来的吸引力。如何快速塑造具有特殊吸引力的情境，是商业短片广告导演需要解决的头号任务。以此为基础，才可以进一步描述人物心理状态，塑造出更鲜活的人物性格。观众才能够沉浸在故事需要的情境气氛中，才能在感受视听刺激的同时酝酿情绪，与人物“同呼吸共命运”，产生移情效果。

图 7-3 泰国公益短片广告《操碎心的鬼魂》

泰国公益短片广告《操碎心的鬼魂》选择了一个特殊的规定情境。在恐怖电影中，经常会出现主角驾车时因为鬼遮眼而发生车祸的情境片段。在这些片段中，鬼魂成了引发车祸的根源。在这部公益影片中，反转了固有观念，可怕的鬼魂将要为自己代言。影片通过几个段落表现出鬼魂并不是要吓司机，而是想阻止他们危险驾驶。影片开始对这种具有吸引力的规定情境的塑造非常成功，成功的缘由首先是对于恐怖题材的选择，引发观众天然的猎奇心理，并且对常见的思维方式进行颠覆，塑造了两个搞笑又正义的鬼魂。其次，演员本身所具有的戏剧感以及表演尺度、造型的奇特夸张共同呈现出的人物产生了特殊魅力。正是在这种前提条件下，才能更进一步描摹人物的心理动机，塑造出独特的角色性格，进而展开戏剧情节。

# 第三节 影响演员表演节奏的元素

音乐中强弱元素的有序循环交替和停顿被称为节奏。音乐是与时间相关的艺术门类，音乐由旋律、和声和节奏这三个核心元素组合而成，一首歌曲的节奏结构决定了何时演奏音符、演奏时长以及强调的程度。而我们也经常谈到其他艺术门类中也包含节奏感，比如建筑、雕塑、舞蹈、绘画、摄影、戏剧等。从艺术表现的角度来看，节奏属于一种艺术感受，是元素之间的和谐关系 。节奏可以在图案、颜色和形状之间以及线条和形式的重复中看到，例如通过造型表达节奏的雕塑作品，以及通过光和影来表达节奏的影像作品。在影视作品中，节奏有助于引导观众的视线围绕一个片段，而不是让视线停留在一个特定的焦点上。

至于表演节奏，商业短片广告和戏剧、影视一样，表演也有其独特节奏。因此商业短片广告的导演应将表演节奏也规划为其蒙太奇构思的一部分。商业短片广告表达语言的一个关键形式是节奏：除了表演的节奏外，影响商业短片广告节奏的因素还包括镜头运动的节奏、声音的节奏、色彩的节奏、造型的节奏、场景的节奏等。因此导演要时刻考虑表演节奏与影片节奏的关系。既然演员用表演来诠释剧本的情节，对于导演来说，他们应该在创作之初就将表演的节奏与其他元素的节奏结合起来设计方案，使影片的整体节奏达到最佳状态。

商业短片广告的制作周期较短，且大量的播出渠道为网络平台，不可避免地会受到时尚、短视频等诸多前沿因素的影响。但商业短片广告的本质是为了传播商业信息，那么导演如何在网生时代控制表演的内外部节奏及其他元素节奏之间的关系，以满足短片剧本的人物塑造和情节细化的要求，是其不得不做的功课。

## 一、表演中的节奏(内部节奏、外部节奏)

表演节奏具有一定的韵律性，这种韵律来自演员内部心理活动产生的内部节奏，并外化为外部节奏，演员的表演能力是其内部节奏和外部节奏平衡的结果。在演出开始时，演员们应该深度分析影片剧本所提供的角色心理、背景前史、规定情境、兴趣爱好等。对人物进行解读，体会规定情境，然后找到角色的心理变化脉络；外部节奏主要是演员心理的外化，是词语和身体的表现。在表演时，外部节奏和内部节奏相互制约。每位演员在表演时对节奏的控制各有不同，但不论用何种表现方式，表演情绪都应该是准确的，是由心理活动引导的内部节奏外化成外部节奏。所以，如若希望角色的外部节奏和表演形式层次更加丰富，就需要演员精准地把握角色的内部节奏。

商业短片广告由于篇幅有限，因此表演存在一种“反色彩”的方式。内部节奏和外部节奏在某些时刻有可能会出现截然相反的现象。“反色彩”指的是在情节和动作上进行相反的处理和表达。简而言之，这类表演通常表现为角色其实拥有紧张的内部节奏，但却表现出松弛的外部节奏。例如，在“冷面式”的表演中，演员漠然无声，但在实际上，他们有着激烈的内心活动。这种内外节奏相反的方法，有时会得到出人意料的结果。演员运用“反色彩”的方式表演，也来自其对生活的丰富观察力，重点也在于“反”这个概念上。演员表演时，演员应遵循角色性格的心理表现，根据情节的设计逐渐使内外节奏发生变化。通过这种方式，剧中形象可以更清晰地表达，因此内部和外部节奏可以随时调整，让观众在变化中感受到角色独有的魅力。

泰国一款避孕药品牌方拍摄了一支商业短片广告《Patcha很性感》，剧中Patcha遇到了高中以来最大的人生难题，她有了喜欢的人，可大胸部、好皮肤、好脾气自己一条不占，那怎么办呢？闺蜜的建议只有一条，吃避孕药吧，包治百病……在影片中两个全程冷面的女孩用一种“反色彩”的表演形式，认真地做一件与自己的年龄颇为不符的事情，台词的成熟与人物造型的青涩形成强烈的反差，反而产生了一种独特的喜剧感。主角的内心其实充满了躁动不安，但是表演的外部节奏却非常平静，将青春期少女的懵懂与欲望夸张地表现出来，内外节奏的“反色彩”表演设计形成了一种无厘头的表演风格。这部商业短片广告也因为人物的准确定位和人物在故事中的成长脉络，使剧作和表演都充满了“反色彩”的特点。所以内外部节奏的“反色彩”效果实现不仅仅依靠演员表演，也与其他视听因素相关，例如短片中使用的《爱的罗曼史》变奏曲，浪漫的曲调与荒诞的剧情也形成“反色彩”效果，成为吸引观众的一大原因。

图 7-4 泰国商业短片广告《Patcha 很性感》

## 二、表演节奏的基本表现形式

### 1. 心理节奏

语言的表达和动作的节奏通常是心理节奏的建构基础。角色的内在需要和欲望是产生动作节奏的关键。在商业短片广告中，演员塑造角色形象最基本的手段和条件是心理节奏。这样，语言和行为的节奏将变得准确，角色将变得更加立体。

在表演中，心理节奏是最重要的部分。节奏是由心理节奏或行动节奏产生的。人物的心理活动会直接反映在他说话时的平静或惊慌，或是说话的速度上。由于心理节奏的作用占主导地位，心理节奏在剧本中也与之一致。情感和心理的节奏应该相互统一，以满足剧本和整个情节发展的需要。它的动力来源于角色的内心世界，以及演员在表演时所经历的情感和情境。

演员的心理节奏在呈现角色时不断变化。有些演员认为放慢动作就是表现人物犹豫，但在观众看来这是掩饰自己的表演痕迹。如果演员不从内心节奏出发，其表演将彻底变成一种“形式”。如果想更清楚、更直接地表达情绪，就需要准确地反映出心理节奏。综上所述，可以得出这样的结论：演员在角色创造之初，必须准确、生动地判断情感和内心的节奏与整个影片节奏之间的变化。比如有些人在被唤醒时会自然发抖，有些人会高兴地哭泣，有些人会咆哮，有些人会克制或狂躁，不同的人有不同的表达情感的方式。这些表现形式与角色的内心密不可分。当角色在某些情况下对某事有独特而复杂的感觉时，这就是他的情感活动。

商业短片广告的剧本创意有时会天马行空，蒙太奇技巧也会更复杂。在较短的篇幅内，其所创造的特定情境会产生持续反转，在塑造人物的过程中也会有很大的波动。因此，商业短片广告演员的表演有时心理节奏转变很大，导演需要演员尽可能能表达当时特定情境下的人物，不断引导演员理解角色在影片中的定位，感受角色的性格和心理感受，这无疑是对演员演技的考验。

图 7-5　公益短片广告《救》

在公益短片广告《救》之中，演员马思纯饰演了一名备受抑郁症折磨的女孩，她直面镜头，情绪在细微的面部表演中流露出来，从一开始神经质似的抽搐到茫然无措，再到自救之后的崩溃大哭、重获新生，她准确地遵照着心理表演节奏呈现出完整的表演过程。马思纯出于对抑郁症患者的深刻共情，以自己独特的表演方式还原了抑郁症发病时的特征。影片简单却立意鲜明，号召观众关注精神健康问题，拉近普通人与病患之间的距离，让大家意识到抑郁症不是传染病，重新关注生活中可能被忽视的身边人。

2. 语言节奏

电影中的台词、语言本身是有感染力的：协调演员表演的声音结构、音调、语速和停顿等其他元素，将显示出许多颠覆性的节奏变化。当演员的语言通过台词传递时，观众能够更好地体会角色的状态和思想。在刻画角色的过程中，台词本身就具有表意功能，潜台词也能够从另一个层面展现人物的诸多细节。不同角色在语言节奏上有不同的特点，然后重叠特定情境，形成独特的节奏形态。例如，老年人、年轻人和儿童的语言节奏是不同的：老年人通常说得慢，而儿童说得快。年轻人的语言节奏轻快活泼，角色不同的语言节奏也会呈现出不一样的戏剧效果。演员在表演角色时可以改变说话节奏来表现人物日常生活状态，演员之间的语言过招也会产生不同的能量。对手的反应也证实了语言节奏易受心理节奏和情感的影响。

图 7-6　京东商业短片广告《顶牛》

以京东商业短片广告《顶牛》为例，陈佩斯父子扮演一对互相看不顺眼的父子，在客厅中吃饭的一场对话，节奏生猛畅快，就像打乒乓球一样，在一来一回之间将父子不和的关系展现得淋漓尽致。父亲对儿子的兴趣爱好颇有成见，儿子叛逆叫板当仁不让，两人用极快的语速交锋，这一语言节奏的准确性、表现力还原了生活之中父子拌嘴的情境，并且将观众带入其中，增添了观赏兴趣。本片不仅准确地塑造出了两个针锋相对的角色，同时也传递出来更多隐含在深层关系中的信息。

3. 动作节奏

演员的台词、动作在规定情境中都具有推动剧情、塑造人物的作用，也反映了其表演的内外部节奏。内心活动反映为外部节奏时转化为动作，这包括演员形体的紧张感、松弛感、动作的力量、动作的速度等。动作的变化根本上受角色心理的影响，当内在心理带动外在行为表达时，动作才更有说服力。动作节奏的随之变化正是角色的表演层次所表达的情感体现。动作的速度和节奏也受角色需求的强弱和行动目标的影响。因此，为了在演出时更准确地控制角色动作的节奏和速度，演员应该深入研究特定情境下角色的心理动机和倾向，了解角色的人物需求是什么，由内心活动引导的动作，可以有效促进情节发展。

图 7-7　宝矿力水特商业短片广告《逆向青春》

例如宝矿力水特一镜到底的梦幻MV短片广告《逆向青春》中，女孩儿赌气没有参加姐妹的表演，两人最终不欢而散。忽然有一日，女孩独自走在楼道间，她感觉后面有人，回头去追，跟着来到了过去，舞台上两个人嬉笑一团。从开始落寞地走路到向着姐妹奔去，再到两人手拉着手飞舞起来，一同奔向明媚的春光。只是一个普通的奔跑动作，跑出了青春洋溢的节奏，同时画面中地面开始起伏，花瓣在空中飞舞，通往舞会的大门再一次伫立在女孩面前，答案已经很明显了，她没有犹豫地推开门，朝着还在那里等候自己的姐妹跑去。内心活动表现在外部行动中，在节奏的改变之间，呈现出更为丰厚的情绪变奏。

4. 时空的放大与表演节奏

导演可以通过蒙太奇思维对物理时空进行重新建构，使时间和空间重新组合，在影片中形成独特的时空表达，也可以根据剧本中的情节来扩展和压缩时间和空间。在篇幅有限的商业短片广告创作中，高效地处理银幕时空，可以更有利于情节的推动，引导观众的注意力，提升影片的心理效果，创造心理时间的延伸。

导演将演员表演的节奏融入影片节奏，即演员表演需在影片整体节奏的框架下表演。导演启发演员的同时，应指导演员提高表演的准确性，减少对提升影片节奏无效的表演动作。演员在生活中完成某项动作的实际时间与在屏幕上的表演时间并不一定相同，导演利用镜头下的动作速率、强度、状态和景别等手段，在其蒙太奇思维的重构下，使表演呈现了更清晰的倾向性。因此，在创作商业短片广告剧本和对剧情节奏设计时，有必要提前设计和组织表演动作，以应对镜头中时间和空间的变化。

商业短片广告的视听语言精练而准确，演员表演时也应该尽可能精准。导演不仅要能够把控演员的表演，还要准确控制影片节奏和表演节奏之间的关系。对于演员来说，他们应该尽可能真实完整地还原广告短片中的角色。

2019年5月腾讯游戏推出了由吴京代言的商业短片广告《和平精英》。吴京在片中担任“战场指挥官”，带领几名特种兵战友一起完成任务。短片中大量的战争场面，动作、爆炸、枪战、空降，这些在物理时间中几乎都是一瞬间的画面，被大量的升格镜头表现为放大无数倍的时空展现。演员们的动作表情配合升格镜头精练有效地完成了叙述，在单个场景之中利用光线完成精巧构图，使片中的“战术”具有了悬疑性和新奇性，也为演员的表演带来了张力。特种兵们的行动线与过去时的回忆线平行剪辑，一次次传递信息的同一动作，要求演员落实动作的连贯性，快速的交叉剪辑增加了紧张感。这部短片，利用表演动作串联起不同的银幕时空，有效地推动情节的发展，使观众能迅速跟进故事，把握主题。

图 7-8　腾讯游戏商业短片广告《和平精英》

5. 蒙太奇属性影响演员表演的速度与节奏

不同的导演对影片有不同的蒙太奇处理方式，所以执行过程中，应该围绕蒙太奇的属性来规划表演的方式。比如商业短片广告大多是叙事性的蒙太奇属性，常用平行蒙太奇、交叉蒙太奇、重复蒙太奇、对比蒙太奇等叙事类蒙太奇手法。所以，演员应在拍摄前就规划出表演风格和模式，以应对后期的剪辑方式，当然这也就意味着在现场叙事蒙太奇的设计会影响到表演节奏。

例如，在一些表现力较强的景别中，如特写，演员想要表现得更贴近生活则需要参考生活动作，放慢表演节奏。商业短片广告的剧本创意会影响影片的影像风格和节奏，当导演整体规划场景、色彩等造型元素时，也要准确地根据角色设定选择合适的演员，并能动地调动一切可以影响影片节奏的元素配合表演节奏，推动故事的发展。影片的剧作和导演的构思指导着商业短片广告的蒙太奇的手段和方式，演员的解读是在这种条件约束下完成的。演员应按此正确设计和组织表演，确保表演符合规定的情境和节奏。如此，演员在商业短片广告中的表演才能具有层次性，令人信服。

图 7-9 耐克品牌商业短片广告《女性的魔法》

耐克品牌商业短片广告《女性的魔法》，以若干不同体育领域的杰出女性运动员为主角，采取累积蒙太奇在不同时空快速跳切的方式，展现出她们的训练和生活片段，使用升格镜头和特效令画面增添意味。影片中使用的素材长度都很短，一闪而过。对于这种瞬间场景的自然表演，要求表演情绪要有张力，瞬间将她们的喜悦、沮丧、失落等情绪放大。捕捉演员转瞬即逝的情绪是本片的表现重点，因为只有拍摄出情感的张力，才能在实现导演构思和创意设定方向的基础上，准确向观众传达主题，并被接受、被感知。这些在表演时需要展现的具体要求以及对尺度的拿捏，需要导演提前做好构思，对于表演的状态有一定之规，才可以在拍摄时完美捕捉。

### 思考题

浅析商业短片广告中的表演风格。

### 推荐书目

许同均. 电影导演的表演艺术[M]. 北京：中国电影出版社，2004.

# 第八章

# 商业短片广告的剪辑再创作

- 商业短片广告前期拍摄工作完成后，剪辑台上的二度蒙太奇创作阶段才刚刚开始，剪辑的后期再创作对成片的效果有着举足轻重的影响。出色的剪辑师，甚至可以让平庸的拍摄素材起死回生，巧妙弥补前期的失误和遗憾，其重要性无异于后期阶段的导演工作。

- 在此环节中，需要剪辑师与前期创作部门密切配合交流。剪辑师既要有独立思考创作的能力，又要准确理解客户和产品的诉求。目前，在某些应用特殊技术手段的拍摄中，后期工作人员更是会在策划阶段就加入前期创作团队，对文字方案和分镜头脚本给出可执行的建议。通常，剪辑师在拍摄现场或结束后拿到素材，在与导演进行充分沟通的基础上，对成片的结构、节奏和剪辑风格具备精确的认知和把控，根据自身对创意文案和分镜头脚本的理解，把现有的素材分类、归纳、重组、再造，于时间轴内架构一个崭新的视听体系，完成影片蒙太奇叙事的最终表达，为一整套商业短片广告创作曲线画上完美闭环。

# 第一节 商业短片广告的初剪

在数字化生活的当下，商业短片广告整体也向更为碎片化、快节奏的趋势发展，商业短片广告的时长根据不同媒体、平台的发布需求相应变化，剪辑师往往要产出不同时长版本的成片。在每一个版本中，都要准确地向消费者传达出产品的核心信息，同时兼顾视听表达的艺术性，让商业短片广告以最佳的节奏和氛围呈现在不同传播渠道对应的大众面前。商业短片广告的风格和样式往往紧跟时下最新潮流文化，因此剪辑样式的可能性也随之变得极其多样化，相比周期较长的影视作品，商业短片广告的剪辑创作可以说空间更加多元化。

## 一、商业短片广告剪辑准备

与体量浩大的院线电影相比，商业短片广告虽然相对制作规模小，但是同样需要完备、专业、细化的分工，才能打磨出精工细致又短小精悍的影像产品。其中，DIT部门就起到前期拍摄与后期剪辑之间承上启下的过渡作用。

Digital Imaging Technician，简称DIT，中文翻译为“数字影像工程师”。

在使用数字摄影机进行拍摄的当下，经常会出现多机位、多型号同时拍摄的情况，DIT工作人员也会相应根据实际工作情况，分成前期DIT组和后期DIT组。在商业短片广告实拍之前，进行专业的画面测试工作。前期DIT组工作的重点在于将各种样式的摄影机型号所对应拍摄出来的素材格式进行分流管理，而后再将视频素材交给后期DIT组开始画面调色测试，从而保证不同机位、场景下素材光影调性的统一，方便与后期剪辑师有序对接。

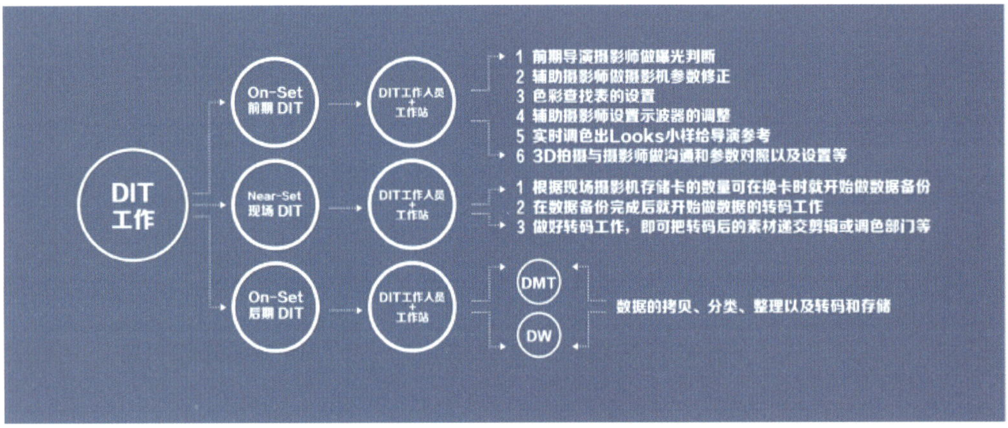


图 8-1 DIT 工作流程略图

商业短片广告的剪辑师在得到DIT交付的原始素材数据之后，正式开始粗剪之前，首先要进行素材备份和转码的工作。由于RAW格式的原始素材直接剪辑会产生大量的临时数据，影响电脑和软件的运作效率，所以通常会将原始素材转码为较低质量的格式，初剪完成之后再重新采集原始高质量画面，需要特效处理的个别镜头，也应当单独输出高质量画面供特效师使用，以保证特效效果。最终，剪辑师将所有特效、调色、包装都完成的镜头合并在一起，交付数字格式的高质量成片。

在这个过程中，剪辑师有一项尤为重要的工作便是看素材。第一次看素材是剪辑师最接近观众视角的机会，在相同的镜头画面里挑选出条件较好的可用镜头并做出标记，单独归档整理，有助于接下来的正式剪辑工作。也是在这个剪辑的最初阶段，剪辑师已经在脑海中开始规划商业短片广告与其最初想要呈现的效果和影片剪辑方案之间的关系。

## 二、镜头粗剪

镜头粗剪也被称为镜头初剪，即Firstcut或Rough-cut。粗剪的目的是搭建商业短片广告的成片脉络，确定整体节奏和调性，为后续的工作提前发现问题并找到最佳剪辑方案。剪辑师在粗剪阶段根据脚本进行镜头组接，但绝不是照本宣科地机械拼接，需要运用蒙太奇的思维和创作意识。在多种镜头组合排列方式的可能性中，做出敏锐的选择和判断，构造出影片雏形，奠定商业短片广告的基础形态。虽然前期拍摄已经完成，但一部商业短片广告艺术价值的高低，在后期阶段依然是可以被影响和改变的。

商业短片广告的粗剪版本，是在剪辑师已经充分了解营销策略、剧作主题、前期导演对剪辑的设想后，第一次的视听呈现。值得注意的是，在粗剪版本中并不会出现视觉特效、声音设计、颜色校正和字幕包装等元素，包括每个镜头的长短快慢，也不是最终结果，仅作为对创意脚本的初步呈现，为后续精剪提供方向。粗剪分为以下几个步骤：

1. 挑选镜头

剪辑师按照场记单在同一组内容重复的镜头素材中，选出最优的一条，或者暂时保留几种整体相似但细节略有不同的镜头，以及效果不错的即兴发挥镜头，等待剪辑阶段再作具体的取舍斟酌。同时，剪辑师可以将明确判断不可用的废弃素材单独归类。

2. 剪辑画面

剪辑正式开始，可以先按照故事板顺序将镜头一一对应，进行大致的排布，暂且不需要考虑成片的时长和音乐的配合。在此之后，如果有另一种剪辑方案，也可以作为Plan B进行尝试，为导演和客户提供更多选择和可能性，提升后期制作的进度和效率。

较之电影7∶1的成片素材比，商业短片广告的成片比往往高于20∶1，海量镜头素材如果没有审慎有序的初筛，将会对工作效率造成极大的困扰。养成熟悉素材的好习惯，如同新鲜食材对于主厨的重要性，是剪辑艺术呈现的前提。在此阶段，影片的结构、剪辑风格、剪辑节奏、特效方案都已基本呈现，甚至关于客户在审片时提出的问题也能在此阶段找出解决方案。

## 三、商业短片广告剪辑的原则

商业短片广告与其他类型的影视创作一样，需要遵循一定的创作规律。任何一部商业短片广告的剪辑都是以蒙太奇理论为基础，根据产品要传达的主题和情绪，形成适合相应内容的叙事节奏。其次剪辑逻辑也需要研究视觉心理，尽量不出现违反观众视觉经验的剪辑手段，除非是为了追求特殊的视觉体验。比如正常剪辑师会使用动接动剪辑、轴线剪辑、同方向剪辑、速率剪辑、左出画右入画的剪辑方式……而时空放大、空间转换、时间压缩等又是对剪辑师的创作功力的考量。但使用毫无痕迹的镜头衔接方案、色彩构图剪辑方式、音乐与画面节奏配合等各种方案，都是为了强化商业短片广告的主题与核心，用精准的视听表达方案展现产品或品牌信息。

然而，与电影长片或影视剧不同的是，商业短片广告时长较短，因此对于视听元素的控制要精确到以帧为单位，是一个要求精雕细琢的创作过程。如果说前期制作中，将创意脚本转化成分场景的镜头脚本是一个分解的过程，那么后期制作就是一个把零散打乱的镜头素材重新归类、整合的过程。精准的拆解与出色的整合，都是影像创作中至关重要的质变过程。

综上，商业短片广告剪辑师既需要具备对主题风格和基调节奏的整体判断力，又必须心细如发逐帧打磨每个画面和声音元素的细节处理。在镜头的衔接、节奏的变化和视听的张力等多个方面，将产品信息的传达与视觉审美的艺术性有机结合，打造出丝丝入扣、动静结合的观看体验，以视听结合的感官震撼直击受众的情感痛点，让商业短片广告在最初的创意框架之上得到全新的升华。

# 第二节 营造商业短片广告节奏的剪辑手段

在商业短片广告的拍摄中，导演会根据影片的主题、情节、气氛和人物心理等因素设计段落的节奏感，具体通过对演员表演、场面调度、转场方式、镜头长短快慢等方面，进行综合设计与控制来实现对影片整体节奏的塑造。因此，在后期阶段，使用剪辑手段进一步调整表演节奏、镜头衔接、造型与构图等元素，准确输出产品信息点，打造影片影调风格，产生镜头韵律，增强视听感染力，是最终影响商业短片广告节奏的关键。

## 一、剪辑台可以调整演员的表演

不同于影视剧作品，商业短片广告的表演需要在极短时间内高度凝练地传达出有效信息，这就要求演员对自身的表演内容进行充分理解，合理调动与控制表演方式，在符合客观规律和行为逻辑的前提下，释放出最佳艺术表现力，以达到导演对影片情绪节奏的要求。比如在美国NFL的这支商业短片广告中，真人演员与动画形象在同一镜头画面中互动表演，真人演员无论大人还是儿童，都充分调动表情和肢体，根据动画人物的行为快速、准确地做出即时反应，这种接近二次元的夸张表演方式，使后期真人与动画正反对切时，镜头的衔接更加自然无缝，融合为一个整体的风格。通过流畅的快节奏的剪辑，完成了动画人物在卧室、客厅、泳池等多个场景之间目不暇接的运动调度，同时与奶奶和小男孩、小女孩等真人进行蜻蜓点水般的互动，最终回到电视机内，整个过程行云流水。创作人员通过剪辑手段，使短片中真人与动画配合默契，既充满趣味的卡通效果，又具备现实氛围的质感，塑造了一个真实可信的奇幻世界。

图 8-2 美国 NFL 商业短片广告《熊孩子也头疼啊》

在后期剪辑时，剪辑师可以对演员台词、动作和情绪进行综合调整，通过镜头的剪切、景别的变化、动作的强化和组接的技巧，配合声音与色彩的手法，将演员表演再加工处理，有轻重缓急地刻画角色，从内部和外部同时影响表演的节奏感，进一步强化商业短片广告的视听语言的流畅性与准确度，以达到最佳艺术效果。

## 二、合理利用角度与构图形成剪辑节奏

在商业短片广告的镜头造型元素中，不同的构图、景别和角度的组接可以使观众产生不同的视觉体验和心理感受，也会传递不同的信息量，进而形成错落有致的节奏和韵律，让影片的叙事更加流畅，使观看者获得极大的感官舒适。

摄影机距离被摄体的远近、方向和高度三个因素形成了摄影视点，即摄影角度。不同的拍摄角度在视觉心理上象征着不同的心理视点，包括主观视点和客观视点。其

中，摄影机距离被摄体的远近决定了画面景别大小。而画面景别的变化之所以会影响影片节奏，本质在于不同景别大小的画面所传递的信息量和表现的重点是不同的，以至于观众接收并理解相应信息量所需的时间长短也有所区别，进而决定了蒙太奇叙事语句的长短，即剪辑这段镜头时对时长与快慢的定夺。比如远景镜头不仅可以渲染烘托环境气氛，亦可以作为一段叙事结束或开始前的停顿，犹如音乐中的休止符。而特写镜头则类似节奏重音，起到强调和提醒的作用。当一个远景镜头与大特写镜头剪辑在一起时，这种极端的景别变化，就产生了强烈的节奏感，形成鲜明的视觉张力，给观众以激烈的感官刺激。这种处理方式常见于动感时尚的汽车广告或时尚快消品类广告中。

长时间单一的摄影角度会造成观众的视觉疲劳，更快产生厌倦情绪，因此，在商业短片广告摄影中，丰富的摄影角度剪切尤为重要。一方面出于塑造人物心理和剧情叙事的需要，另一方面也有利于调节画面气氛，让影片画面视觉呈现更鲜活。例如在一组常规的水平视角镜头之后，剪接一个角度夸张的仰拍或俯拍镜头，就会瞬间形成强烈的视觉冲击，让视觉效果更加灵动多变。

图 8-3 多力多滋商业短片广告《牛仔斗舞》

例如在多力多滋的这支《牛仔斗舞》商业短片广告中，剪辑师利用几组构图、景别、造型高度一致的镜头快速对切，快速建立主要戏剧冲突，营造出决斗前对峙的紧张氛围。在斗舞开始之后，增加了多角度机位和运动镜头的画面，全方位展现两位牛仔各出奇招。剪辑师利用特写接全景等差距较大的景别跳切，配合西部片配乐与潮流说唱歌曲，有效增强了影片的视听张力，让剪辑节奏更为跳跃，整体氛围充满趣味、激情与活力，完美贴合产品所需要传达的萌酷气质。

## 三、镜头的长度影响剪辑节奏

商业短片广告中对画面具有节律感的要求与音乐不相上下。苏联著名电影理论家尤特凯维奇在书中写道："蒙太奇因素的镜头内部速度，预先决定着每一个蒙太奇镜头的精确长度。无论剪接人员将镜头剪得多么短，用慢速度拍摄下来，本身是慢行的火车车轮，绝不可能给予我们必要的疾驰的感觉。因此可以说这也是一条确定不移的规则，即蒙太奇因素的速度预先决定着蒙太奇的节奏，即蒙太奇镜头更替的次数和每一个镜头的长度。"[1]

镜头的内部节奏和外部节奏互相作用又相互影响，剪辑师需要为每段素材选择适合的长度，既要考虑是否与镜头本身的内部节奏与速度相匹配，也要放在影片整体结构来看是否准确，有时甚至以"帧"为单位来做镜头长短的推敲。在篇幅有限的商业短片广告中，哪怕三帧的剪辑变化，都会引发观众完全不同的视觉情绪感受。因此，剪辑师对单个镜头长短的控制越精确，商业短片广告的整体流畅性就越出色。

Under armour的新春商业短片广告《礼物》中，以"回家"为线索，串联起身处不同返程场景的主人公们，机场、车厢、公路、出租车……剪辑师利用对镜头长短节奏的错落处理，呈现出前后情绪的跳跃式对比。在每个场景的人物亮相时，镜头叙事徐徐展开：普通的公共场所，枯燥的环境音，摄影机稳定的运动和演员慢节奏的表演……每个镜头的长度都相对平均，剪辑节奏平稳。而当画面中的人物以某个动作为转折点，在日常环境中突发奇想，忽然开始秀出意想不到的运动技能时，剪辑的节奏骤然加速：鼓点强烈的音乐，灵活的摄影机运镜，大量旋转镜头和跟拍，演员们丰富的行动和表情……这时，单个镜头的长度整体缩短，呈现出参差错落富有动感的剪辑节奏。当每个场景都完成了从慢到快的节奏变化之后，影片迎来了结尾倒计时，背景音乐情绪达到高潮，剪辑师将不同场景的主人公冲刺回家的场景进行平行剪辑，镜头变得更短促有力，迅速将观众的情绪推向燃点，以产品特写收尾，给影片画上漂亮的句号。

---

1　尤特凯维奇等：《论电影导演》，史敏徒译，中国电影出版社，1958，第113页。

图 8-4　Under armour 商业短片广告《礼物》

## 四、影调与色彩的剪辑

在商业短片广告的拍摄中，被摄物不同的光影造型和片中场景、服装的色彩变化，都会引起观影者不同的视觉和心理感受。剪辑师可以利用光影和色彩的变换、衔接形成影片节奏，为影片带来丰富的光影氛围和多重情绪体验的视觉冲击。例如，将一组明暗效果差距很大的镜头进行快速连续的切换，基于视觉暂留原理，使观影者感到目不暇接，进而产生快节奏的心理感受。又如，利用不同场景之间相似的颜色元素进行转场，使不同场景氛围的过渡更为流畅自然，也是商业短片广告中常见的剪辑技巧。

韦斯安德森导演的影片《布达佩斯大饭店》正是完美运用了色彩和影调的剪辑，产生对比强烈的节奏变化。影片整体在象征着20世纪复古美学的烟雾粉色包裹下，所有场景、人物、光线都呈现出童话式的梦幻气息，在结尾却瞬间转换，笼罩在阴郁的黑暗色调里，散发出时代落幕的忧郁伤感。前期的浪漫与后期的压抑形成鲜明对比，使观众猝不及防地坠入人性与文明失陷的叹惋之中。

图 8-5　苹果 SE 商业短片广告

同样是对色彩节奏感的运用，苹果SE商业短片广告更是把黑、白、红三种颜色发挥到了极致。作为新品主推的三款配色，画面中的机身和背景跟随动感的音乐鼓点，在黑、白、红三种颜色之间灵动切换，形成流畅丝滑的剪辑节奏，让观众获得极大感官舒适。除了展示机身的产品特写，剪辑师还利用实景拍摄画面中黑白红的色彩元素，详细呈现了产品的指纹解锁、摄影光效、隐私安全、超长续航等功能点，让整支影片在色彩元素的贯穿下，既具备色彩节奏变化带来的视听张力，又准确全面地展示了产品亮点，让影片层次丰富，兼顾了观赏性和信息量。

## 五、声音元素与画面的节奏吻合

回溯历史，自电影进入有声时代以来，声音早已成为影视艺术不可或缺的重要元素。音乐的历史文化属性和天然的节奏韵律，都是助力影片叙事情绪表达的利器。除了烘托气氛、渲染情感的辅助作用，音乐、声效、台词、环境音的综合使用也对影片节奏的塑造至关重要。无论是根据声音拍摄画面，还是为画面搭配声音，都是为了让声画结合达到最佳艺术表现效果。

音乐、音效在商业短片广告的诸多元素中并不是独立存在的，有效地运用合适的音乐与音效是形成影片内部节奏强有力的方式。音乐自身的节奏感甚至成为剪辑点，从而变为剪辑节奏。而有些商业短片广告利用音效形成节奏点也获得了不错的效果，多种音效连接在一起犹如打击乐般形成了自我的韵律。所以如果商业短片广告的类型是MV，音乐的起伏和节奏韵律与画面则相得益彰，剪接点与音乐节奏点合二为一的现象更为明显。

民生银行在全球爆发新冠肺炎疫情的大环境下，推出了15周年纪念商业短片广告《聚无不胜》，讲述了奋战在不同行业、不同年龄、不同地域的中国人，与疫情下的生活作战，对抗挫折、挑战自我的温情故事。影片运用了丰富细腻的声音元素，塑造不同主人公跨越空间的生活状态，蝴蝶振翅、风雨雷声、倒计时报数等声音细节的处理起到画龙点睛的作用，将几条彼此独立的故事线用声音编织在一起，从视听层面也充分阐释了“聚”的主题概念。剪辑师利用背景音乐和环境声的节奏点形成的剪辑点在影片中灵活交替运用，为短片先后打造了一个小高潮和一个大高潮，情绪高低起伏控制得当，引发了疫情下观众的热血共鸣。

图 8-6　民生银行商业短片广告《聚无不胜》

## 六、灵活调控被摄主体的运动和镜头运动形成节奏

### 1. 灵活调控被摄主体的运动

对被摄主体的运动进行有机调度，以内部节奏带动外部节奏，是形成商业短片广告节奏感的有效方式，当然这需要在拍摄阶段就对镜头之间的剪辑衔接方式进行设计。因此，在剪辑被摄物动态较为复杂的商业短片广告时，要留意多个被摄物运动状态之间的联系，通过前后期配合，创作适当的镜头组接，使影片的运动节奏更为流畅，塑造顺滑的视觉剪辑体验。

正如Timberland这支商业短片广告《踢不烂的鞋》，全片以一双脚为主要视点，描述了主人公穿着产品的双脚，穿梭在各种各样的风雨人生困境之中，表现出产品勇敢、坚韧、耐磨的品质特点。影片全程低机位跟拍，双脚在不同场景中连续地行走，要求创作者对被摄体的行动速度、前后景调度、转场方式等都进行精准的设计，以达到本片创意中希望呈现出的一气呵成的观感，剪辑师需要利用音乐情绪拉点、相似造型转场、调整运动方向和频率等方法，流畅地串联每个场景，让整体节奏舒适连贯。

图 8-7　Timberland 商业短片广告《踢不烂的鞋》

2. 镜头运动

除了画面内部的运动调度，摄影机的外部运动也是塑造镜头节奏的关键。推、拉、摇、移、跟，不同的运镜角度、速度、幅度都会给观众产生不同的视觉刺激，连续组合形成有韵律的心理节奏。多个镜头之间相似或相反的运动的角度、方向都可以形成剪辑点，使画面节奏更加张弛有度。丰富的摄影机运动与画面中的光影明暗变化、色彩影调变化相互配合，让即使是静态的被摄物，也能产生足够有韵味的画面节奏感。通过适当的剪辑技巧，可以重新调整摄影机镜头运动的形态，从而影响影片的节奏。

图 8-8 巴宝莉商业短片广告《漂浮》

巴宝莉这支商业短片广告正是灵活运用镜头运动的典型案例。片中，模特们被一阵风带起，在空中自由起舞，摄影机镜头跟随他们从麦田一路飞行到森林，通过失重的原理让模特在空中充分舒展肢体，展现了一场充满奇思妙想的超现实视觉奇观。在跟拍吊威亚的模特们的过程中，摄影机也充分发挥了运动镜头的优势，流畅地变换着各种方向、角度、速度，包括极端的俯仰视角和360度镜头旋转，这些行云流水的运镜与被摄体运动完美配合，让影片的视听节奏呈现出如同韵律一般的美感，为观众带来轻盈、自由的感官体验，与品牌传达的气质高度吻合。

值得注意的是，商业短片广告中的运动镜头应当为产品主题服务，或交代环境、塑造人物，或展示产品、传达信息，表意不明的运动镜头应理性舍弃，对于运动形态不恰当的镜头应予以后期修正。

## 七、利用剪辑技巧形成节奏

### 1. 商业短片广告剪辑过程中，可以利用对比的技巧形成节奏感

《黑客帝国》中的“子弹时间”给影迷们留下了深刻印象，实际上，这种变速剪辑技巧在许多商业短片广告中也屡见不鲜，尤其是在主打动感激情的快消服饰或食品饮料类产品的广告短片中。通过前后连贯的强烈速度对比，可以同时展现被摄主体的动态美感与造型美感，形成极具张力的视觉冲击体验，有效调动观众的情绪共鸣。

图 8-9　百威商业短片广告《勇敢者》

在百威的商业短片广告《勇敢者》中，就利用了镜头之间的变速技巧形成节奏美感。小马从远处驰骋而来，特写与全景的快速切换，配合快节奏的马蹄声，彰显小马奔跑的敏捷迅猛。忽然，伴随毛刺栅栏的特写，小马跃至半空，此时镜头使用了慢速升格，在危险的千钧一发之际让观众屏住呼吸，下一个镜头恢复常速，一声嘶鸣，小马受伤倒地。而倒地瞬间泥浆迸溅的特写，又再次使用了升格慢速，不禁令人对小马的命运揪心。不难看出在本片的剪辑中，剪辑师连续几次变速技巧的使用，利用快慢对比让影片开场的节奏张弛有度、层次分明，有效塑造出被摄主体性格气质的同时，也为后续情节制造了悬念，吊足观众胃口。

2. 商业短片广告剪辑过程中，可以利用蒙太奇技巧形成节奏感

剪辑师可以使用蒙太奇的技巧进行影片剪辑形成节奏。比如使用重复蒙太奇的方法，通过对一段镜头的重复剪辑来强化内容表达的力度，通过控制变量的手法，先建立视觉疲劳、营造悬念，再将其打破，从而带来比平铺直叙加倍强烈的感官爆发力。

图8-10 彩票品牌EL PAIS商业短片广告《22日无限循环》

彩票品牌EL PAIS商业短片广告《22日无限循环》正是利用这一重复技巧，打造了一个无限循环的荒诞故事。这条商业短片广告的创意核心是：主人公发现自己每天醒来，都在重复度过“土拨鼠日”这一天，从起床后的每个细节开始，都在无限循环前一天发生的事。于是，剪辑师运用角度、景别和构图高度一致的不同素材，在每次循环中，展现每一个重复的细节，以此凸显主人公不同的反应，塑造出“套娃”的叙事结构。而在影片的情绪转折点，剪辑师又为每个重复的镜头做出了细微的调整，制造出“既相同又不同”的视觉体验，令观众充满代入感，这种细腻的处理方式既保留了重复剪辑技巧带来的节奏舒适感，又避免了视觉重复引起的枯燥和疲劳，令观影过程充满趣味性。

所以剪辑师在剪辑商业短片广告时，可以打破原有的素材逻辑关系，大量使用蒙太奇句子，形成多样的剪辑节奏。当然优化影片节奏的剪辑技巧灵活多变，既可以单独使用，也可以相互搭配。归根结底，后期剪辑技巧是为了服务影片的主题和美感，没有固定格式，能否对不同类型的影片量体裁衣，选择最佳的剪辑手段，取决于剪辑师对于创意策略的深度解读和叙事方法的充分掌控。具备高度创作敏感的剪辑师，一定拥有足够强大的节奏意识，能够深刻把握素材内部的节奏与素材之间的逻辑关系，通过对各种视听元素的有机组合、串联，在强弱对比、速度快慢之间拉开起承转合的张力，制作出兼具创造力和艺术技巧的商业短片广告。

## 八、商业短片广告剪辑的趋势

如今，千禧一代逐渐成长为商业短片广告的主流观影受众，在越来越类型化的院线大片和碎片式短视频的包裹下，商业短片广告的剪辑手法也在潜移默化中与新时代的观众达成默契，呈现出从“快”到“超快”的整体节奏趋势：总片长缩短，镜头总量增多，单位镜头的时长缩短。在移动设备的使用场景下，人们越来越难以忍耐超过1分钟的视频时长，更难以想象在电影院中，会有一部长镜头电影得到卖座的票房。剪辑究竟要多快，才可以满足失去耐心的观众？快慢的比较级又是怎样的？

我们不妨回溯好莱坞电影制作工业的剪辑变迁，也许可以得到一些启发。在20世纪20—60年代，默片向有声片过渡的年代，好莱坞电影镜头的平均时长从5秒/镜缓行到10秒/镜左右，但在接踵而至的70年代，有超过75%的电影，其镜头平均时长又缩短为5—8秒/镜。随后，受当时风靡全球的流行音乐录影带所影响，许多影片尝试将大量的MV制作手段应用到电影制作中，比如迈克尔·杰克逊MV中所呈现的先锋、时髦的特效和剪辑方式，被迅速融合在电影的视听语言中，引发阵阵模仿狂潮。到了80年代，一部院线电影的镜头量高达两千个以上，已经不足为奇。而进入21世纪,年轻导演们更是把单个镜头的平均时长缩短到3秒/镜。2000年上映的《碟中谍2》，单个镜头平均时长降至1.6s，快节奏剪辑的时代正式开启。电影与商业短片广告的剪辑模式在某种程度上，开始趋于一致。

剪辑节奏的加快，推动了剪辑习惯和技巧的迭代更替。当下的剪辑创作者们已经不会像过去那样执着于镜头“完整性”的优雅表达，一段运动镜头可以根据节奏的需要从任意某个点剪断，无论画面内部的行动是否彻底结束，抑或摄影机的推拉摇移是否稳定落幅，甚至可以借助其他意想不到的手段打破一段漫长的镜头：诸如前景突然飞过的子弹让观众视线瞬间飞去远处，主观镜头的迅速甩动模糊了镜头之间的边界，强曝光闪光特效秒速转场等。目不暇接的转场衔接技巧和特效包装方式层出不穷，让商业影片的剪辑充满生命力，比起老制片厂时代的沉稳气质，显得更加灵活多变，能够对观众形成强烈的视听刺激。但是与此同时，快节奏的剪辑叙事方式，也要求观众在单位时间内接收的信息量成倍增加，如果控制不当，会造成信息传达的遗漏和失效，无法在观众脑海中建立起电影空间和时间的叙事。比如在一段急促的正反打镜头中插入闪回，或一句台词尚未结束的时候画面切到另外一个时间线的叙事中，是当前影视剧中常见的剪辑手法，景别越来越紧，剧情被高度浓缩，单位时间内的视听信息急剧增多。

这种现象的出现也有其技术原因，数字时代的拍摄成本下降，成片素材比率因此得到提高，单位时长的镜头量逐渐增多。加之大众审美喜好和观看习惯的变迁，视频网站和弹幕评论的出现，都对商业短片广告创作者和观众同时提出要求。创作者要在有限时长里尽可能多地产出视听元素，观众要高度集中注意力，在单位时间里接收成倍增加的信息。

不难看出，这种快节奏剪辑风格已经成为商业影像的大势所趋，是制作方、观众和资本市场互相影响、集体选择的结果。作为时代浪潮中的剪辑创作者，我们应该辩证地看待形式与内容的关系，任何技巧与风格都要遵循蒙太奇的基本规律，为商业短片广告的诉求内容服务，不唯大数据论，不为了“快”而“快”，警惕因为流行而陷入卖弄剪辑技巧的漩涡，而应谨慎思考剪辑与商业短片广告的叙事关系。

## 思考题

浅析剪辑节奏对商业短片广告整体节奏的影响。

## 推荐书目

奥斯廷. 看不见的剪辑（插图修订版）[M]. 张晓元，丁舟洋，译. 北京：北京联合出版公司，2016.

# 第九章

# 商业短片广告后期的数字化创作

- 不管是传统影视作品抑或商业短片广告都是表现的艺术，需要通过视听上的呈现来进行叙事。如今，数字技术的飞速发展带来了全新的、更广阔的创作空间，甚至改变了影视与广告的制作模式、创作思路与视听语言风格。对于创作者而言，这代表了更大的自由度、更多天马行空的创意能够得以实现； 对于观众而言，这极大丰富了影视与广告创作的题材与内容，为市场带来更加多元化的内容。

- 对于商业短片广告而言，后期特效的发展为商业短片广告的创作带来了全新的变化，让创作者能够像大制作的电影作品一样完成非现实的场景、虚拟化的人物、特殊的道具、反常规的风格化设计等。从还原湮没在历史中的古城，到模拟动物甚至魔兽真实的毛发与皮肤质感，甚至巨大的爆炸与毁灭性的天灾等一系列常规实拍难以完成的内容，都可以根据创作者的需要、通过后期特效呈现出真实而可信的效果。

- 而现在，数字技术的发展，随着LED屏前拍摄虚拟制片技术的出现，商业短片广告的创作再次出现质的飞跃。LED屏前拍摄虚拟制片技术绝不仅仅是针对商业短片广告中某些题材、某些类型作品制作的一种解决方案； 从更高层面来看，虚拟制片技术的应用与发展将会给整个影视行业、广告行业造成巨大的影响与改变——“临境”化的全新制作模式以前所未有的广阔创作时空和无可比拟的全新效率，让创作者能够在“身临其境”之中完成更好的项目合作，这让虚拟制片技术在整个影视广告产业中的未来发展体现出了更大的潜力、更多的可能。

# 第一节 特效技术在商业短片广告中的运用

通过将实拍镜头和电脑虚拟影像（CG）相结合以创造真实“虚拟真实”场景的技术统称为VisualF/X（VFX），即我们常说的视觉效果合成技术，这其中包括特效和合成两个方面。其在影视制作中的广泛应用，使商业短片广告可以实现大量富有视觉冲击力的影像效果、营造视觉奇观，也能够给创作者的创意与想象力带来更加广阔的空间。

## 一、实体特效

目前影视制作中大部分特效分为数字特效和实体特效。数字特效为电脑生成后合成特效，而实体特效是可以接触的、有真实质感的在场景中或人物身上出现的特效部分。实体特效经由特殊材料、特殊方式来制作，包括特效化妆、特效实体模型制作（特殊道具、机械仿生、微缩景观、灾难装置、机械平台）等。

### 1. 特效化妆

无论在传统影视作品的创作还是在商业短片广告的创作中，直接作用于真人演员面部的特效化妆都是至关重要的。良好的特效化妆效果，可以使影像质感飞跃，也会增加影片对应情境的可信度，让观众感受到更强的代入感。从战争片中角色重伤流血的伤口到魔幻题材中超越现实的怪兽，特效化妆能够从多方面满足创作者的非常规化影像需要。除此之外，即使在常规化的故事内容之中，如果情节年代跨度较大、角色存在不同年龄段的不同形象需要同一演员完成，这种情形也往往是特效化妆发挥作用的时刻。

美国金融品牌“火箭信贷”曾在“超级碗（NFL职业橄榄球大联盟的年度冠军赛）”期间推出过一支有趣的广告影片——著名的DC漫画改编电影《海王》的主演、一贯以肌肉猛男形象著称的演员Jason Momoa在回到自己家中之后，卸下了自己每天呈现在别人眼中的雄壮“肌肉”与飘飘长发，展现出了一个瘦弱、“地中海”发型的“真实”自我。通过Jason Momoa在外与在家形象的巨大反差形成强烈对比，凸显一个属于自己的家是让自己真正能够放松、能够找到自我的关键，进而成功传达了“火箭信贷”在房贷业务上的营销诉求。这就需要前期特效化妆与后期CG特效相配合，让Jason Momoa肌肉安装与卸下后身材的对比、飘飘长发与“地中海”发型的反差在形成强烈的冲击力的同时，也呈现出完全真实的质感，让夸张的创意在观众心中形成“可信”的感受。

图 9-1　商业短片广告《火箭信贷——海王篇》

### 2. 特效实体模型制作(Miniature)

电影技术诞生不久，特效实体模型制作技术便已经应用到了影视制作流程之中。在影视制作技术发展早期，计算机后期特效技术发展尚不到位，因而许多超现实的环境与不存在的生命体便需要依靠特效实体模型制作来完成创作者脑海中的想象。除了像《大白鲨》《ET外星人》这样的1：1特效实体模型之外，一些等比例微缩模型场景的应用也能够极大降低影视制作的成本。

而在CG技术已经完全成熟的今天，实体模型制作依然还有其不可替代的地方。虽然从原理上看，CG动画完全可以取代特效实体模型，但在实际操作之中，特效实体模型在拍摄中所呈现出来的光影、质感与细节对于CG动画来说还是无法企及的。因而，在当下的商业短片广告制作中，根据具体的项目体量、预算与周期，在特效实体模型与CG动画制作之间做出选择、抑或两者配合完成，才是创作者确定制作方案的正确思路。

由汽车品牌凯迪拉克为其SUV产品XT5推出的万圣节主题广告影片，通过在魔幻主题的城堡空间中“捣蛋”的孩子与驾驶XT5的父母之间的一场“交锋”，充分展示了XT5的优良品质与丰富功能。为了让真实的车辆质感与童话气质的城堡场景完美结合，影片在制作过程中使用了绿幕、追踪、摄影机反求、CG动画等一系列技术，并部分采用了特效实体模型与后期CG动画相结合的制作思路。通过虚实之间的配合，影片将真实的场景、人物、模型与虚拟的CG动画相结合，充分呈现了一个XT5所带来的、温馨而刺激的万圣节奇妙夜。

图 9-2 商业短片广告《凯迪拉克——万圣节篇》

## 二、数字特效

在电影过去的几十年的历史里，CGI已经主导了许多电影。但什么是CGI，CGI即计算机生成的图像，CGI也称为3D成像或3D渲染。随着数字技术的发展，为辅助三维特效还出现了多种数字特效手段，比如数字绘景、运动捕捉、三维运动衔接等，这都大大加强了影片的视觉冲击力以及真实性。

### 1. 三维特效

三维特效缩写为CGI，指使用计算机软件创建静止或运动的视觉内容。CGI通常是指用于在电影、电视和游戏中创建角色、场景和其他特殊效果的3D计算机图形。CGI在当今的所有故事片中都扮演着不可或缺的角色。例如电影《复仇者联盟》中有超过2200个使用CGI的视觉效果镜头。而电影《银河护卫队》中有2750个镜头依赖CGI。

CGI的发明可以追溯到20世纪60年代，当时各公司都在不断发展计算机动画世界，计算机动画被大量运用于科学、工程、医学等学科。随着CGI技术的发展，电影人们尝试在电影中使用CGI，于是我们看到了早期的三维特效电影。比如《西部世界》（1973）中通过三维特效创建的数字视点，《星球大战》（1977）和《异形》（1979）中三维特效创建的线框模型。CGI的作用在20世纪80年代进一步发展，诸如《最后的星空战士》(1984)和《少年福尔摩斯》(1985)等电影都利用该技术创建了真实物体和场景的完整模型。

近年来，CGI已成为大多数涉及三维特效的电影的首选视觉效果，无论其达到的效果是模拟真实世界还是明显的虚拟动画。三维特效技术在类型电影中适用范围越来越广泛，从科幻史诗片到浪漫爱情片；从童话片到人物传记片；从魔幻片到恐怖片等。CGI的使用方式也各不相同，从整体场景的搭建到道具创建；从物体到角色的动画；镜头的运动等都能看到三维特效的身影。

三维特效包括三维物体、图形、空间和环境。比如拍摄怪物袭击城市或被爆炸炸毁的汽车，那么先创建渲染人、怪物、建筑物、汽车、爆炸和许多其他事物的3D模型，而后将3D模型放入实拍场景中。合成处理后的图像能让观众的眼睛相信所呈现的视觉奇观，这是电影对于三维特效的最高追求。目前这些类型的CGI效果在影片中很常见，在大投资的商业短片广告中也被越来越多的运用。

CGI 也经常在科幻类型的商业短片广告中看到。三维动画可以搭建具有特定风格细节的建筑，以及保持一致科幻风格的场景、人物、车辆、动作、背景环境等。在一部科幻类型的商业短片广告中，CGI 几乎会占据全片 90%的视觉画面。在CD PROJEKT RED 2019年发布的游戏《赛博朋克2077》商业短片广告中，创作团队通过三维动画特效塑造出了具有近未来反乌托邦属性的“赛博朋克”概念城市。通过现实与超现实城市场景元素的交织、东西方流行文化元素的糅合等，在赛博朋克科幻概念与客观视觉逻辑的基础上呈现出了一个“真实”且与游戏质感相契合的虚拟世界。在此之中，虽然是虚拟影像的制作，但依托对真实镜头、焦段影像特点的模拟，虚拟空间的影像内容也能够得到带有真实感的视觉呈现。

图 9-3　商业短片广告《赛博朋克 2077》

## 2. 数字绘景

Digital Matte Painting直译为“数字绘景”，根据实际操作方式更应该叫“遮罩绘画”或者“场景绘画”，一般国内的从业人员称其为“数字绘景”。从事Digital Matte Painting工作的艺术家称为“Digital Matte Painter”(数字绘景师)。Digital Matte Painting是一种行业技术工种，并非是单独的一个软件。

数字绘景是一种数字后期技术，它将艺术绘画和实景结合，创建一种场景效果，使导演能够“拍摄”到无法到达的地方，以节约制片成本。如今大多数数字绘景都是在计算机程序中以数字方式结合实拍创建的。但数字绘景的前身是手绘场景后使用胶片进行双重曝光，以造成在手绘场景中发生了实拍画面的错觉。最初绘景师用油漆或水粉在一块玻璃上绘制一个逼真写实风格的场景，并让玻璃与实景合成部分透明，然后将实拍画面与绘景画面合成拍摄。第一步是在玻璃透明的部分放上黑色遮挡，这样可以防止这些地方透光，因此胶片曝光后在这些地方基本上是空白的。然后当这幅画再次拍摄时，实拍画面正好能通过双重曝光合成到胶片上的空白位置。

当数字技术普及，数字绘景替代了双重曝光合成换景的方式，数字合成效果也使得这项工作变得越来越容易。比如著名的《星球大战》电影系列做了很多数字绘景，这其中就包括帝国行军序列中的宇宙飞船机库。数字绘景多用于改变环境，也可在空旷的环境中“绘制”成千上万的人；将阳光明媚的天空变为阴郁的天空。现代电影绘景师会使用各种数字绘画技术来创建数字绘景，包括扫描手工绘画作品或修改实拍图像、拼贴实拍图像，甚至是纯数字绘画技术等。也会采用创建微缩景观、模型的方式，拍摄后进行数字化绘制，再以数字方式多层次、多角度、多区域的合成到镜头中。因为数字绘景的成本大大降低了实拍成本，相较于3D建模也缩短了周期，因此也被普遍运用于制作周期和预算有限的商业短片广告中。

图 9-4　OPPO 商业短片广告《星际》

在特效效果较为突出的OPPO商业短片广告《星际》中，通过一次极具浪漫感的星际之旅，将手机产品在摄影、屏幕、运算、电池等方面的优势呈现出来。由于外星世界无须参照真实世界的场景与自然环境特点，进而可以充分利用特殊的色彩、地貌、天空等搭配，且远景无须真实用三维模型搭建，所以采用数字绘景的方式可以压缩制作周期和制作成本，有效地塑造出令人印象深刻的奇异外星影像世界的同时，更好地融入手机的各项功能，让产品更具有“未来感”。

## 三、视觉效果合成

视觉效果合成 (VFX)是指制作任何在实拍期间不可能发生的，而利用后期合成效果实现的影像。视觉特效通常涉及实际镜头和经过处理的图像之间的合成，以便创建视觉逼真的环境。一般来说，这些创建的环境要么因客观条件无法实际拍摄，要么就是不存在的世界。视觉效果合成部门使用计算机生成的图像 (CGI) 和特定的 VFX 软件来实现这一目标。视觉特效制作人与导演和电影摄影师沟通，在拍摄前期就会确定哪些场景需要使用绿幕拍摄；哪些需要数字绘景；哪些需要三维制作等。

视觉效果合成不等同于特效，因为视觉效果合成处于后期制作阶段。特殊效果（SFX）则是在拍摄前期或拍摄阶段就应准备就绪。在作品完成粗剪之后，根据实体特效制作及CG特效制作呈现的效果反馈，在进行作品精剪前，通常会使用视觉特效合成来进一步处理作品的各特效元素效果。合成这个步骤将对作品的结构、气氛等细节进行二度修正，以达到后期制作阶段的创作呈现提升，在进入精剪前，为作品最终视觉效果呈现提供直观画面。

合成也是衔接众多前期摄制阶段元素的关键环节，为了在合成的过程中达到前后期素材的无痕衔接，团队需要在作品的设计方案阶段就考虑到最终的合成方案及制作方式。伴随着绿幕抠像、模型制作、数字绘景等方式逐渐进入越来越多的剧组，对于视觉呈现部门如摄影、灯光、美术而言，能否与合成达成匹配与吻合，决定了作品最终能否呈现预期的效果与质量。这也包括对演员表演的新考验，在没有实景参考的情况下，能否捕捉可供合成使用的表演片段，让人物与场景有机融合起来，对演员和制作人员来说，都是一场想象力的挑战。

面对新的变化，以及由此带来的商业短片广告制作模式的变革，我们需要拥有更多元的和灵活的工作模式。这种变化将影响到从镜头前演员表演、灯光美术匹配，到幕后导演创作思路、后期制作流程的每一步。而在这个过程中，合成既可能是衔接实拍与特效制作的中间节点，力求通过现实感的无缝连接，增强作品表达的可信度。也可能由这个新形式的影响，创作出一种风格化的视觉效果。在此之中，特效合成技术是工具而不是目的，是带给商业短片广告创作延伸与拓展的思路。

1. 光线匹配

光线是建构画面的基础元素。光线匹配无论是对于实景拍摄现场、还是全虚拟的画面而言都同样重要。合成的过程，对于能否统一匹配全片的光线，达到连贯并体现不同层次的视觉美感，提出了很多技术难点。

由于拍摄条件和计划的不确定性，需要在强弱不同的光线、色温环境下拍摄故事内连贯画面的情况时有发生。通过合成过程中的色彩校正，就能有效降低这些片段的原始光线的条件差异，根据作品环境的需要，在后期的过程中一致性地调整色彩与影调间的关系。目前对于光线调整技术的难点主要集中在光线的方向、纵深、强弱、色温关系调整，在一些情况下，合成会使用镜面画面构成、增减画面内部反光部件等方式局部调整，完成对光线的特殊处理。当然在前期拍摄时，也应当使这些照明元素尽可能达到统一，否则后期合成师也无力回天。

图 9-5　商业短片广告《我在做梦吗》

在美国加利福尼亚州旅游局所推出的商业短片广告《我在做梦吗》之中，女主角在梦幻般的飞行中穿梭于加利福尼亚州的美妙景色与精彩人文之间，继而引出“我在做梦吗？”“不，你在加利福尼亚”的点睛之笔。由于片中涉及加利福尼亚的实地场景、女主在其间的飞行穿梭与各种夸张表现的特殊元素，因而需要凭借部分前期实拍与后期特效相结合的制作方式，以呈现剧中超越现实的浪漫情境。与此同时，诸如剧中各个不同场景之间的光线转变、内景与外景间的无缝衔接等镜头，由于涉及大量不同后期制作内容与光影转变，因而后期合成中对于影像效果的统一化处理对于建立可信的视觉逻辑、呈现出具有真实感的影像质感来说是至关重要的。

2. 镜头空间处理

在真实的作品拍摄过程中，经常出现使用不同焦段镜头、机位，甚至由于多机位拍摄使用不同型号摄影机和镜头进行拍摄的情况。这些光学元件的实体物理显影条件差异，使得作品的透视空间关系变化不均匀。为了达到统一的画面空间感，合成师需要在这一过程中完成对素材内容空间物理畸变的平衡处理。

在创意商业短片广告《粉笔大战》之中，男孩们用粉笔画出的枪械，在现实空间中展开了一场激烈的“枪战”。从影片的后期合成制作来看，除了二维感、扁平感的粉笔“枪械”特效与三维的现实世界相融合、不使观众感到突兀的需要之外；“枪战”之中，各方枪手激烈“交火”，多景别、多角度、快节奏切换的“枪林弹雨”里，弹道、弹痕不同距离、不同角度上的透视逻辑、虚实规律等也需要在后期特效合成工作之中结合具体镜头的景别、焦段等特点，基于现实的视觉逻辑进行制作。从而确保镜头影像呈现与镜头衔接的协调，让虚假的“粉笔枪战”呈现出真实交火般的激烈效果。

图 9-6 商业短片广告《粉笔大战》

### 3. 时空关系与运动

运动镜头常常是合成工作中的Hero Shot，在由多素材运动镜头构成的片段中，涉及画面内物体运动速率、摄影机自身运动速率及故事的叙事时间流动三层动态时空关系。如何借助“视觉暂留”的魔力，达成对素材画面视觉时空关系的整合，是这类运动镜头合成的关键点。

合成对运动素材速率的调整空间也相对局限，受制于帧率和运动流畅度呈现等因素，如何平衡部分素材衔接和局部素材失真的相对关系，需要反复的试验和丰富的画面经验。伴随着技术的发展，使用Motion Control技术在摄制阶段对运动素材进行整合成了更实用有效的办法。Motion Control技术通过对摄影机运动轨迹的高精度控制，实现其与被摄体间运动关系的追踪与统一，以此减少合成中时空运动关系紊乱的情况出现。拥有越来越多移动关节的Motion Control数控臂在运动时更加敏捷灵活，机械性误差逐步降低，而对于摄影机及被摄体运动轨迹的补充算法逐步增强，双管齐下。

图 9-7　商业短片广告《HUAWEI PEPPA PV》

在华为P SMART手机所推出的商业短片广告《HUAWEI PEPPA PV》中，通过Motion Control系统，将手机主打的快速充电、大容量电池与强悍的拍摄功能以多场景无缝转换、一镜到底的形式呈现在观众的面前。要得到这样的效果，需要提前对被摄空间中视觉元素的运动速率有明确的了解，这样才能匹配上画面效果所需要的拍摄速率，也就是延时摄影的单帧间隔长度。间隔时间如果太长，视觉元素的运动效果可能过快而导致美感缺失，间隔时间如果过短，视觉元素的运动效果会因为过慢而导致运动感的缺失；要在进行前期几次短时段拍摄实验后得出最适合的间隔时间，才能收集到效果最好的素材，完成影片诉求。

4. 虚实关系的协调

动态视野呈现过程中，自然景深带来的空间虚实关系对画面真实度起到了重要影响。在合成中，不同的素材需要合成到同一个画面内，一般则要根据画面纵深关系模拟自然景深焦点计算进行虚焦处理。另外还要注意空气透视效果，空气透视使镜头内远处的被摄体色彩饱和度不高，所以要运用校色来模拟此效果。运动镜头也是虚实关系容易出现视觉瑕疵的重点，模拟高速运动时的虚影和部分虚化相对较为困难，可以使用焦点模糊软件进行模拟。这种处理的方式往往是通过电脑处理完成画面纵深虚实的变化，来模仿镜头中对自然空间中透视纵深的反映。

图 9-8　商业短片广告《王者荣耀之盛世开局》

腾讯为旗下手机游戏《王者荣耀》所推出的商业短片广告《盛世开局》展现了一幅与游戏剧情内容相结合的中式魔幻画卷，利用技术突破了视觉的局限性，创作了一些现实中不可能看到的景象、增加了观众的多重感官体验。影片利用数字技术，通过视觉虚拟与协调，构建了一场中式魔幻风格的“上元三夜”盛会，可以算是这个领域的片例典范。通过使用数字绘景、3D建模、虚拟合成，以及创作者深厚的美学感受，将影片中各组镜头协调流畅地衔接起来。在如同城堡一般却充满着盛唐风韵的层楼间、在仿佛行驶于星河中的福船上，琼楼玉宇、灯火阑珊之中，影片利用光学、光线的协调同巧妙的想象力相结合，赋予静态物体以生动的表现力。影片中最值得放大探讨的细节是物与物之间虚实关系的处理，画面“真实”模拟了游戏世界中的自然景深，真实地将每个素材在时间线上完成运动效果与单一镜头时长的感受协调。这种效果的呈现，印证了数字技术能够替代实拍完成那些在现实条件局限下的视觉素材制作。

随着后期技术使用的逐步普及，后期前置成了越来越多作品的制作标准流程。而对于创作者而言，这样的制作流程也意味着更多表达的可能性与制作的确定性。新的表达方式带来了对于创作空间的突破，以及创作灵感和构思上的进一步释放，与此同时，更多可视手段提升了团队对于制作内容理解的一致性，使呈现更多效果成为可能。

# 第二节 商业短片广告的调色

调色是一种艺术形式，需要调色师拥有对色彩敏锐的感受和多年的专业经验，并且保持学习新技术的习惯，参与各类项目，接触不同风格的影片。目前大量影视作品的制作流程中都会有调色环节，商业短片广告也不例外，甚至商业短片广告需要更多的调色流程。通常商业短片广告因为执行的周期相对较短，所以留给调色流程的时间也相对压缩，有时就是几天的时间。而商业短片广告一般节奏都相对较快，会有成百上千个镜头需要进行调色，并且相较于其他影视作品在色彩追求方面拥有更大的自由度。这意味着在很多情况下，在调色时更容易建立色彩风格。

调色流程源于传统胶片时代的配光工艺，旨在模仿胶片成像的影像质感。如今基本上全世界影视生产都在使用数字摄影机，但数字摄影机拍摄及最终的银幕呈现的影像画面都依旧以胶片时代的影像质感为追求目标。为了达到这种效果，导演们使用了从灯光到电影色彩调控的各种手段。进入数字化时代，数字调色的出现无疑对影视生产来说是一个强大的工具，其可以将冷色调或暖色调引入素材，并确保具有表意功能的情绪化镜头拥有柔和的颜色过渡。所以在了解商业短片广告的调色特点之前，我们要先从电影的调色着手，了解一些关键的基础知识。

## 一、电影中的调色

相信看过美剧《权力的游戏》的人即使在没有任何位置说明的前提下，都可以轻松地在七个王国之间切换叙事概念。因为阴暗的色调和冷色调可以帮助我们从炎热干燥的沙色和黄色中分辨出关于北方阵营的叙事。整部剧以冷暖为背景，分为北方异鬼阵营和南方的七国子民阵营，并以这两大股力量的对抗为主线展开。可以说《权力的游戏》是一部关于色彩的战争剧或史诗剧。大量杰出的电影导演都利用色彩的力量进行创作，像安德森的《布达佩斯大饭店》，随着故事的推移，影片色调从鲜红色到淡蓝色和米色有着奇妙的过渡。如今，数字化调色在视频制作中无处不在——这一先进电影工艺流程让我们在电影中看到更多的色彩意识与表达，在潜意识层面向观众输送导演的思维。

作为专业调色师要熟悉电影史，熟悉电影制作的语言，并了解摄影组、灯光组的职能和他们的创作构思；专注于剪辑创作；还需要有足够的色彩感受力，以及了解色彩对人们的心理甚至生理的影响是什么；当然最重要的是理解剧本。

图 9-9　多部电影色彩方案

1. 色彩校正与调色

关于调色，我们首先要了解技术方面能为我们提供什么。视频色彩校正通常被认为是一项艰巨而复杂的工作，而调色又应该是纯粹的美学。在这里要强调两个不同的概念，一个是色彩校正、一个是调色。实际上，色彩校正和调色是密切相关、相辅相成的两个概念，既有技术方面的，也有艺术方面的。

在现代电影工业中，色彩校正是调色的开始（也是不可或缺的）阶段。我们都知道，数字摄影机拍摄的素材为灰度格式，这是一种为了方便后期对颜色的调整，尽量平衡拍摄画面的色彩信息，在对比度、色彩空间方面有很高宽容度的一种拍摄模式。所以色彩校正阶段是在灰度画面基础上生成具有真实色彩的中性图像，就像我们肉眼在拍摄现场看到的色彩感觉那样，并减少、消除可能从生产阶段出现的缺陷。色彩校正就像助手为画家提供了一张绘画的画布一样。从技术上讲，这个阶段可能包括：去除噪点和伪影、曝光校正、平衡对比度、调整白平衡、修复高光、阴影和中间调等。

色彩校正还包括处理需要使用蒙版标记的镜头中的特定部分，或者对受亮度、色调或饱和度限制的某些镜头进行修饰。这就是创造力发挥作用的地方，调色师可以通过视觉手段传达某种情绪或想法。例如，我们可以让角色的眼睛显得更炯炯有神；强调有表意功能道具的特有颜色；为画面添加一些深度以获得更戏剧化的效果；甚至完全改变物体的颜色使场景更加一致。 所以这时我们可以在进行最终调色之前开始做一些基础的艺术处理。

图 9-10　色彩校正示例

相应的，调色更侧重于风格化，这样能够触发观众情绪、营造氛围、增加美感，通过电影的最终色彩风格讲述故事。当然这个过程同样需要技术，依旧要处理亮度、对比度、色彩平衡、色调和饱和度。有经验的调色师会制作多种调色方案，并制作成具有预设值的颜色配置文件（LUT效果包），这样可以同时给导演看多种调色方案并及时讨论，同时也可以用预设值直接尝试其他场景、镜头是否适合。

2. 专业调色的五个步骤

不同形式的影视作品在调色所遵循的原则方面有不同的要求与侧重，但作为一个既有艺术创作又是技术的工作，仍需要综合各种诉求与创作思路，按照严格的流程与规范进行创作。

学习基础知识：调色不仅是技术工作也是艺术创作，有很多小细节隐藏在调色过程中。在开始调色工作之前，一名专业的调色师应该非常了解电影摄影的原理以及传统胶片的影像概念，并且系统地学习了色彩心理学，且了解自己的眼睛是如何工作的。

未雨绸缪：调色的前期工作早在素材进入调色师手中之前就开始了。调色师应该和摄影师、DIT团队合作，提前设置摄影机色彩模式，选择合适的数字颜色配置文件（预设LUT）拍摄，测试现场灯光设计方案是否更有助于实现影片色彩风格的规划等。

获得灵感：如果在拍摄前、调色前已经有影像风格参考，可以将参考片制作成色彩模板，作为调色的灵感参照。例如好莱坞电影中标志性的橙色调、蓝绿色调、复古风格的去饱和色调，如果是这些类型的色彩风格，有很多预设LUT可供选用，而后可以在此基础上制作预调色文件，供调色师与导演获得灵感，进行方案讨论。

有创造性的表达：虽然预设LUT广泛用于电影的预调色以节省时间和金钱，但预设LUT并不是万能的选择。毕竟每一个影片都有自己独特的影像风格，而某些预设颜色配置文件在特定场景中并不合适，或者这种预设LUT调出的色彩感觉唤起的观众情绪有所偏差。所以电影的调色应该是有创造性的表达方案。

风格化：此阶段的调整可能会改变之前颜色校正步骤的结果，并导致影片颜色雕琢的痕迹明显。然而，有时候影片色彩独特的风格化就是大家追求的目标。当设定影片类型时，剧本给定的是童话、玄幻、科幻等有明显特点的影片，比如蒂姆·波顿的《爱丽丝梦游仙境》那样的幻想世界时，影片的色彩必定具有非常明显的风格化痕迹。

3. 色彩风格

预先与导演、美术、摄影各部门一起讨论影片的色彩规划，掌握色彩叙事的需求点，制定影片配色方案，可以增强视觉叙事。在电影创作中对于色彩情绪功能最为重要的使用方式就是对冷暖色的区分。暖色调会让人产生刺激和兴奋的感觉，而冷色调则会显得比较冷静低调。通过对色彩的运用，可以实现情节的转变与故事的切换，体现出色彩的结构功能。

以下是电影中常用的四种配色方案：

图 9-11　色彩三要素

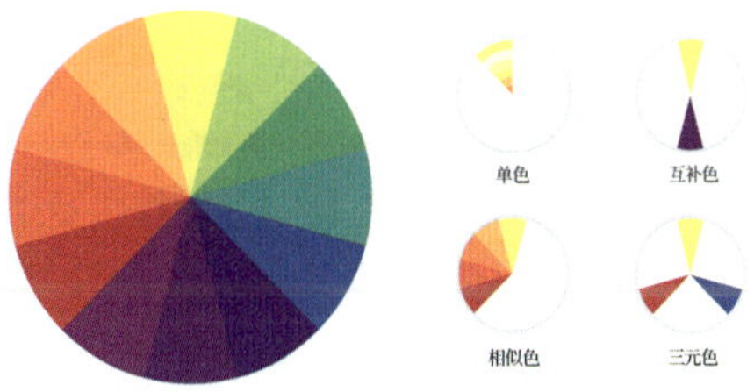


图 9-12　常见的四种色彩关系

互补色：互补色位于色相轮的相对两侧，如黄色和紫色。这些冷暖的对立色形成了很好的对比，在视觉上可以将前景和背景分开或传达冲突。比如运用对比色的电影《天使爱美丽》。

相似色：相邻的颜色，例如橙色和黄色。相似色散发出和谐的感觉，完美地相互衬托出某种情绪，营造宁静的气氛，或强调单调的感受。当然，相似色也可以更有创意地使用——比如在电影《毒品网络》故事情节中，墨西哥风情的橙色/黄色相似色影调和大法官韦克菲尔德的蓝色/紫色相似色影调分别表达了两种截然不同的关系较量。

三原色：色相轮上彼此等距的三种颜色，即蓝色、红色和黄色，它们为我们提供了充满活力的感受。三原色的应用最典型的就是在电影《超人》(1978)中以蓝色、红色和黄色作为超人的标准色，既表达了超人的活力四射，又表达了他和邪恶力量的抗衡感。当然在电影中较少有使用三原色的例子，使用柔和色调的影片占大多数。

单色：与相似色的方案不同，这种基于单一颜色的不同色调产生的色彩风格。常见于用单色调来建立某些关联（如《黑客帝国》中的绿色）或强调某些情绪（如《月出王国》中的黄色表示怀旧）。

其实上面的方案可以组合成更多的选择，可以用丰富的色彩方案参与到影片叙事中，比如在下面几部经典电影的调色方案中，我们可以看到色彩对人物塑造、时空变化、情节转换等所起的作用。

2019年威尼斯电影节金狮奖获奖电影《小丑》也因其富有表现力的调色而广受赞誉。这部电影富含互补的橙色和青色调、蓝色调以衬托橙色，相近的蓝色/绿色和黄色/红色在画面中融合，以增加一种冷酷的感觉。以色彩作为叙事基础为亚瑟·弗莱克与自己和社会的斗争创造了一个完美的框架。

图 9-13　电影《小丑》配色方案

另一部典型的利用色彩叙事的电影就是以色彩丰富而闻名的《布达佩斯大饭店》。在影片中20世纪30年代使用了单色红色，而过渡到20世纪80年代则使用褪色的黄色和蓝色色调，战时则转换为有颗粒质感的黑白色调。影片中色调的处理不仅与时间的流逝相一致，而且与酒店最初的辉煌和随后的衰落相一致。在这部电影中，色彩传递给观众的信息不仅限于视觉冲击感，还包括了文化概念。导演韦斯·安德森从来不追求表面的形式美，而是运用色彩这一极具代表性的美学元素直接烘托电影的主题和角色在特定情境下的心境。

图 9-14 电影《布达佩斯大饭店》配色方案

图 9-15 电影《疯狂的麦克斯：狂暴之路》配色方案

图 9-16 电影《荒野猎人》配色方案

图 9-17 电影《低俗小说》配色方案

## 二、商业短片广告的调色

商业短片广告的调色工作流程方法与叙事电影或电视剧既有相同也有不同之处。

第一个主要区别是屏幕尺寸，电影现在普遍要求技术标准达到2K–4K大小，电视剧也要求至少达到2K标准。商业短片广告虽然大量客户也要求交片标准为2k，但因为播出渠道大多在互联网平台，比如电脑、平板电脑、手机，这些观看屏幕尺寸实际很小，所以对画面细节要求并不苛刻，在调色的时候技术指标也就不像电影电视剧一样严格。第二个主要区别则是商业短片广告的篇幅有限，一个3分钟的商业短片广告镜头量一般有100—200个镜头，而电影需要 1200—2000 个镜头。对于商业短片广告客户来说，会有更多的时间和金钱投入到这 100 到 200 个镜头上，因此商业短片广告的调色会更加精细。第三个区别是审美。商业短片广告通常具有非常明亮、饱和的图像，色彩叙事的方式也大不相同，似乎有更大的自由度。

以下是商业短片广告在调色时需要特别注意的几点，但需要特别提示的是：以下规则并不绝对，也会有例外，并不适用于任何一个商业短片广告，这些规则只是与大多数商业短片广告相关。

### 1. 常用中间调

就颜色而言，大量的商业短片广告都属于中间调。这种现象不仅仅存在于产品镜头，对于以人为叙事主题的广告尤其如此。例如在电影中，演员处在一个气氛非常阴郁的场景，希望画面呈现出他的脸曝光不足，调色时则可以通过降低中间色调来实现这一点，但在商业短片广告项目中，几乎不会这么处理。

商业短片广告画面大量都是准确、中性和令人愉悦的中间色调，这些中间色调都给观众积极、光明的感觉。由于任何商业短片广告的本质都是为了销售产品，因此影片的视觉需要具有吸引力，而实现这种视觉吸引力的第一步是对中间色调进行颜色校正，这样才能将演员的皮肤提升到最佳表现效果。

让我们来看下面这支片例，这是一支来自AIR JODEN的商业短片广告，该影片的色彩风格就运用了中间色调。我们可以从片名得知，这是一支给予东京这座城市的城市商业短片广告，片中并没有单纯地描述产品，而是将大量的镜头用于侧面描述城市人文，明快、分明、清晰的色彩调性使我们在清晰地传达内容的同时，短片风格也与这座城市本身的清新风格相统一，这样做将广告的艺术水平与文化蕴涵大大提升。由此可见，中间色调可以应对大量的叙事场景与镜头表现场景，可以将主题第一时间高效地展现在观者眼前。

图 9-18 商业短片广告《AIR JODEN 之东京》

商业短片广告的调色一般取决于导演的个性化表达，但请记住，调色应该与产品、信息和品牌的气质相一致。比如将沉重的深色色彩倾向与化妆品广告混合在一起似乎就不是一个好的选择，这样不仅会感觉有点过于戏剧化，而且很可能会改变产品的颜色。除非这是原始的创意剧本决定的影片风格，否则不应该冒险将短片如此风格化。商业短片广告的目的还是让观众真正了解产品，而不是发现实物与影片里的产品在颜色上有很大的偏差。所以商业短片广告的画面应给观众创造一个温暖和谐的氛围，而不改变产品的颜色，让观众更有欲望尝试产品。这就是为什么大多数广告都具有中等对比度的明亮且色彩丰富的画面呈现。

2. 使用蒙版

商业短片广告的篇幅有限，而且其播出渠道也使得其是一种非常具有视觉效果的影视类型，以至于每一个细节和镜头都变得非常重要。蒙版是可以实现这些结果的最佳工具之一。但一定要注意蒙版边缘的过渡，它需要看起来感觉自然，并且只是突出画面中最重要的部分而不会让观众分散注意力，不能让观众发现边缘的存在，这就需要有光线、摄影、色彩知识。大多数商业短片广告使用蒙版调色比电影要多得多。这并不是因为商业短片广告需要更加风格化，而是因为细节在任何商业短片广告中都极为重要。人、产品或环境的某些元素可能需要突出显示或削弱显示，以便将观众的视觉重心吸引到画面正确的位置。

以下面这支由演员宋佳表演的商业短片广告为例，这支影片品牌方是欧莱雅出品的旗下产品“小蜜罐”面霜，针对其产片卖点“抗衰老”“补水保湿”“抗皱淡纹”，广告通过展示演员的整体气质并着重用镜头描写代言人的面部光滑弹嫩以及产品的细节展示，将卖点与品牌气质完美有力地表达给了受众与观众。其中值得一提的是，由于产品的特殊性，在调色阶段人物的面部特写不可以与整体影片场景道具等一起调色，而是要使用蒙版针对面部着重调色，甚至有时要做一些修容处理，才可以更加锦上添花有的放矢地将护肤产品的特性凸显出来。而针对产品，我们需要使用蒙版将其固有色保留的同时突出于画面又融合于画面，这就要求我们需要在后期阶段灵活地运用蒙版为我们的影片画龙点睛。

图 9-19　商业短片广告《巴黎欧莱雅》

在调色机房，颜色发生了化学反应，其可以引发情绪和感觉，而且可以传递某些信息。当涉及品牌或产品时，一定要特别注意，这是观众在观看商业短片广告时的第一印象。因为品牌或产品的颜色可能是观众首先看到的东西，色彩的感受决定了观众对产品的好感度。例如，一罐汽水的颜色可能需要单独画出蒙版调色，以与品牌给定的实际颜色完全匹配，这样才能让观众准确地联想到实际的产品和实际的购买场景。

### 3. 影像色彩风格化

目前大量的商业短片广告的调色师并没有参与电影调色的经验，他们似乎更愿意在商业短片广告中采用过度风格化的调色方案。这当然也有导演的原因，有些商业短片广告的导演会更多地追求个性化的表达。但因为商业短片广告中有大量表现商业元素的需求，所以大多数商业短片广告需要准确还原现实中的色彩，修饰气氛。让观众在舒适的色彩叙事中感受品牌的理念和产品的功能。当然，如果商业短片广告的叙事类型原本就非常类型化，整体的调色风格必然也类型化，但在色彩风格化的框架下，还应注重对品牌或者产品色彩的准确还原。还有一点需要提示，有些品牌有自己的标准色，比如麦当劳、百事可乐、蒂芙尼等，那么在他们的商业短片广告中会有明显的与品牌标准色一致的色彩倾向。这种情况则需要商业短片广告具有明显的色彩风格，以强化品牌标准色，使观众达成色彩认知记忆。

就比如下面这支商业短片广告，这支乐事薯片广告通过以幽默、诙谐、夸张的故事情节与表现手法讲述了兄弟俩的各种奇幻经历，其中不乏公路、惊悚、悬疑等差异很大的情境场面，而调色师也针对这些场景相应地在调色方面做了针对氛围烘托的色彩倾向。但是我们可以发现，无论这些镜头内容如何的乖张，在色彩方面总是有金黄色的部分，正如片名《金色回忆》。整支影片的色彩风格与乐事原味薯片包装的金黄色倾向一致，这样便可以使观众无论沉浸在哪一段情节中都会对品牌标准色形成认知记忆，这种认知记忆也在一次次出现中被不断强化。

图 9-20 商业短片广告《乐事薯片之金色回忆》

图 9-21 商业短片广告《乐事薯片之金色回忆》配色方案

如果说色彩调整是电影制作的一个非常主观的因素，那么在构思商业短片广告的色彩风格时，首先要考虑的应该是如何吸引观众，且调色风格应与品牌和产品的气质相匹配。调色是导演和摄影指导交付商业短片广告前的最后一步，也是艺术与商业融合的最后一步。

# 第三节 全新的虚拟制片技术引入商业短片广告制作

长久以来，无论电影还是影视广告，引人入胜的影像表现力与给人留下深刻印象的视觉奇观都是许多创作者追求的目标。随着CG技术与影像后期技术的成熟，虚拟与现实的边界在影像中渐渐模糊，对观众而言，“身临其境”的影片观感已经司空见惯；如今，随着技术的发展，全新的“虚拟制片”技术更是打破了原有绿/蓝幕拍摄模式的桎梏，美剧《曼达洛人》更是首开虚拟制片之先河，让全球影人感受到了这种“临境”化所带来的变革与震撼，给创作者带来了在拍摄现场即可“身临其境”的感受、真正让虚拟场景的拍摄与制作实现了“临境”化。

## 一、虚拟制片技术改变商业短片广告制片方式

无论是电影还是影视广告，在涉及超现实场景或无法实地取景的情况下，创作者要想实现自己的想法只能通过传统的绿幕/蓝幕抠像技术进行，虽然各部门之间可以通过创作阐述、设计图纸、气氛图、场景预览等方式对接内容制作，但效率低下、误差易发的问题也自始至终影响着影片最终效果的呈现。

虚拟制片技术的应用改变了这一系列问题——其汇集了当下影视行业、游戏行业的尖端科技。将数字资产通过EPIC公司所推出的虚幻引擎（UNREAL ENGINE）进行强大的材质处理、光影呈现与实时渲染

处理，再结合虚拟现实、增强现实、动作捕捉等技术，以即时可见、即时可调整的状态呈现在拍摄现场LED幕墙上。这使得我们的主创团队在创作中不再需要面对绿幕和设计图、预览素材去进行“脑补”，而是可以在实时预览中对于场景气氛、光影、构建等要素的自由调整，实现“所想——所见——所得”之间的“临境”同步化，拥有了更加自由广阔的创作空间。

这种全新的创作方式带来了从创作思维到制作模式的全面改变：一方面，虚拟制片技术将传统后期制作的大量工作内容前置化，改变了旧有的前后期制作衔接流程；另一方面，新的模式也打破了后期部门根据拍摄素材进行制作、调整与完善的思维模式，而是要在开拍前即针对项目制作完善的数字资产体系，以备现场拍摄使用。同时这种制作模式也让商业短片广告不再顾及周期与预算的限制，可以“随心所欲”去到任何取景地，不再受日夜光线、天气、自然现象等不确定因素的影响，可以在LED虚拟摄影棚所呈现的“临境”场景中完成所有拍摄，能够更加适应于影视广告中不同场景频繁切换的特点，将转场、置景、布光、调试等工作量降到最低，极大地提升影视广告拍摄制作效率。

图 9-22　传统影视制作流程与虚拟制片流程对比

## 二、虚拟制作为商业短片广告带来全新创作时空

虚拟制作技术虽然能够相对轻松、高效、低预算地实现超现实场景的拍摄，但对于影视行业而言，这类影片毕竟只是其中的一部分。对于商业短片广告的创作而言，各种超现实场景、表现性场景、色彩化场景甚至卡通化场景等却有着更普遍与多样化的运用。因此，对于商业短片广告行业，引领全球影视制作变革的虚拟制片技术为创意的发挥大大降低了因为场景、技术、周期、预算而受到的限制，带来了全新的、更加广阔的创作时空——剧组进入专业的LED屏前虚拟拍摄摄影棚，后期前置制作的数字资产通过实时控制系统投播于LED屏幕上，与前景搭建的真实场景从视觉上与LED屏中的数字场景无缝衔接，并通过动态捕捉系统，与摄影机、灯光联动控制，使所有的场景元素可以快速切换，并且保持透视真实和视觉真实。这种现场特效“类实拍”的方式达到了“所见即所得”的效果，也使得客户监制人员与主创团队不会因拍摄效果、诉求呈现等原因而产生意见分歧，大大提升了项目执行层面的进度与稳定性。

图 9-23 广告《火山篇》成片截图

图 9-24 拍摄现场屏幕与实景衔接测试

图 9-25 拍摄现场摄影机标定校准

图 9-26 拍摄现场 UE 实时数字资产调整

比如上图中应用虚拟制片技术进行制作的商业短片广告《火山篇》，其创意发生在一个充满火山、岩浆与黑色地表的，高饱和、高对比的外星环境中——这在传统的TVC广告执行时，只能选择绿幕抠像加后期特效合成的方式进行制作。但通过使用LED屏前虚拟拍摄，该技术的针对性优势被强烈凸显了出来：在创意之初，虚拟艺术部门可以迅速运用UE系统搭建了接近真实的外星火山环境、与客户进行效果沟通——这在传统TVC流程中均为后期流程；而根据数字虚拟场景进行的分镜头故事板预演制作，可以以接近成片效果的3D故事板充分地体现场景内气氛、光影、布局乃至虚拟资产道具的陈设，从而使得方案沟通阶段，客户诉求能与导演艺术创意之间碰撞与融合，为创意的实现提供更多可能。

## 三、虚拟制片技术应用于商业短片广告制作的优势

在虚拟内容真实性与质感提升的基础上，虚拟制片技术的全新制作流程也让主创团队在拍摄过程中可以全程感受到真实的拍摄现场。这不仅极大提升了创作效率与各部门间思维、创意碰撞的成效，也让演员能够改变其原先在蓝/绿幕环境中的“无实物表演”状态，依托真实的场景氛围与光影效果，发挥出更富有层次、细节与质感的表演创作。

LED屏前虚拟拍摄技术的诞生就是为了解决高反射物体的特效合成问题，因为传统的绿幕合成方案，在高反射物体表面会出现大量的溢色现象，导致合成后反射物体边缘明显，效果虚假。而高达1800尼特亮度的LED屏在显示虚拟场景的同时也使得更接近自然的光效可以修饰演员及实景、道具、陈设部分。

在北京电影学院美术学院影视广告导演专业所推出的虚拟制片技术测试短片《异星救援》对蔚来汽车品牌的植入中，作为剧情中主人公一行人的太空撤离用车，创作团队在蔚来汽车所提供的蔚来ES6模型文件基础上，由虚拟艺术部门制作了符合影片剧情及效果需要的太空隧道。在专业的LED屏前虚拟拍摄摄影棚中，近乎真实的场景被反射在蔚来汽车的车身上，让外星救援的激烈追车戏更为真实可信；除此之外，更可以通过数字资产体系与实时渲染能力之间的配合，结合车身结构、重心分配、悬挂调校、加速效果等方面的特点，对车辆追逐戏中所表现出的植入车辆车身姿态、转向效果、受力变化等细节更加真实化、更加专业化，让虚拟追逐戏所呈现出来的效果更加富有质感与张力。

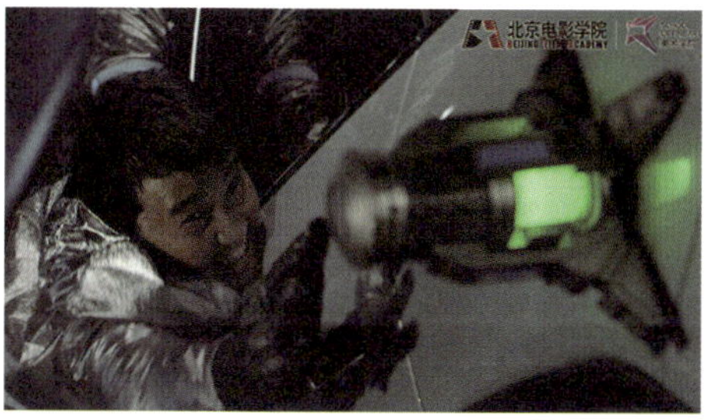


图 9-27 科幻测试片《异星救援》成片截图

图 9-28 拍摄现场屏幕内资产给予车面真实反射

图 9-29 拍摄现场摄影机运动与 LED 屏幕内资产联动

图 9-30 拍摄现场 UE 实时数字资产运动速率调整

虚拟制片技术所带来“实时可见”的全新感受既为影视广告的创作带来了更广阔的发挥空间与更高效的部门间合作效率，也让客户与创作者之间对于广告诉求呈现细节与效果的认知更加精准统一、极大提升了甲乙双方项目合作过程中的沟通效率。

图 9-31 越来越多的影视广告选择使用高效便捷的 LED 屏前虚拟拍摄技术

虚拟制片技术绝不仅仅只是针对商业短片广告中某些题材、某些类型作品制作的一种解决方案；从更高层面来看，对于整个影视行业、广告行业而言，虚拟制片技术的应用与发展都将会对其造成巨大的影响与改变——“临境”化的全新制作模式以前所未有的广阔创作时空和无可比拟的全新效率，让创作者能够在“身临其境”之中完成更好的项目合作，这让虚拟制片技术在整个影视广告产业中的未来发展体现出了更大的潜力、更多的可能。

思考题

数字技术的日益创新对商业短片广告创意实现的可能性有哪些方面的提升？

推荐书目

廖澺苍，凌大发. 拍电影 现代影像制作教程 第6版[M]. 北京：世界图书出版公司，2007.

# 第十章

# 商业短片广告的声音

作为视听作品的商业短片广告在听觉语言部分可以大致分为音乐、对白（旁白、台词）、音效三部分。这三部分内容在声音方面以不同的呈现形式发挥着其自身的独特作用：音乐部分往往以无歌词的背景音乐或带有紧扣主题的歌词内容的商业短片广告歌曲形式出现；对白部分往往以演员配音、对白以及旁白的形式出现；音效部分往往会伴随演员动作发生以及叙事内容推进的情绪变化出现。声音方面的三部分恰当地使用可以起到帮助商业短片广告推进叙事、烘托情景气氛、刻画角色内心、传递商业信息等作用。商业短片广告作为视听作品的一种门类，我们应将视听作品中“视”与“听”结合的基本规律灵活运用在商业短片广告之中，并给予二者同样的重视，不仅要创作精彩、富有吸引力的视觉画面，更要呈现出层次丰富、恰当独特的听觉声音，只有二者相辅相成并形成合力，才能更好地满足观众与受众日益增长的视听感官需求。

正如前文所说，无论是单独感受画面还是单独感受声音，观众不仅感官体验会大打折扣，视听作品所传递的信息也会明显出现一定量的缺失。故而视听作品中视觉元素与听觉元素是密不可分的。在当下的信息传播环境下更是如此，观众对于自己所获得感官体验需求日益增长，对于事物的审美水平也随之增长，而对于创作者来说，创作难度也会随着大众的需求和水平大大提升。视听创作的紧密结合是我们创作一切突破性作品的根基与保障，内容信息表达的完整性要求我们在重视画面的同时，充分利用声音元素的独特性，完成推进叙事、营造气氛、代入情绪等一系列的表达任务。

视听作品中的画面是按照蒙太奇的组接原理来连贯画面的，而声音同样有着相应的蒙太奇组接原理，声音在除了参与叙事的主要任务的同时，往往也承担着配合画面将不同内容段落之间相衔接的注释作用。声音部分可以一定程度上将画面在传达内容时不够直接准确的部分进行补充，使整体的呈现效果完整度更高，信息表达更加精准。声音在商业短片广告中尤其重要，因为商业短片广告不仅仅是剧作内容表达，更具备着传递商业主题概念的任务，而声音部分往往在完成商业主题概念任务上扮演着不可或缺的角色。

# 第一节 商业短片广告的音乐与广告歌

众所周知，电影从无声片时代进入有声片时代，而后随着电影技术的不断进步，声音制作更为追求沉浸式体验感，越来越多的电影人发现声音是使故事更具吸引力和更丰富体验的不可或缺的要素。声音在影视制作中非常重要。声音通过多种手段与技巧增强了人物和故事的立体感，使影视作品带给观众更为完整的体验。声音可以唤起观众对不同情绪的关注，也定义了叙事的整体基调。音乐、对白、画外音、音效，甚至静音都是声音制作的内容。在商业短片广告的制作过程中如果创造性地、有目的地使用声音，就可以以独特的方式影响观众。换句话说，声音可以帮助观众了解视觉呈现所缺少的信息。

有创造性的声音制作可以使商业短片广告成为有记忆度的作品；也有一些商业短片广告使用“朗朗上口”的定制型广告歌曲进行推广，让观众自发的主动多次传播；还有一些商业短片广告使用声音来唤起某种情感，让观众意识到他们需要这些产品。无论采用广告歌还是纯音乐、画外音、音效和对话等声音创作手段，目标都是让商业短片广告令人难忘，从而唤起观众和产品之间的联系，并创造最终的购买“需求”。

## 一、广告音乐

我们常听人说，“这首歌曲让我产生一种感觉”。这可以从心理学层面解释——声音引导人体释放皮质醇，增加心率，甚至改变呼吸方式，它会影响我们的行为、认知和荷尔蒙，这意味着我们所听到的音乐可以改变我们的感知。所以当音乐出现在商业短片广告中，便会影响我们在观看广告时对诉求的感知。比如，在商业短片广告中，播放一段或恐怖或悲伤的音乐，会为观众带来低沉的情绪；相反搭配快乐积极的音乐，则会让观众感受愉悦，这就是观念发生了变化。大多数情况下影片会运用声音创作将观众的思维引导到创意既定的方向。音乐对于一部影片来说是非常重要的元素。在默片时期，音乐甚至贯穿整部电影，电影配乐从诞生之初就肩负着为电影营造气氛的职责。想象一下，如果闭上眼睛听电影原声音乐，是不是会感觉被音乐带到了电影中事件正在发生的地方。但如果没有音乐，电影纯视觉呈现，观众的体验是否还完整？

我们都有一种感受，纯音乐也有叙事性，听音乐的过程也是感受情绪的过程。比如听贝多芬的第九交响曲，我们像是听到了充满哲理性和英雄性的壮丽史诗。所以当音乐成为商业短片广告不可分割的元素，音乐的叙事性应与商业短片广告的叙事主题不谋而合。不同的主题会使得音乐的曲调、曲式、风格、节奏和旋律呈现出不同的表达，音乐主题与视觉表达联手能充分表现故事中的情感，烘托气氛、渲染情绪，使影片的层次更加丰富，人物形象更加生动，从而令观众产生共鸣、共情。

当然商业短片广告的音乐的节奏也能成为影片节奏的一部分，或轻快，或忧郁，或舒缓，这些音乐节奏都能以最直观的感受表达出整个商业短片广告的诉求方向。也能给剪辑节奏以依据。商业短片广告的音乐还能使影片更为完整、流畅，消除场与场之间的间隔感，更顺畅地进行时空转换，提升商业短片广告的感染力。

以苹果iPad Air的2014年的商业短片广告为例，乐队拎箱子出门，音乐的节奏鼓点开始，几个镜头依次出现演员拿着iPad Air这款产品在录音，伴随着音效的变化，节奏的变化，故事的情节也在不断变化。乐队一路开车收集各种音效，同时在车上用iPad Air编辑音效和音乐，全片没有任何对白，靠着节奏的变换和声效的变化推进故事——原来他们是在为音乐会做准备。该商业短片广告的主题音乐是一个流畅且节奏变化丰富的音乐，画面内容与镜头组接配合着连贯的音乐节奏呈现出高度协调的视听效果。所以画面与声音的高度配合可以使最终的呈现效果提升至一个新的高度，更具表现力的情节可以使观众拥有更好的代入感，观看影片的同时获得更好的视听感受。

另一个不得不提的商业短片广告案例是2015 年宝洁公司的卫生巾品牌 Always 制作的打破针对年轻女性刻板印象的广告 Like A Girl。世俗中，我们总是要求青少年女性的行为规范要“像女孩一样”。但同时，如果以“像女孩一样”作为对某人的评价，则又似乎是一种贬义。因此创作者在这则商业短片广告中通过积极乐观的音乐与观众产生正确的对话，传递出年轻女孩应该“像女孩一样战斗”“像女孩一样奔跑”的信念。

图 10-1 苹果 iPad Air 2014 年商业短片广告

对于商业短片广告中音乐的创作我们需要一些新的思路与方式，这种新的信息载体在与生活紧密联系的同时饱含着丰富且多元的时代内容。成熟的商业短片广告音乐其自身也蕴含着极强的艺术价值与商业价值，可以给观众带来更加丰富的、全面的、新颖的审美感受。声音和画面同时作为视听艺术中密不可分的两大部分二者相互作用可以更好地提供给观众强有力的艺术观感，而在声音方面，一首利于传播的主题曲可以大大减轻影片表达与传播时的压力。

在商业短片广告筹备阶段，我们便需要依据商业短片广告的叙事内容、镜头节奏、情感主线等因素选择风格相符的作曲家、演奏家、乐团来为影片量身定做音乐。商业短片广告音乐的乐器种类、乐队编制等相关信息，需要音乐创作者在充分地理解创意剧本与导演构思之后，从影片风格、段落节奏、情感氛围的需求出发进行选择和编创。商业短片广告音乐的创作者往往会创作多版本、多时长的商业短片广告音乐，为了在保证技术精准和艺术水准的基础上尽可能满足符合主题的所有商业短片广告时长要求。另外，我们在为商业短片广告选取现有的音乐进行使用时，一定要注意音乐是否存在版权问题，除非该音乐不受版权保护，否则我们便需要从正规途径购买该音乐的使用权后方可使用，我们一定要注意尊重每一位创作者的知识版权。目前有大量的音乐网站可供挑选适合商业短片广告风格、主题、长度的音乐，选定后再按照最终商业短片广告播出的渠道，传播的范围，根据不同的授权规范付费下载，购买成功后音乐网站会给出相应的授权使用文件。

## 二、品牌识别声音

品牌识别声音（Jingle）是指品牌战略中包含的品牌、产品或服务的专属声音，以帮助消费者在听到专属声音时快速建立与品牌的联想认知。品牌广告语（Slogan）或许会因各国语言而有所差异，但音乐无国界，能够自由且广泛地在不同语种的地域上传播。广告语配上适当的语调、节奏、音阶，形成Jingle，完美地呈现了品牌形象。所以品牌识别声音代表了品牌的形象。比如iPhone的铃声、诺基亚的开场声音，甚至Windows的启动声音。

图 10-2　Intel 品牌标版

如果将品牌想象成一家店面，如果logo是门窗，那么品牌识别音就是当你推门而入时所听见的第一道声响。不管是单纯的音效还是一首乐曲，声音的功能都是为了加深听觉记忆，让人们认知这个品牌的标志。一般来说每一条广告都与被广告的商品或品牌的个性密切相关，因此在广告中使用专属品牌识别声音，可以强化品牌标识在受众心里的认知，加大品牌曝光度。历史上第一次使用品牌识别声音的广告，是1999 年百威啤酒的广告，在这部影片中出现了一句标志性的声音："What's up？！"而后这句话一直停留在流行文化经典中，甚至被众多DJ、脱口秀主持人和漫画家使用。所以该影视广告通过创造一种可以连接人们认知的特定新声音而取得了超越产品本身传播效果的成功。大家耳熟能详的Intel的“五声噔”，虽然只是五个简单的音符，但带出了品牌创新、可靠的感觉，这都是经过不断推敲和修改而得来。这“五声噔”是由奥地利的作曲家沃尔特·沃佐瓦（Walter Werzowa）创作的音效，他受Intel品牌标语“Intel Inside”启发，写下了第一个音符，随后他花了大量时间编排那五个音符。每一个音符都用木琴、马林巴琴等多种乐器合成，才有了今天我们听到的最终效果。

为了塑造品牌具有持续性、延展性的形象，品牌识别声音（Jingle）也会配合不同的节日、不同的营销策略、不同的产品线而有所变化。比如，无人不晓的麦当劳识别音——“I'm lovin' it”，听见时会马上让你不由自主地哼起。而麦当劳广告的sign off（即片尾声音logo出现的地方，品牌识别音的位置），每一次都保持了原有的旋律，却又以多变的曲风展现出品牌的多元面貌，总是令观众耳目一新。麦当劳春节广告会采用中国民乐风格的编曲；剧情如若是温馨的叙事风格，则会采用抒情的编曲；而如果当季推出主打年轻市场的新产品则用电子音乐。这些百变的编曲展现了品牌的多样性，但万变不离其宗，更强化了麦当劳深入民心的简单旋律。即使音效设计迥异，也不会影响人们对它的记忆，反而更亲切、更合时宜。

图 10-3 麦当劳品牌标版

广告的Jingle虽然只有短短数秒，但背后的工序却更为复杂。作曲不仅要充分理解品牌之理念、营销之策略，还要从录制前就无数次开会提案、定稿、重来，制作demo，反复实验不同的乐器、旋律等，最终反复打磨打造出短小精准的品牌识别音，只为创造最切合品牌定位的配乐。

## 三、广告歌

如前文所述，商业短片广告的音乐可以是纯音乐，也可以是有歌词的广告歌。广告歌是音乐旋律与歌词的复合体，音乐本身能表达广告的主题，歌词中的文字其实也是广告文案的一部分，能更直接地与影片主题产生呼应关系。

广告歌的形式之所以能广受欢迎，是因为通常广告歌旋律都简单易学、朗朗上口，这样的广告歌传唱度极高，可以形成流行性。成功的广告歌曲会使商业短片广告提高传播效率、扩大传播范围、易于受众接收。有一条广告年代虽久远，却是经典。1979 年美国“超级碗”播放了可口可乐广告“遇见乔·格林”，广告开始只有对话，没有音乐，但当乔·格林拿起那瓶可口可乐时，欢快的音乐开始了，他的情绪开始转变。歌词变为文案旁白，作为一种神奇的方式来销售产品，音乐的旋律则将影片情绪从“低落”转变为“欢快”。

广告歌需要作词、作曲的协同合作，在与客户充分沟通后，了解品牌的理念及产品的功能。而后与广告创作团队沟通，了解商业短片广告的创意与影片风格，创作出符合整体调性的广告歌，强化受众对品牌或商品的听觉认知。比如近年来流行K-pop或J-pop曲风，商业短片广告也大量运用，通过不断重复的旋律与歌词，加深人们的声音记忆，形成漩涡式的洗脑。

那么广告歌的特点有哪些呢？我们可以逐一来看看：

提升品牌体验。观众的体验可以发生在不同的层面，其中最常见的是视觉层面。但是当人们通过广告歌认知品牌时，观众会自动将声音与品牌关联起来。因此，每当有人听到熟悉的歌词、旋律时，品牌就会立即出现在脑海中。甚至有的广告歌会让观众在未来几年都记住它——这便是传播过程中产生的“熟知现象”，商业短片广告歌本身的形象气质与企业或产品的形象产生叠加效应，塑造全新理念。

加强感性诉求。广告歌可以唤起情感，使观众体会不同的情绪，创作专属的易于传唱的广告歌，将产品的营销策略融入广告歌的创作可以放大受众与品牌及产品的互动。著名的哈斯本实验告诉我们，人们会在有音乐的环境下不自觉地摆动身体，用动作和情绪来呼应音乐，而且根据不同的音乐风格，身体的律动频率也随之改变。因此，广告歌便成为广告与受众信息传递互动的纽带和共鸣的介质。

通过歌词强化信息。我们知道正常播音的速度是一秒钟三个字，在篇幅有限的商业短片广告中，广告的歌词替代了一部分旁白、文案的功能，可以在一定时间内帮助传达比语言所能表达的更多信息。

让故事更有吸引力。通过在商业短片广告中运用广告歌的手段，可以讲述更庞大的故事。而这些故事一开始甚至可能不需要太多的铺垫，广告歌已然为故事铺垫了基调，铺陈了开场。广告歌与蒙太奇手法的相互作用也更有利于时空的构建。

为品牌赋予个性。在现实生活中人与人的声音听起来都不一样，我们经常会说只闻其声不见其人，声音传递了每个人的特质。广告歌也是如此，当选择适合品牌个性的歌曲时，广告歌自然就成为品牌的一部分，将广告歌与品牌理念打造出一致性和统一性，成为该产品或服务的象征，就可以成为一条商业短片广告在每天海量的广告信息中脱颖而出的方式。

加强感性诉求，扩大诉求范围。广告歌的流行性、娱乐性决定了其可以跨越性别、年龄、文化、地域等限制，只要旋律简单易学，就会有传唱度，辐射更广泛的受众群体。

传播重复性。广告歌还有一个显著的特性是“时点再生性”，所谓“时点再生性”就是指：当一首广告歌在传播的过程中被受众所记忆、所哼唱，而后受众在其他场合无意间听见广告歌熟悉的旋律时又会不自觉地哼唱起来；在看见产品或品牌时也会不自觉地想起广告歌的旋律。这便使商业短片广告的信息通过广告歌跨越时空在非播出、传播节点上得到了“再生”，从而促成受众进一步的购买需求。广告歌基于这种心理反应就是听觉注意——旋律记忆——品牌认知——时点再生——广告歌再现——认知唤醒——购买需求——广告歌再记忆，最终形成传播重复性。

例如2020年共青团中央和知乎联合定制的商业短片广告《重逢》，在网络上一经发布，立刻成了关注和点击的热点。这部商业短片广告通过一个青年的视角串联起一个个战场：从北伐战争、抗日战争、解放战争、抗美援朝等，用同一个角色演绎了不同时代下的青年们为祖国洒热血的共同理想，而为这一商业短片广告特别定制的同名主打歌歌曲《重逢》穿插在不同时代的战场，《重逢》以朗朗上口的旋律与准确深刻的歌词，不仅在观看时以强烈的情感共鸣打动了众多受众，更是在影片结束后依然余音绕梁传播广泛，将当下青年的生活态度与奋斗决心以歌曲的方式进行社会传播。每当广告歌响起，正能量的情绪就会感染大家，观众还会主动联想到知乎和共青团，这样不仅可以为影片内容增色使情绪与主题升华，更可以在之后利于传播深入人心。所以一首有意义的广告歌是以符合创作规律为基础，兼具艺术性与功能性。

图 10-4　公益短片广告《重逢》

所以无论是广告音乐、广告歌还是品牌识别音，当商业短片广告开始选择音乐时，首先就应该分析品牌风格，以及分析以下问题：品牌与竞争对手有何不同？品牌价值是什么？目标受众是谁？通过本次广告传达什么情感？音乐将如何强化传递的信息？ 广告音乐的创作应考虑所有这些元素以及要宣传的产品或服务，才会更好地匹配本次的商业短片广告主题。广告音乐创作者还应该考虑音乐的节奏、风格、是否需要有人声等。广告歌除了本身的通俗性有利于传播，还有一点也不容忽视，就是明星演唱，这种情况多见于明星代言广告。一般所选用的明星是产品的受众群体所喜欢的明星，而歌星的名气也与广告歌的传播效率、传唱度成正比。

# 第二节 声音设计的重要性

商业短片广告的声音设计（Sound Design），不仅仅是选择音乐，还要考虑如何在情感上推动广告。在商业短片广告拍摄筹备阶段，声音设计师就会与导演沟通剧本以及视听表现方案，并探讨实现的方式，而后制定声音创作方案，并配备相应的现场录音设备和工作人员。在商业短片广告前期拍摄阶段，声音部门通常由多人的团队来工作，这也是技术含量较高的阶段之一，因为要使用专业拾音设备和录音设备来录制高质量的声音素材。对于商业短片广告声音后期制作阶段，使用一至两条现成的配乐来推动情节的发展、渲染情绪似乎很容易达到效果。但商业短片广告的声音制作并不仅限于音乐创作，正如前文所述，还有对白、音效、画外音。所以将诸多声音元素有创造性的以追求影片中声音的自然和真实感为目标组合在一起，可能是商业短片广告更让人信服的有效方法——这便是声音设计师具体负责的影片的音频制作部分。声音设计师制作音效的过程可能非常复杂，具体取决于影片的类型、体量以及希望达到的效果。从音乐到音效，声音设计有大量创作的空间，声音设计不仅仅是音效，它是所有听觉元素的组合。声音与视觉一样重要，巧妙地设计声音，可以帮助商业短片广告作品成功的转化情感、营造情绪，是讲述故事不可或缺的一部分。即使在影片中的某个片段采用了静音的方式，那也属于声音设计的一部分。声音设计不仅是辅助画面，其通过音效所营造的真实、平静、紧张、悬念、喧闹、惊悚、欢乐、萧索、阴郁等氛围，可以让观众身临其境。声音设计是讲故事、提高画面张力、赋予影片吸引力的强大的工具，是整体叙事的元素之一。

## 一、音效

音效，也称为 SFX（Sound Effect），指除音乐及对白、旁白之外的任何声音。声音效果，通常是以数字格式被记录和编辑，可以是采集现实中真实的声音再进行效果处理；也可以是在录音棚里被模拟出来，用以辅佐叙事、烘托气氛。例如暴风雨中吱吱作响的门声、动作片中打斗的声音。在拍摄现场，声音效果通常采用不同类型的多个话筒记录在便携式同期录音机上，以拾取同一空间内不同位置的声源质量。随着科技的发展，各种特殊的传声器可以使录音师捕捉人类通常无法听到的频率。每个传声器在频率响应、最大声压级（响度）和内部噪声方面都有不同的表现力。这使得每种音效听起来都会因录制方式的不同而呈现不同的效果，因此在处理影片音效时，需要大量的音效素材合集。现在也有很多音效库可供选择，它们来自不同录音师录制的数千种音效，这大大提高了声音制作的质量和效率。当然依旧要记住音效库中的音效不是“免版税”的，但通常在初次购买使用版权后可多次使用。

在声音制作中，也可以用道具模拟声音录制，也就是所谓的“拟音”。拟音（Foley）也是音效，旨在模拟因自然界的动作行为所产生的声音，是一种通过“表演声音”以匹配画面元素的声音制作艺术。音效有时会和拟音混淆，但是两者之间有明显的区别。比如：重现打架声音的最佳方法是什么？怎么能在录音棚里模仿雪地里的脚步声？什么是用来重现剑斗或枪击的最佳道具？拟音通常比纯编辑音效素材更节省时间，并且它可以为影片中的某些声音提供更丰富、更真实的角色表现。拟音是在录音棚里实时创建音效，而声音效果是预先录制的和可能预先设计的声音素材，在声音后期制作中被编辑使用。拟音的目的是使画面的感觉更真实，因为声音的“拟”可以让视觉更成功的创造出真实感。比如远去的马蹄声，是在拟音棚中用两个特殊木块模拟马蹄的节奏敲击出来的。还有常见的包括脚步声、咀嚼声、喝水声、布料摩擦声、钥匙叮当声、门把手扭动声等。无论是音效还是拟音，其使用目的都是为了让观众可以更真实地感受影片的氛围。

图 10-5　马牌轮胎商业短片广告

在2018 年环法自行车赛冠军杰兰特·托马斯 (Geraint Thomas) 出演的马牌轮胎广告短片中，影片跟随杰兰特·托马斯快速下山，全片没有配乐，也没有画外音，只有身临其境的音效，观众清晰地聆听轮胎与道路的摩擦声、齿轮运转的声音、刹车的声音和杰兰特本人的呼吸声。这是马牌轮胎首部以杰兰特为品牌大使的商业短片广告，全片采用纪实的手法拍摄，声音设计师希望创作出能让自行车运动界感受到真实并震撼的影片，而不是市面上常见的充满动感的自行车影片。影片打破常规，不依靠配乐来传达情绪和能量，而采用纯音效的设计则营造出一种观众与杰兰特“同在”的错觉，为观众创造一种身临其境的体验。

影片在法国南部山区著名的Thorenc盘山公路上拍摄，画面很壮观，杰兰特·托马斯骑自行车穿过天然岩石的隧道，行进于蜿蜒曲折的山间公路上。路面在与自行车接触时会产生各种声音，录音团队除了给杰兰特佩戴了无线话筒外，还在他的自行车上安置了录音设备，这样可以捕捉到自行车部件发出的所有声音细节，包括车架在道路上行驶时的振动。在成片中，我们可以清晰地听到当杰兰特冲进 Thorenc的岩石隧道时，世界仿佛安静了，然后冲出隧道后音效又再次饱满起来。影片通过音效增强了戏剧性，同时保持真实的体验，吸引和激发了观众的兴趣。这部商业短片广告是不可多得的以声音为主导的创作案例，在拍摄和后期制作中尽可能地关注了声音和视觉协作所带来的独特魅力，让观众切实地感受到了自行车运动的真实感，也“体验”了马牌轮胎的功能与实际使用效果。

更重要的是这部商业短片广告让观众领略了杰兰特高超的骑行技巧，还反映了他对自行车运动的态度，并引起观众的共鸣。在影片中，观众与杰兰特有一种真实的“亲密感”，在他滑行下坡路段过程中我们可以清晰地听到他的呼吸声，声音正是成就这种“亲密感”的关键元素。不可否认，目前的商业短片广告创作，很多时候会忽略声音设计，大量的社交媒体充斥着质量低劣的短视频，这些短视频根本不在乎声音，毫无审美可言。声音的创作不是与视觉部分同步进行，感觉只是补充，这种创作观念会导致无法通过声音突出核心信息和情感表达。

然而纵观电影史，进入到有声电影时代后，大量的电影案例告诉我们声音的创造性表达可以塑造出更多出乎意料的效果。进入互联网时代后，现在的观众好像更浮躁，更难静下心来，声音其实是一种很容易吸引他们集中注意力的方法。在音效制作的范围里，还有一个要素需要考虑——场景环境声音与视觉表现的场景直接相关，环境音的功能就是塑造出一个叙事空间，以帮助观众感受更加真实的影片的场景气氛。环境音也是声音效果的元素之一，是纳入叙事策略、构建剧情世界不可忽视的重要部分。

环境音是房间、室外或任何给定场景的背景噪音。每个场景都有独特而微妙的环境声音。声音组织中环境声音的缺失或相对包含决定了场地存在的定性程度和强度。环境音可以增强叙事的听觉环境。通过从同期录音或者后期制作的环境声音来帮助观众概念化的重新构建场景的存在感。比如根据场景的不同，观众可能会听到不同质感的外部环境噪音。白天、夜晚、野外动物的叫声、风、雨、流水、雷声、树叶沙沙作响、远处的交通、飞机发动机、机器运转、低沉的谈话、地板吱吱作响、空气噪声和空调运转的声音等，这些都属于环境音。

例如商业短片广告AirPods Pro《跳跃》中，开场是一个男孩坐在街边，在他拿起AirPods Pro 的特写镜头之后，音乐跟随镜头进入主观世界，男孩听着音乐进入自己的世界。大街变成了男孩的舞台，所到之处遇到路人拿出类似绳子的物件当跳绳，镜头切到有人来陪他跳绳，跳绳的节奏是纯主观的，是他耳机内所听到的。男孩行走于街边的同时切换耳机模式，无形之中把产品的功能带入广告之中，利用产品自身的音效和环境音的变换，体现出产品功能的转换。

图 10-6 商业短片广告 AirPods Pro《跳跃》

## 二、对话或画外音

声音设计的另一个重要部分是影片中角色的对话。对白被定义为影片中两个或更多人之间的对话。此外，也可以有角色的独白以表达心理活动；也可以有客观的画外音。在现场拍摄时，录音师确保录制的声音准确、干净和清晰，为后期制作提供最大的空间。

商业短片广告也经常出现拍摄现场没有安排同期收音的情况，而选择在后期聘请配音演员为角色配对白或者画外音。配音，本质上是一种声音的“表演”，配音演员也是演员，配音演员需要具备多变的声音表演能力，才能满足商业短片广告多元的需求。所以一次出色的配音也从表演开始，导演应与他们讨论剧本，了解故事，充分体会角色情感，认同现场的表演方式，进入规定情境，确保配音演员状态达到最佳，而后为角色奉献精准而充满情感的声音表演。配音是个好玩有趣，同时也很辛苦的工作，配音演员要接触不同题材的商业短片广告，以及不同的角色，可以为超级巨星代言，也可以为市井小民发声。简单来说，配音工作需要配音演员具备多样可变的音色，以适应不同的角色要求。在商业短片广告中，广告配音演员需要揣摩不同年龄、不同腔调、不同职业背景的角色声音。此外，广告配音演员还需要通过精准控制语速，在普通观众很难察觉到的半秒至一秒间调整语句长度，通过控制呼吸的节奏、对各种口音的高效模仿，创作出贴合角色又引人注意的音色以符合各种要求，以及拥有清楚完整的咬字基本功。

商业短片广告也经常会出现搭配画外音的处理形式，一个好的画外音就像是与观众进行一次心灵的对话，而不是强迫观众听。比如旁白的轻声细语犹如邀请观众进入影片的世界，可以让观众有听的欲望。商业短片广告因为篇幅的原因，往往需要在极短的时间内进行大幅度的时空跨越，推销、渲染情绪、张扬、整体、准确都是旁白的目的与要求，所以从第一个字开始，旁白就必须抓住所有人的注意力！

另外值得一提的是，不同产品类别的商业短片广告在配音方面也有一定的特殊惯性，这是品牌的理念、产品的气质决定的。比如给汽车广告配音，汽车是一个适应性比较全面的大宗商品，配音演员要结合汽车本身的特质以及商业短片广告所要表现的情绪进行配音。如果该汽车品牌是高贵典雅的，那么其配音就不能太流行通俗化。如果该汽车品牌是一款大众型的、普通工薪阶层用车，那么汽车广告的配音，就应该具有亲和力。如果该汽车品牌目标受众是女性，那么就不应该选择粗犷的声音，因为那激发不了女性的购买兴趣。

比如由周迅主演的黛珂商业短片广告《DECORTE黛珂×周迅》中，周迅富有磁性的声音接续在神秘浪漫的音乐和音效之后，诠释了周迅神秘、高雅、高贵、性感的人物性格，也正好与黛珂想要塑造和表达的品牌理念相契合，也成了此商业短片广告中的创意点。在此片中，声音协助演员的表演配合场景、烘托气氛，将品牌气质传递给每一位受众。而在声音创作方面我们大致可以从中提炼出三处典型可以学习之处：第一，极具说服力的人声声色，品牌精准的定位目标人群，把握目标群体主管的身份认同方向，并选取演员周迅作为影片主人公，其声音特点呈现出高贵端庄中挟带着性感神秘的气息，将影片的气质牢牢锁定，保证广告质感的同时准确的传达品牌形象。第二，旁白文案本身文辞优美有力量，周迅干净利落和温柔磁性的演绎为影片加分。“Embrace your true beauty ”“黛珂，让不同的女性都能拥有独具一格的美”，配上周迅的女声有一种坚定而又性感的精神气场，突出了黛珂传达的品牌信念。第三，背景音乐的准确定位。音乐的出现时机为影片铺设神秘感的同时给人一种期待感，加上短片以浓郁的红白对比色给人一种强烈的视觉冲击。音乐由缓至急，随着主人公周迅逐渐走入画面，音乐在最后传达了一种渴望遇见和得之不易的快感，加上周迅最后一句“让不同的女性都能拥有独具一格的美”达到了高潮。

图 10-7 黛珂商业短片广告《DECORTE 黛珂 × 周迅》

抽象的画面与画外周迅独特的声音以及有力的内容和恰如其分的主观音乐得以成为一种感性的意象表达。而对于配音旁白来说，语气、语调、音质、节奏等因素都有助于将内容思维更饱满的传递，也可以用于塑造不同气质性格的人物角色，多维度的将人物所处的情形与人物所携带的情绪极具表现力的传递出来。人物的众多无法外化表现的内心活动也可以用声音得以展现，这也正是声音元素对于商业短片广告的诠释作用。

## 三、混音

在声音设计中，混音是将不同轨道的声音放在一起，在必要时通过各种效果插件处理和平衡所有轨道的声音元素以实现所需的声音效果。混音是完成商业短片广告的最后一步。简而言之，混音时，录音师会按要求去调整各种声音元素，以及均衡高低频之间的轻重搭配，以最大限度地发挥最终视频信息的影响力。混音可以使声音更明显、更清晰、更悦耳。通俗地说，这个过程也被称为“声音甜化”。这一步对于声音清晰度以及为影片营造氛围非常重要。

当商业短片广告已经完全定剪，对白和音效也已经到位，配乐歌曲已交付，混音师根据定剪画面将所有声音元素与画面对齐放入时间线。与剪辑师在剪辑台上用非线性剪接的方法进行二度创作一样，面对大量多轨的音效资料，混音师也开始在录音棚开始对声音进行最后的润色、混音及加工处理。声音设计师必须精通技术，同时具备艺术的敏锐感受力，力求每个声音元素都能完美地匹配视觉效果，最终与视频部分有效形成整体的视听表达。例如人物的对话被热闹的音乐或环境音所压制，这对于观众是非常糟糕的体验，解决方案是要把环境音、对白、音乐都分层录制，放置在不同的音轨上，当进行混音时，录音师才能对每个单独的声音进行调整修饰。当然并非所有问题都可以在混音中解决，比如在乐队演奏的同时录制乐迷的采访，这就很难将人物对白与背景音乐拆分开来。想达到好的混音效果重要的是在前期录制阶段就获得高信噪比的音频素材，才能最终达到最佳效果。

商业短片广告声音在创作技巧方面也有许多重点注意的地方，比如在混音阶段，录音师首先要完全理解吸收所制作片段的创意剧本与导演的创意构思，并结合分镜头的蒙太奇思维加以自身的理解选择合适的混音方案。在这个过程中混音创作还要权衡主客观比重，从而灵活地运用声音技巧为影片从声音层面参与叙事、完善影片故事结构，使影片拥有更好的观看效果与传播效果。

### 思考题

声音设计如何参与商业短片广告的叙事？

### 推荐书目

索南夏因. 声音设计 电影中语言、音乐和音响的表现力[M]. 王旭锋，译. 杭州：浙江大学出版社，2007.

# 第十一章

# 商业短片广告项目运作流程

从自身的商业特性角度来说，商业短片广告在进行叙事与艺术表达的同时也兼具着传达商业诉求，对品牌、产品或服务进行营销推广的任务。因此，商业短片广告的制作流程与项目的运作思路与传统影视硬广告具有一定的相似性，需要与客户进行充分沟通、在了解并把握核心商业诉求的基础上选择题材与主题进行剧本创作。与此同时，相较于传统影视广告的创作而言，由于商业短片广告在视听表现方面所独有的特点，更需要创作者在引起相应注意的同时，加强在项目运作全流程中与客户之间的沟通，在商业诉求与艺术表达之间尽可能地达成平衡，确保项目的顺利推进与商业短片广告理想传播效果的完美实现。

# 第一节 商业短片广告项目前期筹备

商业短片广告项目的前期筹备流程主要指的是从客户与制作方开启针对项目的沟通，到商业短片广告拍摄制作前的这一阶段。其中又根据创作与制片两个方面的工作，划分为内容沟通与进入合作执行流程两部分。

## 一、项目对接基本流程

### 1. 商业短片广告Brief（需求）发布与对接

和传统影视广告制作流程近似，来自客户的商业短片广告Brief（需求）是一个项目的开始。根据具体项目体量与客户情况的不同，这种Brief可能来自与品牌合作的4A广告公司，也可能直接来自品牌的公关、广告、营销、市场等相关部门。

无论收到的Brief是出自以上何处，其所包含的内容均应包括核心商业诉求，以及其基础的主题、理念、Slogan等内容要求，以及体量标准、技术指标、计划上线时间、计划播出渠道等制作要求。对于创作者而言，客户的Brief是商业短片广告项目开始创作的基础与根本遵循，也是与客户对此项目开始对接、沟通与推进的起点。

在Brief阶段，与客户的沟通一般来说较为简单，甚至在近年来经常仅以线上形式进行。本阶段沟通的目的，首要在于与客户建立针对项目的联系，让客户了解自身所擅长的创作风格、创意思路、过往项目案例与其Brief内容的契合，感受到合作的可行性。在取得客户的基本认可之后，与客户约定进一步沟通的时间，并在规定的日期前开始创意策划工作、制作完成对应的创意方案。

2. 创意方案沟通

在创意方案制作完成之后，创作者开始与客户针对创意方案进行沟通。对于商业短片广告项目合作的达成而言，创意方案的沟通是至关重要，能够决定项目是否成立。因此，本阶段的沟通一般来说会以正式的线下会议的形式进行。对于客户方面来说，如果是与品牌方合作的4A广告公司，那么出席会议的一般会以制作部门、创意部门的负责人或拥有对应级别的代表为主，艺术指导或顾问人员作为意见参考；而如果对接的直接是品牌方，那么出席会议的一般会以其公关、广告、营销、市场等相关部门的负责人或拥有对应级别的代表为主。除此之外，其上级管理人员（一般以VP级别为主）和成本控制部门（财务部门/采购部门/供应商管理部门）也有可能以参会或客户公司内与项目相关的内部汇报、审核流程参与到这一阶段所涉及的内容中来。

而作为创作者需要注意的是，不同的客户公司有着不同的流程要求，无论是直接沟通、招标流程还是比稿流程，无论沟通会议的形式，在创意方案沟通这一阶段对于客户来说往往都是一对多地进行对接、沟通与对比。因此，对于本环节沟通形式本身而言，其周期与深度均可能会有所限制；而对于创作者而言，想要从参与竞标或比稿的竞争对手中脱颖而出拿下项目，便需要在有限的沟通中以最高效率向客户传达自身的创意概念。

在本阶段的创意方案中，需要包含的重点内容有：

A. 创意阐述：作为自身创意设计的基本阐述，让客户能够最快速地从整体上了解创作者对其核心诉求的表现思路，了解创作者对内容设计的基本风格与形式，建立对于商业短片广告项目方案的整体印象。

B. 故事梗概（或故事大纲）：从内容角度整体阐述剧作叙事，让客户基本理解商业短片广告所要讲述的故事，并同时阐明故事设计与商业诉求的结合思路与结合点。

C. 效果参考：通过影像风格参考、场景参考、道具参考、人物造型参考、音乐参考、特效参考、样片等，对自身创意方案中涉及的元素进行参考呈现，使客户对于创意设计建立直观的视听认识。

D. 整体制作计划与项目概算：整体规划项目制作计划、制作项目概算，使客户基本了解项目执行与推进节奏，及所需预算体量范围。

总的来说，对于创作者而言，创意方案沟通阶段的目的是让客户整体了解自身对于其Brief的把握与创意思路，并对未来所能呈现的效果、执行的计划与所需要的成本做到心中有数，为其做出最终选择、进一步推进项目的执行奠定坚实的基础。

### 3. 制作方案沟通

一般情况下，在创意方案通过之后，客户便可基本确定最终制作方进入商业短片广告项目的执行阶段。从这一阶段开始，在创作工作方面，创作者需要根据客户确认通过后的创意方案设计具体的制作方案；而在制片工作方面，合同与款项支付的洽谈也便开始同步推进。

制作方案沟通阶段一般同样会以正式的线下会议形式进行。客户方参与人员与创意沟通阶段类似，但所涉及的范围会从针对多个供应商或合作方的洽谈对比转变为针对最终确认的制作方的深度沟通。因此，对于客户方和创作者而言，本阶段是重要的沟通与筹备阶段，其沟通的效果与所涉及的内容将会直接影响到商业短片广告最终呈现出的效果是否能够充分地传达核心商业诉求，其传达的效果是否能够与短片的叙事完美结合。

对于创作者而言，在这一阶段所要做的工作便是在自身创意方案的基础上，本着对艺术表达效果与商业诉求传达效果双重负责的态度，与客户针对商业短片广告制作中各个环节、元素甚至细节进行具体的沟通、敲定。除了要针对前期创意方案中所提出的内容进行具体落地，确认创意构思、视听呈现设计、拍摄计划、后期计划、成片提交、项目预算等内容外；还需要更深入地对影片视听叙事如何更好地表达商业短片广告所需要呈现的核心诉求进行探讨；并对影片风格与调性的设计是否能够契合品牌目标受众定位与大众认知等内容进行推演并达成共识。在此期间，客户与制作方往往需要进行多次会议，对各个环节进行务实的探讨与最终的确认。

## 二、制片准备工作

### 1. 合同与款项支付

在客户基本确认最终制作方，商业短片广告项目合作意向确立之后，在与客户进一步针对制作方案进行沟通的同时，项目的制片准备工作需要同步开启推进。在此之中，首先要与客户进行沟通与洽谈的，便是合同签订与款项支付等问题。

在现代商业规则之中，合同的签订代表着双方合作的正式启动，也代表着在从此开始的项目推进中，各方需要遵循合同内容中所确立的权力及义务开展工作，共同推进项目的完成。

一般情况下，商业短片广告项目合同中所需要明确约定且需要制作方（乙方）密切关注的内容主要有：

（1）商业短片广告的基本内容要求：主要针对商业短片广告内容进行约定，通常会以前期沟通阶段所确认的最终方案为依据，将故事大纲、演员选择方案、视听设计方案或整体定版制作方案等相关材料，以合同附件形式纳入合同约定之中。

（2）商业短片广告的技术指标要求：主要针对商业短片广告时长、制式、分辨率、声道、画幅、载体等技术指标进行约定，该部分内容一般由客户根据自身营销推广特点、最终投放渠道等需求提出。

（3）项目阶段性时间节点与最终交片时间：主要针对商业短片广告筹备、开机、杀青、A-COPY提交、修改反馈、B-COPY提交等项目时间节点进行约定，该部分一般要求由客户根据自身营销计划提出要求，并与制作方在制作方案沟通阶段共同确定。

（4）验收标准与修改调整需求的约定：主要针对商业短片广告项目中制作方所提交的内容，在A-COPY、B-COPY等各提交阶段的验收标准，与甲方所提出修改调整需求的内容范围进行约定。验收须有明确的、能够与前期所确定的制作方案相对应的条款与标准；与此同时，也须约定甲方在开机后所提出的修改调整需求，应在前期所确定的制作方案框架之下。

（5）项目金额与款项支付：主要针对商业短片广告项目甲方应付总金额及款项期数、支付时间节点、支付方式进行约定；常见支付期数约定2-4期支付、常见支付时间节点约定为合同签署、开机、杀青/进入后期制作、A-COPY提交、B-COPY提交等节点。

（6）权利保证：主要针对商业短片广告项目中乙方所提供内容不应存在版权瑕疵、违法违规内容或其他损害甲方权益内容进行约定，并对成片版权、商业/非商业使用权、作品参赛/参评权、署名权等权利归属及履行方式进行约定。

（7）商业机密保证：主要针对商业短片广告项目合作过程中，甲乙双方对接触到的对方商业机密内容的保密义务约定。

（8）违约责任：主要针对商业短片广告项目中甲乙双方若出现违约情况的认定方式及处置方式进行约定。

（9）仲裁及司法管辖权：主要针对若合同履行出现需仲裁或起诉等情况，双方应在约定时间范围内、于约定的仲裁委员会/法院进行仲裁或司法流程。

### 2. 经费使用计划

在制作方案沟通阶段，客户与制作方确认商业短片广告项目总金额的同时，制片方面也要着手制定项目经费的使用计划。在商业短片广告项目之中，经费使用计划通常在项目推进的不同阶段以概算——预算的形式体现，并在合同签订前具体完善。

在项目前期的沟通对接阶段、双方根据项目创意方案进行沟通时，制作方应出具项目概算报告，向客户明确创意方案若决定执行所需的整体费用体量，商业短片广告制作流程中所涉及的各部分、各环节资金分配计划等内容。这一阶段概算报告的意义，一方面在于让客户在整体上对创意执行的成本体量有所理解、以作为其决策的依据与参考；另一方面，概算阶段提出商业短片广告制作流程中所涉及的各部分、各环节资金分配计划能够在与让客户了解制作流程与资金流向的同时，结合自身需求更好地与制作方对更加具体的制作体量、制作方式进行沟通，进一步提升项目合作的成功率。

当项目进入制作方案沟通阶段后，制作方便可以根据客户初步选择的制作方案，在概算报告的基础上出具更具体、更详尽的制作预算单。商业短片广告项目的预算单内容包括但不限于：

（1）前期筹备费用（包括但不限于）：策划费用、编剧费用、堪景费用、前期制片费用等；

（2）器材租赁费用（包括但不限于）：摄影器材租赁费用、灯光器材租赁费用、录音器材租赁费用等；

（3）美术费用（包括但不限于）：场景涉及费用、置景费用、服装租赁/采买/制作费用、道具租赁/采买/制作费用、化妆硬件及耗材费用等；

（4）制片费用（包括但不限于）：摄影棚租赁费用、场地租赁费用、办公费用、拍摄食宿费用、工作车辆费用、耗材采购费用等；

（5）人员劳务（包括但不限于）：主创及各组工作人员劳务费用；

（6）后期费用（包括但不限于）：原创音乐费用、版权素材费用、剪辑机房费用、剪辑费用、调色费用、混音费用、包装制作费用、特效制作费用、三维建模费用、CG渲染费用等；

（7）其他费用（包括但不限于）：制作公司利润（根据不同项目预算提报形式）、税金费用（按比例）。

总而言之，在商业短片广告项目制作方案沟通阶段，预算应涉及整体制作过程中的各项费用。这一方面是按照客户要求、本着负责任的态度协助客户的决策；另一方面也是让作为资金使用者的制作方，在制作过程中能够有所计划，确保项目按照预期进度、预期成本完成，达到理想的制作效果及利润率。

### 3. 制定拍摄制作计划

当商业短片广告项目的创意方案获得基本认可后，制作方应开始准备拍摄制作计划，在制作方案沟通环节进行初步提交，并在其后的方案对接过程中与客户保持对拍摄制作计划的沟通与调整。

一般来说，在商业短片广告项目合同签订时，客户与制作方应确定双方均可接受的拍摄制作计划，并将其中主要时间节点落实在合同条款之中。

经客户与制作方双方确定认可的拍摄制作计划，将作为商业短片广告项目启动后工作安排、进度推进、动态调整、执行监督等各个方面事务计划的依据。因此，拍摄制作计划需要明确地体现商业短片广告项目全流程中各个环节的时间安排、进展情况与执行程度。

拍摄制作计划需要有明确的时间观念、进度意识和针对商业短片广告项目中所涉及的各项具体工作“Deadline”（倒计时）的安排，它既是前期对于各环节、各部门之间团队合作的安排，也是执行过程中对于各项工作进度的“倒计时”。因此，在制定拍摄制作计划时需要根据实际情况考虑到很多方面的因素，包括但不限于：

（1）拍摄制作计划中所涉及的各项工作是否有经过整体统筹，部分流程与环节是否能够并行推进、进一步提升效率；

（2）堪景、复景时间是否安排充分且妥当，各部门主创及骨干工作人员能否充分参与；

（3）美术部门准备工作进度安排是否合适，置景、服装、化妆、道具等准备时间是否充足，有无时间余量以应对可能出现的调整与修改；

（4）制片部门需要提供拍摄期间的天气分析，确认计划拍摄时间的天气能否符合制作需要。如需摄影棚则应尽早确认摄影棚档期，及时安排预定；

（5）演员部门确认演员档期安排是否可行且充分；

（6）考虑是否存在庆典、节假日或其他特殊日期而对工作执行产生影响，考虑拍摄地出现自然灾害、战乱、社会动荡、疫情等不可抗力因素的风险；

（7）后期工作安排方面考虑预期效果实现相关的调色、特效、包装、三维建模、CG渲染等工作的时间，录音棚档期与预定、录音演员档期，音乐制作、混音制作所需时间等。

# 第二节 商业短片广告项目制作流程

在签订合同、款项按时支付并经过完善的前期准备工作后，商业短片广告项目开始进入到内容制作流程之中。出于商业短片广告的自身特点，其制作流程并不会因为“短”而粗糙简陋，应与所有影视作品的制作一样，遵循严谨而高效的流程。

## 一、拍摄制作阶段

无论是影视行业还是广告行业，拍摄制作阶段的开始往往被俗称为“开机”。相对于传统TVC广告而言，商业短片广告的制作更为复杂；相对于影视作品来说，商业短片广告制作的周期更短、容错率更低。因此，在商业短片广告项目正式开始拍摄阶段、“开机”之前，还应该由导演带领各部门主创，与客户方面代表一起再次对前期所确定的各种细节进行检视与确认，避免不必要的细节错误、周期延误与项目纠纷。其中包括但不限于预定场景在拍摄期间是否可用、需要预先完成的工作是否就绪、特效镜头前后期对接是否完成、演员是否就位等。在完成了最后的检视与确认之后，应以书面形式正式发布拍摄通告，并确保商业短片广告项目中的所有相关人员知悉。

在通告发布、正式“开机”之后，商业短片广告项目的拍摄制作阶段中，制作方需要按照前期与客户沟通的确认内容与合同约定内容，忠实地执行好商业短片广告剧本的视听化创作，确保创意源点与核心商业诉求的呈现达到预期的理想效果。

商业短片广告的拍摄制作过程相对于传统影视广告而言更接近影视作品的拍摄模式，为提高拍摄效率可以以镜头为单位进行拍摄顺序的统筹安排，集中拍摄场景中景别一致、角度一致、服化道一致的镜头部分，优先拍摄难度较大的内容、将简单部分后置，以更好地控制拍摄进度的执行；对于重场戏部分增加拍摄符合要求的镜头，以确保有足够的优质画面用于后期剪辑，给剪辑再创作提供更多发挥空间；抑或对于核心内容采用多种拍摄方案，以取得最为理想的效果等。

但是，商业短片广告项目的拍摄制作过程与影视作品不同的是，现场往往会有客户代表参与拍摄工作。而出于商业短片广告项目自身的特点，客户代表的权威性和起到的影响力一般较强，因此需要制作方在前期完善沟通的基础上，在拍摄制作阶段也要注意保障与客户方面的顺畅合作，尊重客户意见，避免因种种原因产生争执甚至冲突。

## 二、后期制作阶段

在商业短片广告内容拍摄完成之后，项目进入后期制作阶段。后期制作阶段主要涉及的工作包括剪辑、特效、包装、CG制作、调色、声音制作等。

1. 剪辑：商业短片广告项目的剪辑工作一般由导演与专业剪辑师协同完成，其中分为粗剪和精剪两个阶段。在商业短片广告拍摄完成、剪辑师取得拍摄素材之后，最先剪辑完成的便是不含有特效、包装、CG、配音及音乐等元素的粗剪版本；而后期在此基础上进一步加工丰富的便是精剪版本。

2. 特效、包装、CG制作与合成：在商业短片广告内容的制作过程中，根据与客户约定的内容，实际拍摄之外的部分影像大都是由特效、包装与CG制作完成，并通过合成最终与实拍影像结合在一起。

3. 调色：在商业短片广告的后期制作过程中，对剪辑完成并经过特效合成的影像画面进行色彩与影调的调整。

4. 声音制作：商业短片广告项目后期制作中的声音制作部分一方面包括短片中的音乐制作，其即可根据经费和客户的意见进行选曲或购买既有音乐的商业使用权，也可根据具体内容聘请专门的音乐人进行创作，以使音乐能够与故事情节发展更完美地结合；另一方面，在完成音乐的选曲或制作、完成演员配音工作之后，通过混音合成让各种声音素材完美的整体呈现，是声音制作工作的最后一步。

## 三、从A-COPY到B-COPY

商业短片广告项目从拍摄完成之后，便需要及时按照项目前期所确定的时间节点的要求，向客户提交对应版本的影片。一般来说，影片提交分为两个阶段：A-COPY和B-COPY。

A-COPY指的是商业短片广告项目在拍摄完成之后，需要在约定时间节点提交给客户的预览版本。通常情况下，A-COPY版本即为商业短片广告的粗剪版本，或在粗剪版本的基础之上添加部分参考音乐、参考效果的版本。

在收到A-COPY版本并对其进行审阅之后，客户会根据自身需求对影片的制作提出修改意见；在修改意见上进行调整，并在完成所有后期制作工作后所提交的完成片即为B-COPY。当然因为某种原因，客户提出修改，也有可能出现C-COPY。

需要注意的是，客户在A-COPY阶段有权根据自己的需求提出修改意见，但这些修改意见的内容应当是建立在前期所约定的框架之内的，不能对前期所确定的方案进行颠覆性或关键性修改。除此之外，无论A-COPY阶段还是B-COPY阶段，客户的审阅验收需要有明确的标准，并体现在合同之中，切忌出现“是否满意”“是否达到甲方预期”等主观性、模糊性规定。

在完成B-COPY的提交，并通过客户验收之后，商业短片广告项目便进入最终的尾款支付阶段，在此之后，整个商业短片广告项目的工作便正式结束。

### 思考题

尝试梳理当下商业短片广告的制作流程图。

### 推荐书目

雷伊，艾尔文主编. 影视短片的制片与导演[M]. 北京：中国电影出版社，2009.

# —— 参考书目 ——


[1]樊志育.广播电视广告[M].北京：中国友谊出版公司，1995.

[2]怀特. 如何制作有效的广告影片[M].邱顺应，译. 北京：企业管理出版社，2001.

[3]朱海松.国际4A广告公司基本操作流程[M].北京：中国市场出版社，2009.

[4]奥美公司.奥美观点精选 广告卷[M].北京：中国市场出版社，2009.

[5]Henry Jenkins. Convergence Culture: Where Old and New Media Collide [M]. NYU Press, Revised, 2006.

[6]周登富.电影美术：总体造型设计[M].成都：四川美术出版社，2020.

[7]郑国恩.影视摄影艺术[M].北京：中国传媒大学出版社，2009.

[8]许同均.电影导演的表演艺术[M].北京：中国电影出版社，2004.

[9]奥斯廷.看不见的剪辑（插图修订版）[M].张晓元，丁舟洋，译.北京：北京联合出版公司，2016.